本书获得国家社会科学基金项目"基于企业联盟的知识共享研究（O8CTQ007）"和湖南省十二五重点学科"图书情报与档案管理"的资助，特此感谢

基于企业联盟的
知识共享研究

■ 周永红　等著

知识产权出版社

全国百佳图书出版单位

图书在版编目（CIP）数据

基于企业联盟的知识共享研究/周永红等著. —北京：知识产权出版社，2014.9
ISBN 978 - 7 - 5130 - 2926 - 1

Ⅰ．①基…　Ⅱ．①周…　Ⅲ．①知识经济 - 应用 - 联合
企业 - 企业管理 - 研究　Ⅳ．①F276. 4

中国版本图书馆 CIP 数据核字（2014）第 194793 号

内容提要

本书基于企业联盟的视角，以提升企业联盟整体的知识能力和竞争力为切入点，从企业知识共享需求出发，提出内生型为主的知识共享目标和外生型为主的知识共享目标。并以基于企业联盟的知识共享目标为主线，从共享过程、影响因素、共享模式、共享策略、共享冲突及其协调、共享保障和知识共享型企业联盟的发展等方面研究企业联盟内外部知识共享的相关理论与实践发展问题，揭示如何通过知识共享实现成员企业、企业联盟和社会的共赢。

责任编辑：张水华　　　　责任出版：谷　洋

基于企业联盟的知识共享研究

JIYU QIYE LIANMENG DE ZHISHI GONGXIANG YANJIU

周永红　等著

出版发行：**知识产权出版社** 有限责任公司	网　　址：http：//www. ipph. cn
社　　址：北京市海淀区马甸南村 1 号	邮　　编：100088
责编电话：010 - 82000860 转 8389	责编邮箱：miss. shuihua99@ 163. com
发行电话：010 - 82000860 转 8101/8102	发行传真：010 - 82000893/82005070/82000270
印　　刷：北京中献拓方科技发展有限公司	经　　销：各大网上书店、新华书店及相关专业书店
开　　本：710mm × 1000mm　1/16	印　　张：17
版　　次：2014 年 9 月第 1 版	印　　次：2014 年 9 月第 1 次印刷
字　　数：310 千字	定　　价：48.00 元

ISBN 978 - 7 - 5130 - 2926 - 1

目　录

第 1 章　绪　论

知识共享是知识管理的重要手段和核心内容，通过知识共享方式可实现知识价值的最大化。企业联盟已成为企业扩展知识体系的一种重要战略选择，希望通过成员企业间的知识共享来提升企业本身及其联盟整体的竞争力。但在一个特定的企业联盟内，成员企业之间往往存在着既竞争又合作的关系，企业间的这种合作与竞争关系使企业联盟内出现互惠共生现象，既可促进企业联盟内的资源优化配置和知识共享，也可引发企业联盟整体与外界环境中的知识共享，从而实现企业、企业联盟及社会的共赢。

1.1　研究背景与意义

在知识经济时代，知识的重要性日益突显，企业对知识共享的需求日益增加；而企业的组织形态尤其是社会网络的发展促进了企业联盟的产生及其发展，基于企业联盟的知识共享内容与范围也在不断扩展。

1.1.1　研究背景

选择企业联盟的角度研究知识共享问题，主要基于知识是企业竞争优势的根源、企业对知识共享的迫切需求、企业联盟已成为一种有助于知识共享的组织形态、企业联盟知识共享实践的影响等方面的理论与实践发展背景。

1. 知识是企业竞争优势的根源

知识是知识经济时代企业最重要的生产要素之一，也是竞争对手难以复制和模仿的竞争要素。企业拥有的知识要素往往包括专家与技术人员、知识资源、专利、版权、商标、研发机制、客户关系、企业经销网络等，并通过对这些知识要素的投资、组合、保护和持续更新等，促进企业知识的不断积累和创新。因而，企业实质上是一个知识的集合体。

企业在知识的不断积累中日益体现出竞争优势。企业知识决定了企业的市场定位，影响了企业配置资源的方式，增加了企业发现未来发展的机会。在一定的社会环境中，各企业所面对的客观环境有很多相同的地方，但往往由于企业的知识结构和运用知识的能力有所区别，所以它们在市场中的竞争地位和优势体现也不可能相同。而那些有较好的知识积累基础、有较强知识运用能力的企业往往能获取更多的竞争优势。

企业竞争优势的长期保持和发展不仅需要重视企业内部知识的积累与保存，更需要在知识积累的基础上进行不断创新。面对不断变化的竞争环境，企业要通过运用所积累的知识，不断解决新的问题，设计新的技术方案，开发新的产品和市场等，企业在这些知识运用和知识积累过程中产生新的知识，从而使企业的竞争优势得以保持，或不断获得提高。

因此，企业在知识的不断积累中可体现出竞争优势，企业竞争力的保持和提升也需要相关知识的支撑，持续的创新需要对企业知识加以运用和组合，通过创新又产生了新知识，促进了企业的知识积累。知识已成为企业保持竞争优势的根源。

2. 企业对知识共享的迫切需求

知识具有历时性共享和共时性共享的双重特性，而且知识会因为共享实现知识增值，而不是知识价值的损耗或消失。曾经有过生动的比喻：两个人在一起交换苹果与两个人在一起交换思想完全不一样；两个人交换了苹果，每个人手里还只有一个苹果；但是两个人交换了思想，每个人就同时有了两个人的思想。就企业而言，这里的思想就是企业重要知识的表现——隐性知识。

随着市场竞争的日趋激烈及市场环境不确定因素的增加，企业迫切需要以最快的速度创出与市场环境相适应的知识、知识产品及知识服务，但这些仅仅依靠企业本身的能力是远远不够的。在经济一体化的趋势下，任何一家企业都不可能具备其发展所需求的所有知识，没有哪个企业能拥有和使用该行业内的所有先进技术和知识，企业间的资源和知识依赖趋势越来越明显，企业往往需要寻找其他合作伙伴来组建企业联盟，以扩展本身的有限知识体系，从而获取更多的竞争优势。由于知识本身具有共享增值的特性，企业之间也愿意通过联盟方式来实现彼此间的知识共享，达到互赢目的。目前已没有哪个企业能像通用汽车公司 19 世纪 30 年代和 40 年代那样，把所有的相关技术关在房子里❶。当今许多企业都纷纷投入大量的资金技术来管理企业知识，知识共享是知识管理的重要手段和核心内容，企业也发现自身处于一种学习、借鉴和共享其他企业知识的处境，希望通过知识共享以更好地提升企业竞争力。

3. 企业联盟已成为一种有助于知识共享的组织形态

企业联盟是一种互惠共生的组织形态。单一的企业在激烈的市场竞争中难以拥有自身发展所需的全部知识，也不可能拥有自身发展所需的全部知识，因为任何一个企业都只是世界经济一体化趋势下的一个小小单元，而且知识的更新速度越来越快；由于知识具有共享增值性特点，任何一家企业也不必要拥有自身发展所需的全部知识。企业联盟相对于企业并购或收购等组织形态的变化而言，既可以保持企业经营的相对独立性，又可实现彼此间的优势互补，形成了一种互惠共生的关系。

企业联盟内成员企业间的这种互惠共生关系不仅有利于联盟内部知识的共享，也可能影响到企业联盟整体与外界环境中的知识共享。企业通过组建联盟，可寻求优势互补，取长补短，以扩展各自的知识体系，增强成员企业的竞争力。当企业联盟内部通过知识共享后，还不能满足成员企业发展需求时，企业联盟作为一个整体，需要从外界环境中获取相应的知识，以增强自身的竞争力，增强合作创新的能力，这时以联盟方式进行的知识获取可以节省更多的成本等。而当企业联盟内部通过知识共享产生了较好的知识优势后，可以更好地创造共有知识，这时企业联盟也可能向外界环境中的知识需求主体提供相应的知识，成员企业竞争力的提升已影响到企业联盟整体的竞争力，企业联盟整体因为知识的共享而增强了其在市场竞争中的地位。

4. 企业联盟知识共享实践的影响

企业联盟扩展了成员企业知识共享范围。在实践中，越来越多的企业意识到企业联盟可以提高知识共享效率，能够给企业带来巨大的收益。如在 20 世纪 70 至 80 年代，日本企业就开始通过联盟方式，成功地进行了知识共享，增强了联盟整体的竞争力，并因为成功的知识共享影响到了其在美国市场竞争中的地位，其中丰田及其供应链联盟就是知识共享成功的典范。日本汽车企业的知识共享实践不仅影响了其他行业，也影响到了世界各国的企业管理

---

❶ 卡尔潘. 全球企业战略联盟：模式与案例［M］. 吴刚等译. 北京：冶金工业出版社，2003：9.

和知识共享活动。如美国克莱斯勒公司也于 20 世纪 80 年代末期与其供应商组建了联盟，成立了跨部门的团队，增加了交流和协调，为更好地促进彼此间的知识共享，克莱斯勒同供应商的合同期限越来越长，并鼓励和支持供应商对专门设备进行投资，企业联盟方式不仅促成了知识共享实践，而且大大改善了经营绩效，产品开发周期明显缩短，采购成本和开发成本降低了，市场占有率和利润率却提高了。如 20 世纪 80 年代，克莱斯勒开发一种新汽车的时间平均为 234 周，1996 年则仅需要 160 周❶。

尽管知识共享的好处是有目共睹的，但并不是所有的企业都积极推动知识共享。据相关调查显示，《财富》500 强企业每年由于没有成功地共享知识而造成的损失达 315 亿美元之多❷。企业迫切需求知识共享，但又不积极推进知识共享的原因是复杂的。但从以企业联盟方式进行知识共享的实践发展来看，知识共享有一定的影响因素，需要一定的环境和保障，需要采取一定的措施；而且由于知识共享过程中往往存在很多的不确定因素，企业总会担心知识共享存在冲突和风险，害怕自身核心知识的泄露和竞争优势的丧失等；另外，知识共享存在相应的成本和收益分配问题，成员企业间的不了解和不信任都会阻碍彼此间的知识共享。因此，企业联盟知识共享动因、目标、过程、影响因素、共享模式、共享策略、冲突及协调、共享保障和知识共享对联盟的影响等问题都需要进行相应的研究。

1.1.2 研究意义

基于企业联盟的知识共享研究既有一定的理论意义，也具有非常重要的现实意义。

1. 理论意义

从理论上来看，目前对企业知识共享的本质、目标、范围、层次等一些基本问题都没有达成一致的认识，知识共享机制尚未构建，理论研究相当薄弱，客观上要求进一步探索和研究。目前理论界对企业知识共享的研究大多是以单一企业为背景进行的。从企业联盟的视角研究知识共享有利于把知识

---

❶ 陈佳琪. 技术联盟创新论——中外汽车工业联盟创新的理论与实践 ［M］. 北京：经济科学出版社，2007：15.

❷ BABCOCK, P. Shedding light on knowledge management ［J］. HR Magazine, 2004 (5)：46 – 50.

共享的研究从单一企业研究视角拓展到企业之间，有利于从成员企业之间的联系与企业联盟的动态发展观点来探讨其中知识管理与知识共享面临的更复杂的问题；也有利于从知识共享的角度分析企业及其企业联盟组织的知识创新和企业组织的发展问题。因此，基于企业联盟的知识共享研究具有较强的学术价值，对企业知识共享实践和企业联盟组织的发展也具有较强的指导意义。

2. 实践意义

从实践来看，近年来国内外一些著名企业通过知识共享，改善了经营绩效，提升了竞争力。但实践中也有很多企业由于不能有效地实现知识共享导致失败甚至带来大量经济损失的案例。因此，如何在企业中更好地发挥知识及知识共享的作用、扩大知识共享范围、提高知识共享效率仍然是目前企业面临的重要问题。企业联盟的建立冲破了企业传统边界对知识流动的束缚，为知识共享创建了有利条件，而企业联盟内部既竞争又合作的关系，对企业知识共享的实现又提出了新的要求。本书从企业联盟角度来研究知识共享，可为企业加快知识共享进程、实现知识价值最大化等提供有益的发展思路。目前湖南省科技情报所、湖南省专利分析与评估中心都在致力于推进企业知识共享和服务应用，以企业联盟方式进行知识共享是实现成员企业、企业联盟、社会共赢的重要形式，这有利于指导企业及政府决策，推动面向企业知识服务的公共平台建设等。

1.2 国内外研究综述

企业联盟（Enterprise Alliance）的称谓目前国内外并不统一，有战略联盟、合作联盟、策略联盟、关联企业等称谓；本研究中采用企业联盟这一提法。关于知识共享（Knowledge Sharing），国内外的相关研究当中也有知识转移、知识扩散、知识分享、知识溢出等提法，并出现了交叉使用、组配使用、混合使用等现象。

1.2.1 国外的相关研究

国外的相关研究内容主要集中在从知识共享角度分析企业联盟的形成动因、企业联盟的不同类型及其知识共享特点、企业联盟及其知识共享的理论基础、企业联盟内的竞合关系及其对知识共享的影响等方面。

1. 从知识共享角度分析企业联盟的形成动因

一般认为，美国 DEC 企业总裁简·霍肯兰德（J. Hopland）和管理学家罗杰·奈格尔（R. Nigel）是较早进行企业联盟研究的，他们认为企业联盟是指两个或两个以上有着对等经营实力的企业，为实现知识共享、优势互补等战略目标，各自贡献出其优势知识，通过各种协议而结成一种优势相长型的松散型组织❶。美国哈佛大学的迈克尔·波特（Michael Porter）教授在对产业内五个驱动力，即新进入者的威胁、供应商的谈判能力、购买者的谈判能力、替代产品的威胁、企业间的对抗等进行分析的基础上，提出了竞争优势理论，认为企业联盟中的企业一起协调或合用知识等，扩展企业价值链的有效范围，从而共同获得竞争优势❷。规模经济的应用主要表现为市场扩张、进入技术前沿领域等。如在通信等领域，企业联盟能迅速缩短产品开发周期以及快速地扩展市场，甚至可能占领行业标准的制高点。Nakano 等认为，可通过资源配置和知识共享手段促进供应链联盟的形成，并拓展合作活动范围等❸。Minhaeva 从企业知识共享的外部动机和内部动机角度分析企业联盟的形成，认为企业在知识共享过程中存在外部动机和内部动机，外部动机和内部动机由于认知不同，可能产生不同的知识共享态度，特别要正确区分内部动机和外部动机。❹

2. 企业联盟的不同类型及其知识共享特点

国外研究者按照不同标准对企业联盟类型进行了研究，并在类型分析的基础上进行了知识共享案例的剖析和研究。国外应用较多的主要有两种分类：一是从合作伙伴与企业自身价值链的关系来看，主要分为横向联盟和纵向联盟。合作伙伴的选择是企业联盟形成的中心环节，其寻找的合作伙伴可能是竞争者，也可能是非竞争者。其中横向联盟通常是处于产业链中相同阶段的企业间建立的战略合作伙伴关系，如两个互相竞争的汽车制造商通用公司和

❶ 刘笑妍. 我国企业战略联盟中存在的问题及对策研究 [J]. 河北企业，2010 (1)：47 - 48.

❷ 迈克尔·波特. 竞争论：全面升级版 [M]. 刘宁等译. 北京：中信出版社，2009：2 - 5.

❸ PEDROSO M. C, et al. Knowledge and information flows in supply chains：a study on pharmaceutical companies [J]. International Journal of Production Economics, 2009, 122 (1)：376 - 384.

❹ MINHAEVA D B. HRM practices affecting extrinsic and intrinsic motivation of knowledge receivers and their effect on intra-MNC knowledge transfer [J]. International Business Review, 2008 (17)：703 - 713.

丰田公司联盟进行知识共享是经常出现的例子；纵向联盟，有些也称其为垂直联盟，通常是处于产业链中不同阶段的企业间建立战略合作伙伴关系，如制造商与供应商联盟，丰田与其供应商联盟所建立和保持的高效知识共享是其拥有竞争优势的关键，在国外文献中也多有研究，如竹内弘高（Hirotaka Takeuehi）和野中郁次郎（Ikujiro Nonaka）对此曾进行过专门的研究，他们从日本企业独特的管理文化入手，在研究了日本企业间知识共享的基础上，用"社会化（Socialization）、外部化（Externalization）、联合化（Combination）、内部化（Internalization）"来描述知识共享模式。❶❷ 二是从按企业联盟的合作方式来看，通常有股权联盟与非股权联盟，以股权或契约为纽带而形成的。但这个方面又有较大争议，有些认为以合资方式形成的股权联盟不包括在内，这也被称为狭义的企业联盟理论。其中股权联盟，指通过合资或股权参与方式形成的，这是联盟关系最强的形式，几乎每天都会有新的联盟成立或旧的联盟解散，但股权联盟代表着更高程度的内部化和企业间的相互依赖性。❸ 非股权联盟，其合作形式较多，包括发放许可证、供应链合作、研发合作、共同营销等；其中企业通过发放许可证方式形成的联盟允许其合作伙伴使用其专利、商标、技术或诀窍等，一项协议通常有一定的时间限定，并要支付一定的费用；供应链联盟是一些企业不去招标在市场上报价最低的供应商，而是经过挑选从而与数目有限的供应商建立长期合作伙伴关系，以保证所需原材料或零部件的及时配送而形成的，供应链联盟一般主要是为了实现联合生产目的，各成员伙伴在产品生产中掌握一定产品的零部件工艺，并会在生产优质的最终产品中进行互补；R&D 研发合作联盟通常发生在复杂的技术生产系统与交错的行业中，企业通过合作研究和开发新产品或新技术而形成的；营销联盟通常是通过协议，向各自国家或行业内的顾客推广彼此的产品和服务，不同国家或不同地区、不同行业的企业顾客也能得到合作伙伴共同提供

---

❶ NONAKA. L. , TAKEUCHI. H. The knowledge creating company: how Japanese companies create the dynamics of innovation［M］. New York: Oxford University Press. 1995: 3, 58.

❷ 竹内弘高，野中郁次郎. 知识创造的螺旋［M］. 李萌译. 北京：知识产权出版社，2006：51 - 64.

❸ NARULA. R. J. HAGEDOORN. Innovation through strategic alliances: moving towards international partnerships and contractual agreements［J］. Technovation, 1999（19）：283 - 294.

的产品和服务等。❶

3. 企业联盟及其知识共享的理论基础

有关企业联盟的理论模型研究很多，并在企业模型研究基础上进行着知识共享的相关研究，国外主要有交易成本理论、资源基础型理论、网络理论、博弈论模型、学习理论模型等。其中：①交易成本理论强调成本的最小化。威廉姆森（Williamson）从交易成本理论出发，认为企业联盟是介于市场和企业科层制的中间组织，企业要完成一种相关交易，市场与等级组织是可供选择的工具，是否在企业间或企业内推行一系列交易，取决于每种模式的相对效率。❷ 企业在市场中以对自己有利的方式交换产品和服务，在处理同其他企业的交易时，总是尽量减少自己的生产和交易成本。从理论上分析，市场机制是企业进行资源配置的最好办法，但市场中往往存在着不确定性、信息不对称和机会主义行为等，会影响交易成本，想寻求内部一体化的管理；企业科层制有利于资源配置，但当交易成本过高时，往往会寻求外部的合作，组建企业联盟；Parkhe 认为对于联盟承诺的无法回收的成本往往容易导致联盟机会主义行为的发生。❸ Davenport 认为知识拥有者通过市场进行知识共享，是希望能有利可图，否则不会把自己的知识拿去与别人共享。❹ 有时知识共享可获取直接的经济回报，但有时知识共享收益方不是进行知识共享的双主体，而是另外的知识接受者，应通过一定方式进行奖励和补偿。❺ ②资源基础型理论认为企业竞争优势的重要决定因素是企业拥有、管理开发、组织使用和进一步开发的资源，资源共享与利用被认为是形成企业联盟的重要因素之一，企业通过联盟可优化资源配置，使包括知识的资源价值达到最大化。❻ 互补资

---

❶ 卡尔潘. 全球企业战略联盟：模式与案例 [M]. 吴刚等译. 北京：冶金工业出版社，2003：68 – 69.

❷ K. L. CROKER. Transaction cost determinants of unfair contractual arrangements [J]. American Economic Revies, 1991 (3)：356 – 362.

❸ PARKHE A. Strategic alliance structing：A game theoretic and transaction cost examination of interfirm cooperation [J]. Acadey of Management Journal, 1993 (36)：794 – 829.

❹ T. H. DAVENPORT, PRUSAK, L. Working Knowledge [M]. Boston MA：Harvard Business School Press, 1998：6 – 10.

❺ LEE, D. J. , AHN, J. H. Rewarding knowledge sharing under measurement inaccuracy [J]. Knowledge Management Research& Practice, 2005 (3)：229 – 243.

❻ DAS, T. K, TENG, B. S. Instabilities of strategic alliance：An internal tensings perspective [J]. Organization Science, 2000 (11)：77 – 101.

源的选择与获取是企业联盟形成的关键，每一个企业都应有一定的资源基础，拥有自己的核心能力，那就是有差别的、稀缺的、持久的、无法效仿的资源，并选择一项利用企业主要资源的战略，相信当企业的资源充分采用时，能提高其潜在收益的追求，并能利用企业联盟战略，建立未来的企业资源基础。❶❷ Brouthers 等研究发现互补是联盟伙伴进行知识共享的必要条件，拥有互补的知识，才能分析合作的企业文化、目标兼容性、有相称的风险承受能力等。❸ ③网络理论利用网络观较好地分析了企业联盟的本质特性。早期的企业联盟研究主要强调推动联盟形成的企业或产业层次的因素，企业竞争优势取决于其在相关产业中的定位，产业的诸多特征包括规模经济、进入障碍、多元化、产品差异和整合程度等，企业可通过联盟战略定位来提高竞争力，每个企业都在自己选定的产业中展开竞争，这个产业本身对企业的业绩具有强烈的影响。❹ ④博弈论模型认为战略竞争的本质是局中人之间的相互作用，任何局中人的决策都依赖于其他局中人的实际和预期的决定，竞争与合作是企业应该给予关注的两个重要的成对组件，对局者可从合作产生的双赢结果中受益，替代了竞争导致的要么赢、要么输的结果，影响到企业可能快速学习与退出联盟，在共同确认的联盟中，合作是提供长期收益的一种选择，要共同进行知识共享收益的分配。⑤学习理论认为综合学习能力是重要的，可通过企业联盟方式进行学习，促进知识在成员企业间转移。❺ 学习需要人际间的知识共享和互动，这不仅是一方将知识传给另一方，还包括接受方的学习与吸收过程；这对于社会组织来说，同样存在着知识学习过程。如 Dodgson 认为组织学习是指其围绕日常活动和组织文化，对知识和惯例进行建构、补充

❶ C. K. PRAHALAD, GARY HAMEL. The core competence of the corporation [J]. Harvard Business Review, 1990 (5)：79 – 91.

❷ HITT M. A., DACIN M T. Partner selection in emerging and developed market contexts：Resource – baced and organizational learning perspectives [J]. Acadey of Management Journal, 2000 (43)：449 – 467.

❸ KEITH D. BROUTHERS, et al. Strategic alliances：choose your partners [J]. Long Range Planning, 1995 (3)：18 – 25.

❹ RANJAY GULATI, et al. Strategic Networks [J]. Strategic Management Journal, 2000 (21)：203 – 215.

❺ 卡尔潘著. 全球企业战略联盟：模式与案例 [M]. 吴刚等译. 北京：冶金工业出版社，2003：32 – 33.

与组织，并通过完善各种技能以适应和提高组织效能。[1] 组织的学习和知识共享过程是建立在个人的学习和知识共享基础之上的，如 Nancy 认为共享就是使人能将自身的知识分给他人，使知识接受方也掌握这种知识，再扩展到整个企业都能掌握这种知识。[2] 如 Hsu 通过案例研究说明建立学习型组织文化对促进知识共享的必要性，它有助于建立信任与创造知识共享的条件。[3]

4. 企业联盟内的竞合关系及其对知识共享的影响

企业联盟不同于一体化的组织，其内部仍然存在竞争与合作关系，通常也被称为"竞合关系（coopetition）"[4]，企业通过联盟可优化资源配置，实现知识资源的互补和优势互补，使企业知识价值达到最大化，因为企业联盟内的利益共存关系有利于节约合作伙伴间的经营成本，有效地规避经营风险。[5] Tsang 认为从战略联盟伙伴的学习与知识共享目标出发，将其竞合关系分为非对称、非相互（共有）、非竞争、竞争等四种类型，并分析了不同竞合状态下的知识共享模式。[6] 但当某一企业通过联盟获取新的竞争力时，将可能成为其联盟合作伙伴强有力的竞争者[7]。由于竞合关系的存在，Das 和 Teng 认为可通过关键岗位的人员互派、现场视频、经常性会议和管理者之间的相互交流等来减少企业联盟内的知识共享风险等。[8]

[1] DODGSON, MARK. Organizational learning: A review of some literatures [J]. Organization Studies, 1993 (3): 375 – 394.

[2] NANCY M. D. Common knowledge: how companies thrive on sharing what they know [M]. [S. L]: Harvard University Press, 2000: 30 – 32.

[3] HSU I. C. Enhancing employee tendencies to share knowledge studies of nine companies in Taiwan [J]. International Journal of Information Management, 2006 (4): 326 – 338.

[4] LUO Y. A coopetition perspective of global competition [J]. Journal of World Business, 2007 (2): 129 – 144.

[5] DAS T. K, TENG B S. Instabilities of strategic alliance: An internal tensings perspective [J]. Organization Science, 2000 (11): 77 – 101.

[6] TSANG, E. A Preliminary typology of learing in international strategic alliances [J]. Journal of World Business, 1999 (3): 211 – 229.

[7] BECERRA, LUNNAN, HUEMER. Trust worthiness, risk and the transfer of tacit and explicit knowledge between alliance partners [J]. Journal of Management Studies, 2008 (45): 691 – 713.

[8] T. K. DAS., B. S, TTENG. Managing risk in strategic alliances [J], The Academy of Management Executive, 1999 (4): 50 – 62.

1.2.2　国内的相关研究

国内的相关研究内容主要集中在企业联盟及其知识共享的理论基础、企业联盟的知识共享障碍及克服对策、企业联盟内的竞合关系及其对知识共享的影响、企业联盟及其知识共享的发展趋势等方面。

1. 企业联盟及其知识共享的理论基础

国内的研究在借鉴国外有关企业联盟及其知识共享的理论模型基础上，主要对资源基础型理论、交流理论和网络理论进行了研究。其中：①资源基础理论认为企业联盟知识共享就是彼此资源的互补，构建企业联盟的目的是为了获得单个企业所无法取得的资源组合优势。根据资源的相似程度和资源所起作用的大小，刘建清将企业联盟的资源组合分为增补型、过剩型、补缺型和浪费型。其中增补型资源组合是指联盟各方都提供相似的可被利用的资源；过剩型资源组合是指联盟各方提供相似但没有被充分利用的资源；补缺型或者又称为互补型是战略联盟中被广泛认同的一种资源组合方式，是指联盟各方提供各不相同但对联盟非常重要的资源；如果联盟各方提供的资源既不相同，而且也不能被充分利用，那么这种资源组合就是浪费型的。❶ ②交流理论主要从知识交流、交换与扩散角度进行分析。知识共享，需要知识拥有方与知识需求方之间的有效交流，并且与一定的主体紧密相连。如林慧岳、粟林芳就使用了"知识分享"一词，认为其实质是知识从拥有者到知识接受者的跨时空交流与扩散过程❷，"知识共享"与"知识分享"等常混合使用。知识交换共享的目的是互通有无，如周九常等认为知识共享泛指知识提供者把所有或部分知识（资源）提供给特定的机构，其实质是知识资源在一定空间和地域内的合理配置，要最大限度地满足用户的知识需求。❸ ③目前的网络理论研究更加重了对社会网络因素的分析，认为网络是动态的，网络是分析企业间的连接、通过网络定义连接的强度以及方向与结构的一个概念性工具。如蔡新霞在社会网络的视角下，从网络整体结构、网络中的节点中心性和网络子群三方面分析探讨了企业联盟内的成员企业间进行知识转移问题，指出网络整体结构主要包括网络范围、网络密度、平均距离等维度，网络的不同

❶ 刘建清. 战略联盟：资源学说的解释［J］. 中国软科学，2002（5）：48-53.
❷ 林慧岳，粟林芳. 论知识分享［J］. 自然辩证法研究，2002（8）：43-46，55.
❸ 周九常等. 图书馆知识转移与共享［M］. 北京：知识产权出版社，2010：3.

结构特征对成员企业的知识转移有不同的影响；中心性是社会网络分析的重要度量指标之一，一般来说，中心性程度越高的行为者，与其他成员联系的路径就越短，就越容易获取知识；网络结构中常常表现出一定的聚集性，形成一些内部密度较高的网络子群，而连接不连贯的网络子群的节点称为桥连接，应善于发现企业联盟中已经存在的桥连接关系，积极鼓励与其进行知识交流，优化知识转移途径，扩大知识转移关系的广度及范围。❶ 从实践发展来看，Google 与 IBM 等公司不断开放其技术成果，不仅组建专利联盟在专利交叉许可的基础上进行创新，一些开源软件也在社会网络中得以不断修正，发生在社会网络中的开放创新不但可以促进知识共享，也可能提高知识共享层次。

2. 企业联盟的知识共享障碍及克服对策

相对于显性知识，隐性知识更难共享，有关知识共享障碍的分析及克服对策探讨主要集中在隐性知识方面。刘芹和陈继祥分析了知识的粘滞性，指出其是知识吸纳、转移、共享以及新知识生成的全过程中所表现出的阻滞和缓慢，认为粘滞知识倾向于粘滞在知识的拥有者难以与知识受体共享，但粘滞知识并不是绝对不可转移，而是相对难以转移，它具有相对性和动态性，其中相对性是指这些粘滞知识是相对特定的受体而言的，如果受体改变了，粘度也会发生变化；动态性是指粘滞知识的粘度和集合范围都可能随着知识源和知识受体的特征和两者之间的关系、知识转移媒介等的改变而动态发展。❷ 韩庆峰和刘立民认为隐性知识需要更深层次的开发，它的转化受个人的价值观念和心理的影响等。❸ 梁启华等研究了基于心理契约的企业隐性知识共享模式，并从空间集聚、知识场、社会网络等角度进行知识共享机理与路径分析。❹ 唐建生与和金生分析了知识具有的生物活性，运用仿生学的理论，借

❶ 蔡新霞. 社会网络视角下的联盟企业知识转移分析 [J]. 齐齐哈尔大学学报（哲学社会科学版），2010（6）：36 – 39.

❷ 刘芹，陈继祥. 粘滞知识形成的影响因素及对策研究 [J]. 情报科学，2007（5）：776 – 779.

❸ 韩庆峰，刘立民. 影响隐性知识显性化的成本因素分析 [J]. 情报杂志，2004（1）：23 – 25.

❹ 梁启华. 基于心理契约的企业默会知识管理 [M]. 北京：经济管理出版社，2008：185.

鉴生物发酵过程，提出了隐性知识共享中的发酵模式。❶ 王林军提出知识型企业隐性知识管理的主要策略主要有企业知识文化的创建、非正式学习环境、基于现代信息技术的隐性知识转化策略、建立合理有效的激励机制、隐性知识的保持和创新策略等。❷ 孙阳阳等探讨隐性知识共享的障碍，提出了共享激励机制的完善、加强对隐性知识的管理、文化的完善等。❸ 陈志军等指出促进隐性知识共享的途径包括营造以知识为导向的、宽容、平等和信任的文化；建立健全促进知识共享的激励机制；对组织结构进行调整从而为隐性知识的共享提供渠道保证；构建知识管理信息系统，为知识共享搭建技术平台；创建学习型组织，为隐性知识的共享提供制度保障等。❹

除了隐性知识这一客观存在的障碍外，在企业联盟知识共享障碍的分析中，信息技术、共享网络、人际关系、组织关系、社会经济、组织文化也是主要的障碍，国内的学者在相关研究中也有零星的分析。付彦认为随着知识共享的发展，人际关系、组织关系、社会经济、组织文化等障碍的影响越来越大，指出广义的知识共享基本上等同于知识管理，从历史演进的角度看，正经历着从只关注知识集成、以技术为中心的第一代知识管理与共享向同时关注知识集成、知识生成、以人际互动为中心的第二代知识管理与共享的转变；第一代知识管理与共享的主要特点是以架构为主，由知识地图、技术地图等开始，过分强调对组织现有知识的获取、编码和传播，大多数第一代知识管理都注重大量采用群件、信息索引和检索系统、知识库、数据仓库、文件管理和图像等技术，来解决知识共享不足问题；知识共享正从以信息技术工具实现为主，向以信息技术为辅助手段、充分发挥人际互动交流优势的转变。❺

3. 企业联盟内的竞合关系及其对知识共享的影响

徐海峰认为随着企业原材料成本和零部件成本的不断上涨，终端消费者

---

❶ 唐建生，和金生. 组织学习与个人学习的知识发酵模型研究 [J]. 科学管理研究，2005 (1)：86 – 88.

❷ 王林军. 论知识型企业的隐性知识管理策略 [J]. 经济视角，2010 (1)：43 – 45.

❸ 孙阳阳，王守宁. 企业隐性知识共享的障碍及对策研究 [J]. 情报科学，2009 (9)：1339 – 1343.

❹ 陈志军，许松. 试论企业的隐性知识共享 [J]. 生产力研究，2007 (22)：128 – 130.

❺ 付彦. 知识共享型组织结构 [M]. 北京：经济管理出版社，2008：10 – 21.

购买商品的价格却相对便宜，导致企业利润下降，故企业消减成本的压力与日俱增，但是单个企业的成本控制显然非常困难，并提出以企业间合作为基础、以竞争为目的形成企业联盟，通过企业联盟来帮助企业应对成本上升的挑战。❶ 竞合关系常有三种表现：一种是先合作，后竞争，企业要建立自身的竞争优势后，才能与其他企业合作；二是合作与竞争同时进行，企业迫于一定外部市场的压力，完全竞争可能会导致两败俱伤，只有通过联盟形成一定的合作关系，才拥有更多的发展机会；三是对内合作、对外竞争，如日本三菱公司和住友公司等家族企业联盟更倾向以合作方式为家族其他成员提供帮助，做出符合家族利益的贡献。❷ 杨伟等从企业联盟和谐这一新的视角，分析和谐状态下企业联盟内的成员企业间所存在的四类竞合类型，包括低竞争与低合作类型、低竞争与高合作类型、高竞争与低合作类型、高竞争与高合作类型。他认为低竞争与低合作类型促进了一般联盟知识的获取，阻碍了成员企业对于特殊联盟知识和联盟外部知识的获取；低竞争与高合作类型促进了成员企业对于一般联盟知识、特殊联盟知识、联盟外部知识的获取；高竞争与低合作类型阻碍了成员企业对于包括一般联盟知识、特殊联盟知识、联盟外部知识在内的所有联盟知识的获取；高竞争与高合作类型促进了成员企业对于包括一般联盟知识、特殊联盟知识的获取，阻碍了联盟企业对于联盟外部知识的获取。❸ 企业联盟内竞合关系对企业发展尤其是知识共享和创新绩效都有一定的影响，但现有的研究大多只关注竞争与合作中的一方对创新绩效的影响，一般认为企业间合作的目的在于竞争。❹ 王良等认为竞争与合作共同作用于创新绩效，把业务流程外包双方之间的竞合关系类型划分为五类，即伙伴型、配合型、中庸型、斗争型、孤立型，并以知识共享为中介，试图揭示不同竞合关系类型对创新绩效的影响，指出不同的竞合关系类型会导致知识共享水平的差异，最终表现为创新绩效的差异，如伙伴型竞合关系类型中，双方的知识共享水平最高，创新绩效最好；在斗争型竞合关系类型中，双方

---

❶ 徐海峰. 企业联盟迎接成本挑战 [J]. 技术与创新管理，2012 (6)：660 - 663.

❷ 李摇健，金占明. 战略联盟内部企业竞合关系研究 [J]. 科学学与科学技术管理，2008 (6)：129 - 134.

❸ 杨伟等. 学习型联盟企业间和谐状态、竞合导向以及联盟知识获取关系研究 [J]. 情报杂志，2010 (10)：134 - 137.

❹ 李国津. 跨国公司的战略联盟及其对我国企业国际化经营的启示 [J]. 南开学报，1994 (6)：31 - 36.

的知识共享水平最低，创新绩效最差。❶

　　4. 企业联盟及其知识共享的发展趋势

　　从企业联盟及其知识共享的发展趋势来看，跨行业、跨地区的企业联盟已成为一种重要趋势，有关知识联盟、技术联盟、专利联盟等新型的联盟形式和研究也在不断增多。生延超分析指出国际技术联盟主要集中在美国、欧洲和日本三大贸易区之间，在联合方式上，69% 的技术联盟采用合资等股权方式，而且呈现出跨行业、多领域的发展趋势。❷ 企业联盟及其知识共享的另一种发展趋势表现在企业联盟越来越重视新知识的创造，企业间因合作创新的需要而形成相应的联盟，并在此基础上开展深层次的知识共享。谢永平等指出知识共享与创新绩效具有正向相关关系，从企业外部知识共享的情形来看，企业间进行合作或交流的过程中，通过连结渠道相互交流知识与资源，从而产生新的创意或想法，能进一步提高企业创新绩效。❸ 王海花等以扎根理论研究成果为基础，对开放式创新模式下组织间知识共享的影响因素进行实证研究，研究结果表明，环境变量、共享渠道、知识资源需求和知识资源池等四个维度均对组织间知识共享具有一定程度的影响，而且影响因素之间存在交叉作用关系，这一结论提示企业在获取外源知识时，既要明确不同因素影响效应之间的系统性与联系性，也要注意组织间知识共享提升措施之间的动态协同，需要削弱合作双方的信息不对称，构建多种形式的创新平台，识别合作双方的文化相似性，建立合作机制与利益平衡机制。❶

1.2.3　国内外研究述评

　　基于企业联盟的知识共享研究旨在以企业联盟这一特殊的组织研究视角来研究知识共享的动因、特点、过程、影响因素、模式、策略、冲突及其协调、保障机制、发展趋势与规律等。从以上有关国内相关研究内容来看，国

---

❶　王良等. 转型业务流程外包中企业间竞合关系类型、知识共享与创新绩效关系研究 [J]. 科技进步与对策，2013 (2)：1 - 7.

❷　生延超. 技术联盟创新系统理论与实证研究 [M]. 北京：经济科学出版社，2010：8.

❸　谢永平等. 组织间信任、网络结构和知识存量对网络创新绩效的影响分析 [J]. 科技进步对策，2011 (24)：172 - 176.

❶　王海花等. 开放式创新模式下组织间知识共享影响因素的实证研究 [J]. 科学学与科学技术管理，2013 (6)：83 - 90.

外的相关研究内容主要集中于从知识共享角度分析企业联盟的形成动因、企业联盟的不同类型及其知识共享特点、企业联盟及其知识共享的理论基础、企业联盟内的竞合关系及其对知识共享的影响等方面；国内的相关研究内容主要集中于企业联盟及其知识共享的理论基础、企业联盟的知识共享障碍及克服对策、企业联盟内的竞合关系及其对知识共享的影响、企业联盟及其知识共享的发展趋势等方面。已有的研究成果为本课题的进一步研究奠定了良好的基础。但目前的研究成果还是比较分散零碎的研究，存在以下主要问题：

（1）国内外的相关研究整体上都偏重于从某一个特定的角度对企业联盟进行理论模型的探讨，试图在对相关模型进行分析的基础上来揭示知识共享的某一方面问题，因而相关研究成果往往是不系统的，还无法全面、深入地揭示基于企业联盟的知识共享特点、规律、模式、策略、保障等。

（2）国内外的相关研究虽然都涉及了企业联盟内的竞合关系及其对知识共享的影响分析等，但最终的研究落脚点还是在单一企业，认为单一企业为了满足自身的知识共享需求而要寻求联盟，在联盟及其知识共享过程中对竞争的作用研究较多，而对合作、竞争与合作的综合作用等研究相对缺乏，还没有在企业联盟这一组织框架下来分析如何更好地促进成员企业间的知识共享，提升企业联盟的整体知识能力，促进企业联盟与外界环境进行知识共享，从而实现成员企业、企业联盟、社会共赢等问题。

（3）从国内的相关研究来看，还表现为对知识共享理论探讨居多，案例分析和应用研究方面显得严重不足，需要在理论的支撑下，加强基于企业联盟的知识共享案例分析，以更好地促进企业联盟内外部知识共享应用方面的研究，要求理论与实践相结合，促进企业联盟及其知识共享实践的进一步发展。

1.3 研究目标与主要内容

本书的研究力图克服过去只注重单一企业内部知识共享这一研究思路的不足，而是基于企业联盟的视角，以提升企业联盟整体的知识能力和竞争力为切入点，研究企业联盟内外部知识共享的相关问题，试图揭示如何通过知识共享实现成员企业、企业联盟、社会的共赢。

1.3.1 研究目标

针对当前企业联盟知识共享理论研究与实践发展中存在的主要问题，本书的研究基于企业联盟的研究视角，从企业知识共享需求出发，以基于企业联盟的知识共享目标为主线，旨在探求基于企业联盟的知识共享动因与特点，剖析基于企业联盟的知识共享过程与影响因素，较好地构建基于企业联盟的知识共享模式与策略等，并在系统论视角下探讨基于企业联盟的知识共享冲突及其协调、知识共享保障等，分析知识共享背景下企业及其联盟的发展等问题，从而推动基于企业联盟的知识共享理论的进一步完善，并结合相关案例进行分析，做到理论与实践相结合，为促进企业联盟及其知识共享实践的进一步发展提供相应的理论支撑。

除了尽量结合相关案例进行分析，以做到理论与实践相结合外，本书在研究中还主要采用文献研究法、调查研究法、系统分析法、因素关联法、定性与定量相结合方法等，在研究过程中，充分发挥各种方法的优势。首先，广泛搜集国内外有关企业联盟及其知识共享方面的研究文献和相关案例，以便比较全面地把握目前的研究现状和实践发展状况，在进行分析研究的基础上找出本书的突破点，形成本书的研究框架。其次，通过对系统方法的运用，提出基于企业联盟的知识共享既包括联盟内部成员企业间的知识共享，又包括企业联盟与外界环境当中的某些共享主体进行的知识共享，并提出企业联盟的两种知识共享目标，以共享目标为主线，从共享过程、影响因素、共享模式、共享策略、共享冲突、共享保障等方面进行系统研究。第三，在系统论的视角下，运用因素关联法分析企业联盟知识共享主体、知识共享客体、企业联盟内部环境、企业联盟外界环境等影响因素及其交互特征。第四，定性研究与定量研究方法相结合。定性研究方法是社会科学领域常用的研究方法，它有助于我们对基于企业联盟知识共享的相关理论问题进行全面、深入地分析，但知识共享同时又是一个应用性、实践性很强的问题，单纯从定性、思辨的角度探讨和研究，难以形成有说服力的结论。针对这个特点，在相关案例的分析、企业联盟知识地图的应用、共生稳定性等方面又结合运用了定量分析法。

1.3.2 主要内容

本书基于企业联盟的视角，从企业知识共享需求出发，以基于企业联盟的知识共享目标为主线，在理论和实践相结合的基础上，研究企业联盟内外部知识共享的相关理论与实践发展问题。其中，研究框架安排如图1-1所示。

本书遵循"从实践中来，到实践中去"的原则，在剖析基于企业联盟的知识共享动因和特点基础上，以基于企业联盟的知识共享目标为主线，研究企业联盟内外部知识共享过程、影响因素、共享模式、共享策略、冲突和保障等，并在此基础上研究知识共享背景下的企业及其联盟的发展问题等。主要内容如下。

第1章，绪论。选择企业联盟的角度，研究知识共享问题，主要源于企业联盟知识共享的理论与实践发展背景，包括知识已成为企业竞争优势的根源、企业对知识共享的迫切需求、企业联盟已成为一种有助于知识共享的组织形态和企业联盟知识共享实践的影响等方面。本章分析基于企业联盟的知识共享研究背景与意义，对国内外相关研究状况进行综述与评价，提出研究目标与内容框架。

第2章，基于企业联盟的知识共享动因、特点及目标。需求是企业知识共享的驱动因素，动因是企业知识需求转化为相应知识共享行为的前提，因此，有必要从知识共享的可行性和必要性两个方面分析基于企业联盟的知识共享动因。相对于单一企业内的知识共享而言，企业联盟内的知识存在形式要多一些，知识可共享的范围也有很多的不同。因此，基于企业联盟的知识

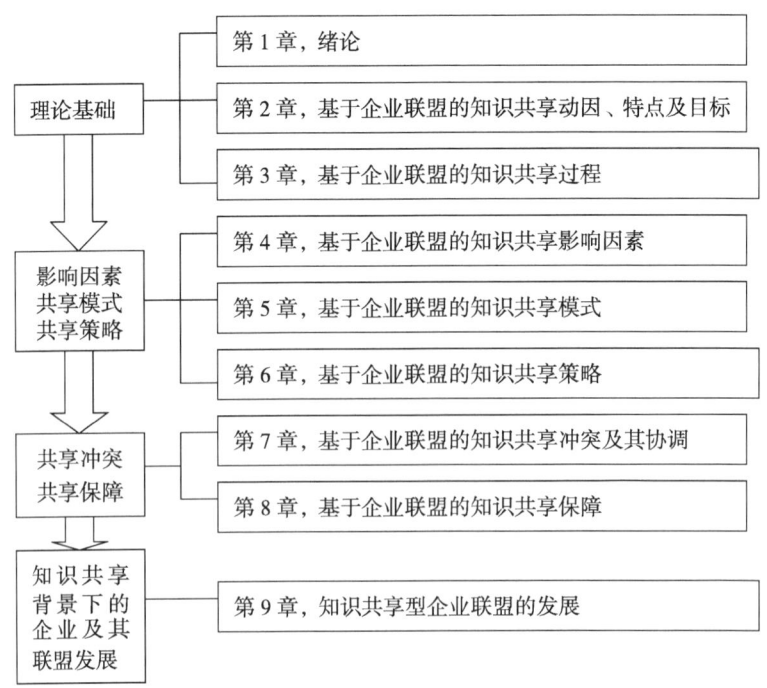

图1-1　本书的研究框架

共享与单一企业内知识共享有明显区别；这主要体现在基于企业联盟的知识共享特点中。知识共享目标定位决定着企业联盟知识共享的发展方向，基于企业联盟的知识共享既有联盟内部的知识共享，又有联盟外部的知识共享，因此提出内生型为主的知识共享目标和外生型为主的知识共享目标。

第 3 章，基于企业联盟的知识共享过程。在企业联盟知识共享动因、目标及特点分析基础上，还需要明确基于企业联盟的知识共享过程，才能进一步展开有关影响因素、共享模式、共享策略、共享冲突及其协调等问题的研究。基于企业联盟的知识共享，首先具有企业间知识共享过程的一般运行机理，除此之外，还应考虑到联盟整体的知识创造、共有知识资源的建设与保存、知识的共同利用，联盟整体与外界环境之间的知识共享过程。基于企业联盟的知识共享过程既包括联盟内成员企业间的知识共享过程，也包括企业联盟整体与外界环境之间的知识共享过程，两个共享过程往往是相互影响、相互促进的，有时也可能是交织在一起同时进行的。由于彼此的影响与推动，才能形成知识共享的良性循环。

第 4 章，基于企业联盟的知识共享影响因素。在一定知识共享目标的作用下，基于企业联盟的知识共享影响因素还主要包括知识共享主体、知识共享客体、企业联盟内部环境、企业联盟外界环境四个方面。其中，共享主体因素是指影响知识共享的联盟内各成员企业及联盟整体；共享客体因素是指影响知识共享的联盟内各成员企业及联盟整体所拥有的知识；企业联盟内部环境因素是企业联盟体内各种影响知识共享的客观条件，包括基础技术设施、组织结构、契约安排、信任水平、组织文化、联盟经验等要素；企业联盟外界环境因素是存在于企业联盟体外部的各种影响知识共享的客观条件，主要包括政策与法律环境、人文与科技环境、市场与竞争环境等。这些影响因素之间相互联系、相互影响。

第 5 章，基于企业联盟的知识共享模式。在不同的知识共享动因、目标、影响因素等作用下，会形成不同的知识共享模式。在以共享主体为主要分类标准的前提下，从共享意愿、共享机制、共享层次、共享范围、共享客体等方面进行共享模式的分析。在基于企业联盟的知识共享过程中，因为企业联盟内的成员企业间存在一定的合作关系，知识共享的主要模式是自愿型的知识共享模式；但考虑到社会公共利益、国家利益甚至企业联盟整体利益，有时需要采取一定的强制措施，促进企业进行知识共享，形成强制型的知识共享模式。根据企业联盟知识共享特点及共享成本的考虑，也将其分为市场机制主导的共享模式与非市场机制主导的知识共享模式两大类。由于企业联盟类型影响了企业联盟的知识共享模式选择，因此根据企业联盟知识共享具有不同的层次，有同一价值链层次上的知识共享模式和上下游价值链层次上的知识共享模式。从联盟内企业参与知识共享的范围出发，并结合联盟内企业的学习与知识共享目标，主要会形成成员企业间的对称型知识共享模式、盟主及其他成员企业之间的非对称型知识共享模式这两大类。根据基于企业联盟的知识共享客体的侧重点不同，主要有专家知识的共享模式、专利及其相关知识的共享模式、版权作品及其相关知识的共享模式、流程知识的共享模式、客户知识的共享模式和其他知识的共享模式等。

第6章，基于企业联盟的知识共享策略。基于企业联盟的知识共享虽然有不同的共享模式，但应用的主要共享策略基本是相同的，主要包括企业联盟知识库建设与共享、企业联盟隐性知识挖掘与共享、企业联盟知识共享网络层次与演化、企业联盟知识地图的构建与应用等。随着数字化技术和现代互联网的发展，知识库已成为目前企业对其自身所积累的知识进行管理的重要手段，也是基于企业联盟的知识传递、传承和共享的主要策略。主要从所应遵循的基本原则、知识资源的采集、知识库内容的质量控制、功能模块的构建与实现等方面来分析企业联盟知识库建设的基本策略。建设企业联盟知识库，不只是为了单纯地保存企业及联盟体内的知识成果，还要通过各种方式促进知识库中所保存的知识成果能得以共享利用，因为知识只有被共享利用才能更好地发挥作用。相对于以知识库等方式进行的显性知识共享，企业联盟隐性知识分布更广泛，表现得更模糊，需要进行知识挖掘才能更好地实现共享。其共享实现途径主要有三大类，即在交流中实现企业联盟隐性知识共享、通过"干中学"实现企业联盟隐性知识共享、通过"用中学"实现企业联盟隐性知识共享。基于企业联盟的知识共享不只是单纯知识库的建设与操作、隐性知识的挖掘与共享，而是企业联盟内外的各种知识交错在一起所形成的知识共享网络，由技术网络、知识资源网络、人际关系网络构成，并根据企业联盟知识共享活动的开展而不断地演化，反过来促进基于企业联盟的知识共享向高层次发展。企业联盟知识共享网络的演化机理表现为沿空间维的协同共生现象、沿时间维的动态调节现象、沿知识共享能力维的集成优化现象。如果能将企业联盟内的知识共享网络用图形或图像显示出来，就形成了一张完整的知识地图，据此可以清晰地了解整个知识共享网络的结构，并可由此透视知识共享网络背后企业与知识活动者间的关联，知识地图就像是作战地图一样，有助于企业联盟的知识管理和共享利用。需要对企业联盟的知识体系进行整体分析和集成管理，以解决企业联盟知识的分散分布与集中揭示的矛盾。基于企业联盟的知识地图构建，可以结合成员企业知识地图和项目知识地图进行构建，实现企业联盟知识地图集的动态调用和组合。知识地图对企业联盟知识共享的影响主要表现在指导联盟合作伙伴的选择、成员企业知识共享能力分析、企业联盟知识共享战略制定、企业联盟知识导航与搜索等方面。

第 7 章，基于企业联盟的知识共享冲突及其协调。企业联盟在知识共享过程中也存在各种冲突，其中既有不同知识共享主体之间的冲突，又有共享主体围绕客体而产生的冲突。基于企业联盟的知识共享冲突主要发生在联盟内的不同利益主体之间，主要表现为企业联盟内不同成员企业之间的利益冲突，首先分析企业联盟体内的知识共享冲突及其协调。企业联盟在运行过程中，除了成员企业间进行知识共享外，还会与外界环境（包括其他企业、企业联盟、政府、大学、研究机构、市场、用户等）进行知识共享，知识共享主体间的冲突主要表现为，企业联盟与外界环境的知识共享主体之间因知识专有、知识垄断、知识滥用、知识保护等引发的知识共享冲突，然后分析企业联盟与外界环境之间的知识共享冲突及其协调。

第 8 章，基于企业联盟的知识共享保障。基于企业联盟的知识共享是一个复杂的系统工程，特别是为了尽量减少或消除知识共享冲突，需要有完善的保障措施来保障企业联盟内外知识共享活动的顺利开展。基于企业联盟的知识共享要持续进行，除了需要建立知识库、挖掘隐性知识、建立知识共享网络、构建知识地图等共享策略外，还需要相应的制度保障、组织结构保障、文化保障、服务保障等。企业联盟知识共享的制度主要包括相应的合作管理制度、知识管理标准、显性知识共享协议、人力资源合作与共享协议等。较好的组织结构保障能提高成员企业间的知识共享效率，从企业联盟结构及其调整、企业联盟合作业务流程的重组、向紧密型企业联盟发展三个方面分析组织结构保障。相对于单一企业的文化，企业联盟文化会影响到合作方式的选择、合作伙伴的态度和行为等，企业联盟文化也是在各企业文化的相互影响甚至融合基础上形成的，能促进企业联盟知识共享的文化内涵至少包括开放、信任、激励、学习与创新及以上各种文化特征的整合。目前企业的知识利用呈现出了从分散利用到联合利用趋势，企业联盟作为促进企业间知识联合利用的一种组织安排，除了要完善知识共享的制度、组织结构和文化保障外，还需要探寻基于企业联盟知识共享的服务保障问题。企业联盟知识共享的服务保障主要包括面向企业联盟需求的信息资源集成、企业联盟知识共享的技术支持平台、企业联盟知识共享服务模式等。

第9章，知识共享型企业联盟的发展。企业联盟内部的知识共享与外部的知识共享是相互影响的，甚至在一定条件下会发生相应的转化，最终都要较好地提升企业联盟内部的知识共享能力。因此，在知识共享的过程中，成员企业的知识能力会得到相应的发展；企业联盟会在知识共享的基础上进行合作创新，提高知识共享层次；企业联盟内各成员企业间的关系也会越来越紧密，呈现出一定的共生稳定性。

第 2 章　基于企业联盟的知识共享动因、特点及目标

企业之间的知识共享并不是自然而然就能发生的，一般要具备可供共享的知识资源、知识共享意愿、知识共享需求及相应的共享机制后才可能发生知识共享行为。基于企业联盟的知识共享既有联盟内部成员企业间的知识共享，又有企业联盟整体与外界环境中的知识共享；但任何一个企业联盟，联盟整体与外界环境进行知识共享总是为了更好地促进联盟内部成员企业间的知识共享，或建立在联盟内部成员企业间知识共享基础之上。在一个特定的企业联盟内，成员企业之间往往存在着既竞争又合作的关系，这种企业间的合作与竞争关系既影响到联盟内部的知识共享，也影响到企业联盟整体与外界环境中的知识共享，已成为促进其进行知识共享的重要手段。

2.1　基于企业联盟的知识共享动因

需求是企业知识共享的驱动因素，动因是企业知识需求转化为相应知识共享行为的前提。基于企业联盟的知识共享动因可从共享的可行性和必要性两个方面进行分析。

2.1.1　基于企业联盟的知识共享可行性分析❶

只有先对基于企业联盟的知识共享可行性进行分析，才能进行共享必要性的分析。企业联盟中的各个成员企业之间具有相互依赖、相互合作的关系，这为基于企业联盟的知识共享提供了可能。具体来说，基于企业联盟的知识共享可行性主要由于联盟体内成员企业间知识资源搜集的趋同性、成员企业间的信任与交流、成员企业领导层的重视、不同成员企业知识管理人员的合作、企业联盟内存在的各种人际网络等。

---

❶　周永红，刘敏．联盟决策支持的企业竞争情报共享研究［J］．情报探索，2011（8）：53 – 55.

1. 成员企业间知识资源搜集的趋同性

在某一个特定的企业联盟内，虽然各个成员企业结成联盟的目的会各不相同，甚至各成员企业在联盟中所处的地位也相差甚远，但其面临的外部竞争环境和竞争对手却可能有相同的部分；同时企业也会对联盟内的其他合作伙伴实行监测，以防止其他成员的不良行为对联盟及自身企业构成威胁。因而，成员企业所处的竞争环境（包括内部和外部环境）和所面对的竞争对手的趋同性，会导致其所搜集的知识资源往往会有一定的趋同性。如联盟内处于主导地位的企业，一般会利用自身强大的知识资源搜集能力，搜集关于行业政策、专利技术、法律法规、市场需求等方面的知识资源；其他联盟成员只要有可能，也会对相关知识资源尽力搜集和分析，这样可通过共享以达到共同合作甚至与外部抗争的目的。

2. 成员企业间的信任与交流

企业联盟内有效的信任机制可以降低共享环境的复杂性和决策风险，保证知识共享的发展。企业联盟的形成及各种合作活动的开展都建立在彼此之间充分信任的基础之上。如果企业间没有良好的信任机制，企业一般是不可能共享自己搜集和积累的知识的。在企业联盟的形成和发展过程中，各方企业都已有一定的投入以获得对方的信任，这个投入的过程就是培养信任的过程。这样，通过成员企业间充分的交流与沟通，包括建立顺畅的沟通渠道和有效的沟通方式，通过便利的网络信息技术及其他方式，提高企业行为与决策的透明度，有利于增强彼此间的信任感，实现成员企业之间的信息传递和知识共享，从而为成员企业之间知识共享活动的开展奠定良好的基础。

3. 成员企业领导层的重视

企业的知识管理工作及其知识共享活动的开展往往与企业领导层的重视和支持是分不开的。在企业联盟内，各个企业中高层领导之间的关系对企业间的关系有着深刻的影响，这些领导者之间已经建立的私人关系和信任关系，已为企业联盟内知识共享的实现提供了可能和条件。当然，在现实生活中，很多企业领导层可能知道知识对企业决策的重要支持作用，明白联盟内成员企业共享知识的必要性，但由于成员企业间竞争关系的影响，很多企业领导层还是很害怕涉及技术与竞争情报等知识共享这样敏感的话题的。所以成员企业间在共享知识时，还要避免搭便车行为和机会主义行为的发生，以免对其他成员企业造成不必要的损失，对企业联盟组织带来负面影响等。

4. 各成员企业知识管理人员间的合作

企业联盟内的各个成员企业一般都有自身的知识管理人员，但有时为了提高联盟知识管理工作效率，除了要共享各个成员企业所搜集的知识资源外，还需要相关企业的知识管理人员能进行更高层次的合作，需要联合搜集、分析、整理和利用相关知识资源，甚至可能要整合成员企业的相关知识管理部门。这样，就更有利于增强企业联盟的知识管理与共享能力，加强成员企业间的知识交流与合作，提高协调与协作能力，支持联盟战略决策，提升企业联盟的整体竞争力。有时即使成员企业间有一定的摩擦或隔阂，但为了企业联盟关系的维系和发展，彼此的领导和知识管理人员也不会为了企业的短期利益而丧失已经建立的联盟关系甚至多年的私人关系，这时的合作关系实际上已促进了企业联盟知识共享活动的开展。

5. 企业联盟内存在的各种人际网络

人际网络是促进知识特别是隐性共享的重要途径。以企业的竞争情报这种特殊的知识共享为例，Phani Tej Adidam, et al. 曾经指出：竞争情报战略要与当地的文化和商业实践紧密地结合起来。在中国企业中导入竞争情报时，绝不只是建立信息基础设施的问题，要利用广泛的人际网络，加强与有经验的合作伙伴之间的联系是成功的关键所在。❶ 在企业联盟的运行和发展过程中，由于各种业务往来和合作关系的存在，会产生各种非正式人际网络，比如企业高层领导之间的人际网络、联盟技术研发团队之间的人际网络、知识管理人员之间的合作及人际网络等，有些甚至可能涉及企业各个部门。企业联盟内这些广泛存在的人际网络，可以更好地开展企业联盟的知识管理工作，通过个人的交往和联系拓展企业的知识资源来源和渠道，甚至可以及时获取无法从知识管理系统中获取的知识。而这样的知识往往对企业的发展更有利，为企业联盟内部知识的交流和共享创造了更多方便条件。

2.1.2　基于企业联盟的知识共享必要性分析❷

具体来说，基于企业联盟的知识共享必要性主要体现在成员企业共同的

---

❶　PHANI TEJ ADIDAM, et al. Cross – cultural competitive intelligence strategies market-ing［J］. Intelligence & Planning, 2009（5）：666 – 680.

❷　周永红等. 企业联盟知识共享动因、障碍及克服［J］. 情报理论与实践, 2011（4）：32 – 34.

利益诉求、企业自身知识扩展的需要、知识共享成本的考虑、企业在联盟中体现自身价值的需要、企业联盟得以维系和发展的需要等方面。

1. 成员企业共同的利益诉求

企业联盟是一个利益共生体。企业联盟的产生目的、合作伙伴的选择、产品研发、技术创新、知识共享收益分配等都涉及联盟内部各成员企业的利益，也就是说从企业开始组建联盟时起，成员企业间就是利益相关者，共同的利益是企业联盟知识共享的前提条件。参加联盟的各个企业，不论大小与规模，不论内部存在竞争与否，都有共同目标和利益的存在。成员企业共同利益的实现通常与彼此的合作是密不可分的，可能表现为提高企业经营效率、降低生产成本、提高产品质量、增强竞争优势等方面，最终尽量使各个成员企业之间实现多赢格局。如果没有共同的目标和利益，成员企业之间的合作关系就难以建立和维持，依靠组建联盟来提升自身竞争优势的竞争战略也不可能成功实施。另一方面，知识已成为企业竞争优势的源泉。企业也发现自身处于一种学习、借鉴和共享其他企业知识的处境。联盟内各个成员企业之间具有相互依赖、相互合作的关系，这为基于企业联盟的知识共享提供了可能。因此，联盟内部成员企业间共同利益的存在，使得知识共享成为一种重要的合作方式。企业联盟因成员企业间的合作和不断的知识共享而变成了一个利益共生组织。

2. 企业自身知识扩展的需要

在知识经济时代，知识已成为一种重要的生产要素，是企业竞争优势的来源。如果一个企业想超越竞争对手，就需要不断地进行知识积累，并通过知识创新发展自身的知识优势。以前一直强调企业内部的知识积累和创新，但技术更新日益频繁，知识的更新周期越来越短，如果对于企业所需的任何知识，都只凭借企业自身的技术和人才从头开始的话，也是非常不明智的，知识共享是其必然的选择。况且任何一个企业，在适应环境不断变化的过程中始终面临着知识共享的需求，企业单凭自身所拥有的知识资源要想在激烈的市场竞争中取得竞争优势是很难的，企业需要不断地广泛吸收外部的知识来及时扩展自己的知识体系。当面对日趋激烈的竞争时，越来越多的企业也不得不从外部来迅速获取自身所需的知识，或寻找合作伙伴共同进行知识创新。企业之间通过某种方式建立的联盟关系，为企业提供了多样化的知识来源，既扩大了可共享的知识体系，又满足了成员企业学习的需要，方便了成员企业彼此之间的知识共享，为单一企业自身知识的扩展提供了便利。

3. 知识共享成本的考虑

一般来说，企业知识的积累途径主要有自主创新、交换知识、购买知识和外部学习等，通过组建企业联盟，成员企业间进行知识的共享与学习是成本相对较低而效率相对较高的一种知识积累方式。企业自主创新需要自身具有较好的知识积累，而且有很多的未知因素，风险较高。在市场机制的作用下，交换知识和购买知识都有较高的成本投入，因为企业是以盈利为主要目的的经济组织，而在市场合作方式中，企业要经常关注知识的提供者，搜寻可进行知识交换或交易的主体，并且需要进行相应的沟通，以争取到更优惠的知识交换或交易条件。相对而言，企业联盟内部成员企业间相对稳定的关系能够更好地节约知识共享的成本，例如，可以节约知识的发现与搜索成本，可节约知识的交流和共享过程中重复评价所引发的成本，可降低知识共享成交过程中的成本等。成员企业之间的知识共享建立在已有的合作基础之上，企业联盟内部便利的共享平台有利于加快成员企业间的知识交流和学习；当成员企业间具有较高的合作关系和信任关系时，可以鼓励彼此间进行企业特有知识的交换、学习和共享；可以在合作条约中增加约束条款，尽可能地提高知识共享效率，避免知识共享过程中的机会主义等；可以共同进行知识创新，分担知识共享成本与风险等。

4. 企业在联盟中体现自身价值的需要

企业联盟内总存在着知识的不对称分布，内部不可能存在两个或以上在知识积累和知识优势上完全相同的成员。正由于各成员企业间的知识分布一般是不均衡的，任何成员企业都可能拥有一定的知识积累和自己独特的知识优势，才需要进行知识共享。一方面，联盟中的各个成员企业之间具有相互依赖、相互合作的关系，企业对彼此知识的需求决定了他们之间依赖性的强弱；企业之间的相互依赖性又决定着彼此能够实施权力的大小。另一方面，联盟中的各个成员企业之间同样存在着竞争关系。这种竞争关系直接影响到企业是否能在联盟体内尽可能地体现自身价值，以掌握对联盟更大的控制权。一般地，成员企业可提供共享的知识越多，其他需要这些知识的成员企业对该企业的依赖性也会越来越强，凭借这种依赖该企业在联盟中就会有更大的控制力，从而有利于该企业在联盟中体现自身的价值，提升自身形象。

5. 企业联盟得以维系和发展的需要

知识创新是知识共享的目的。企业与联盟中相应成员企业共享知识的目的，就是为了更好地实现企业知识创新，以促进技术研发和产品开发等。一般来说，企业在联盟之前已形成了一定的规则，有知识共享的意愿和需求。但成员企业彼此之间的竞争仍然是随时存在的，从战略上保持知识创新的能力和技术领先的地位成为企业联盟各方所追求的首要目标。企业联盟是一个利益共生组织，成员企业间要有共同的利益和目标，才有可能进行知识共享和创新。成员企业间知识共享行为策略的选择主要建立在对知识共享价值的预期之上。如果成员企业不能事先确定知识共享的潜在经济利益，它们就没有足够的动机去开展知识共享活动；如果成员企业共享了知识，却不能获得相应的回报，甚至还可能要承担知识共享引发的额外成本时，企业将不可能继续主动进行知识共享；如果成员企业进行知识共享能获得相应的收益回报，它将与对方一致选择知识共享行为。在成员企业间知识共享的基础上不断地促进知识创新，才能使各成员企业切实感受到知识共享的好处，才有可能进行知识共享收益的分配，才能确保整个联盟关系得以长期维系和不断发展。

2.2 基于企业联盟的知识共享特点分析

相对于单一企业内的知识共享而言，企业联盟内知识存在的形式要多一些，知识可共享的范围也有很多的不同。因此，基于企业联盟的知识共享与单一企业内知识共享既有联系又有明显区别；这主要体现在基于企业联盟的知识共享特点中。

2.2.1 多种知识共享形式的统一

国内外对于知识有不同的解释。如《中国大百科全书·哲学卷》定义为：人们在日常生活、社会活动和科学研究中所获得的对事物的了解，其中可靠的成分就是知识。❶ 亚里士多德曾将人类知识分为三类：纯粹理性、实践理性和技艺，其中纯粹理性是指几何、代数及逻辑之类可以精密研究的学科，实践理性则指人们在实践活动中用来做出选择的方法，技艺是只可意会、不可言传的知识；罗素把人类知识分为直接的经验、间接的经验及内省的经验，直接的经验是指通过实践活动得到的知识，间接的经验则是从他人那里继承

---

❶ 中国大百科全书·哲学卷 [M]. 北京：中国大百科全书出版社，1985：1169.

的知识；内省的经验则是"悟"出的知识。❶ 另外，《中国知识管理标准体系（GB/T 23703）》中将知识定义为：通过学习、实践或探索所获得的认识、判断或技能等，并给出三个注释：①知识可以是显性的，也可以是隐形的；知识可以是组织的，也可以是个人的；②知识可包括事实知识（know – what，知道是什么）、原理知识（know – why，知道为什么）、技能知识（know – how，知道怎么做）和人际知识（know – who，知道是谁）（这其实是世界经合组织 OECD 于 1996 提出的相关解释）；③组织知识的集合也是它的智慧资本（Intellectual Capital）等。❷ 基于企业联盟的知识共享形式除了上面提到的几大类以外，为了后面研究的需要，我们把它归纳总结为以下几大类。

1. 企业联盟内的显性知识和隐性知识共享

从认识论看，知识可分为显性知识与隐性知识及其各种组合与转换。迈克尔·波兰尼（Michael Polanyi）是较早讨论显性知识与隐性知识的，他认为知识是显性知识与隐性知识的连续体。显性知识有些也称为编码知识，他认为显性知识可以用正式语言编码和传递，隐性知识是难以用正式语言传递的，并且认为我们知道的比说得出来的更多。总之，显性知识是客观的、有形的知识，如产品外观、文件、数据库、说明书、公式和计算机程序等；隐性知识代表了以个人经验为基础并涉及各种无形因素的知识，存在于个人头脑中，存在于特定场景中，是具有内在性和默会性的知识，难以系统化和难以交流，用文字、语言、图像等形式不易表达清楚的主观知识，它以个人、团队、组织的经验、印象、技术诀窍、组织文化、风俗等形式存在。❸

企业联盟内的显性知识包括可以描述的个人文档、实现团队目标的工作文件、企业的专利技术与产品、联盟知识管理制度等；隐性知识包括只可意会的个人经验、团队成员之间的协作技能、企业文化、联盟企业间的信任氛围等。

但不管哪种类型的企业及其企业联盟，隐性知识是主要的部分，是最重要的部分，也是难以管理和共享的部分；显性知识虽然容易表达、交流和共

---

❶　夏敬华，金昕. 知识管理［M］. 北京：机械工业出版社，2003：80.

❷　中华人民共和国国家标准. 知识管理　第 2 部分：术语（GB/T 23703.02—2010）［S］：北京：中国标准出版社，2011：1.

❸　周城雄. 隐性知识与显性知识的概念辨析［J］. 情报理论与实践，2004（2）：127 – 129.

享，却只占很少的一部分。例如，据相关研究指出企业隐性知识占到 90%，而显性知识仅占 10%❶。因而，目前许多基于企业联盟的知识共享主要是以显性知识为主，企业间往往通过一定的共同方式，就可以很容易实现共享。而隐性知识往往内嵌于企业的组织制度与文化之中，即使知识拥有者愿意与成员企业共享，这种共享也是很困难的，成员企业之间必须合作且文化融合等才有可能实现。再加上隐性知识通常又是构成企业核心竞争力的重要因素之一，所以无论是从客观技术上还是主观意愿上，成员企业之间要实现隐性知识的共享都是较困难的。

2. 企业联盟体内的公有知识和私有知识共享

在任何一个企业联盟内，既有联盟内各成员企业的私有知识，也有基于企业联盟的共有知识。其中，企业私有知识是指被联盟体内的某些企业所拥有的知识。从知识本身对企业经营的影响来看，通常可将其分为企业的核心知识与企业的一般知识等；其中企业的核心知识通常是在企业长期的经营发展过程中形成的知识，能反映企业知识体系的特色，代表企业知识的个性，是构成企业知识能力的最基本部分；企业一般知识是指各个企业都可能拥有，但对企业发展又有很大影响的知识；企业的核心知识与企业一般知识是相互影响、相互联系的，没有一般知识的积累，企业不可能形成自身的核心知识，企业的核心知识随着企业经营战略的调整和时间的推移等也可能转化为企业的一般知识。

企业联盟公有知识主要是指能够被成员企业所共同拥有并利用的知识，既包括从联盟外界环境那里能寻找和获取的知识，也包括成员企业间合作后产生的新知识。但有时在同一个企业联盟体内，有些成员企业为了促进联盟内的知识共享，有时愿意主动共享自身的部分私有知识；或者根据联盟组建时形成的相关协议不得不将企业所拥有的部分私有知识共享给其他成员企业或联盟组织。这时，企业的私有知识可能被共享利用，但如果从知识产权保护角度来分析的话，如果企业不让渡相应的产权的话，仍然不能把这一部分知识称为企业的公有知识。

3. 企业联盟内的多层次知识共享

从本体论来看，由于知识所拥有的主体差异，企业联盟体内的多层次知

---

❶ 王娟茹. 隐性知识共享模型与机制研究 ［J］. 科学学与科学技术管理，2004 (10)：65－67.

识应该包括个人层次、团队层次、企业层次及企业联盟层次的知识，而且不同层次的知识可能有交叉、重复、包涵甚至融合的关系。

个体层次的知识是指单个个体所拥有的知识，包括可以描述的个人显性知识，也包括难以表达的隐性知识等。当个体归属于某个团队或企业时，个体所拥有的某些知识可以转化为团队层次或企业层次的知识，而个体也可以通过团队或企业中的其他成员进行交流和学习，不断增长个体知识。

团队层次的知识是指某个团队所拥有的与团队目标相关的各种知识，是由团队内各个体所拥有的知识构成的，但并不是各个体知识的简单相加，而是各个体围绕着团队目标而形成的知识体系；既包括团队任务的分配规则、实现团队目标的工作文件等显性知识，也包括团队成员之间的协作技能等隐性知识。也就是说，个体成员所拥有的部分知识包含在团队知识范畴之内，这些知识主要与实现团队目标、完成团队工作任务有关；但还有一部分个体成员所拥有的知识与团队目标及任务是无关的，所以并不是所有的个体知识都可以被认定为团队层次的知识。

企业层次的知识是指某个企业所拥有的与企业目标相关的各种知识，既包括企业的生产计划、工作制度等显性知识，也包括企业文化、价值观等隐性知识。夏敬华和金昕在《知识管理》一书中从七个方面分析了企业知识，认为其包括：①个人知识，是指存在于企业个人中的知识，如经验知识、专家知识等；②产品知识，指存在于产品或服务中的知识；③过程知识，指存在于业务过程中的知识，如业务环节的决策、协调知识等；④组织记忆，指企业中得到总结和分享的知识，个人知识只有上升为组织记忆才能发挥更大作用；⑤商务环境知识，即企业对宏观环境的把握能力；⑥利益相关者知识，指在企业的利益相关者（员工、供应商、合作伙伴、股东、社区、政府等）之间创造和谐的知识流；⑦客户知识，指存在于客户中的知识，企业要能够通过对客户知识的把握而理解客户需求，发现潜在客户和市场机会。当然，利益相关者知识和客户知识也涉及企业外部的组织，可能有一部分也属于企业联盟层次的知识。

企业联盟层次的知识是指两个以上的企业共同拥有的与联盟合作目标相关的知识，既包括联盟合作伙伴的产品专利、联盟规则等显性知识，也包括联盟文化、信任机制、价值观念等隐性知识；既包括企业联盟内各成员企业所共同拥有并可利用的知识，也包括企业联盟内各成员企业所拥有但可能被其他成员共享利用的知识。企业联盟层次的知识包含与联盟目标相关的个体层次、团队层次和企业层次的知识，但不包括与联盟目标不相关的企业层次或团队层次或个体层次的知识。企业联盟层次的知识也不是个体层次、团队层次或企业层次知识的简单集合，还有许多超越个体、团队或企业的整合知识和创新知识；如以各个企业原有的知识积累为基础，企业联盟又根据合作目标和任务的需要，以人、财、物的不断投入，会研究开发出新的知识，这部分知识也是企业联盟最重要的知识。

4. 基于企业联盟的知识共享网络

基于企业联盟的知识共享网络由联盟体内的各种知识存在形式相互影响相互作用而形成的。其知识网络节点可能是个人，可能是相应的团队，可能是联盟体内的成员企业，可能是联盟体外的相关企业，也有可能是企业联盟；知识网络中的知识表现形式可能是每个层次的相应的隐性知识或显性知识，其中有些可能表现为企业联盟内的公共知识，有些可能还只表现为企业联盟内的单个企业的私有知识等。

2.2.2 企业联盟内部知识共享与外部知识共享的统一

基于企业联盟的知识共享范围包括联盟内部的知识共享和联盟外部的知识共享两部分，这两部分的范围都受到联盟目标的影响。

1. 联盟内部成员企业间的知识共享

联盟内的成员企业为维护自身的竞争优势，再加上受企业自身目标和利益相对独立性的影响，彼此之间同样会存在竞争关系，企业联盟要了解、收集、分析和积累联盟自身的知识，也需要了解、收集、分析企业联盟内各个成员企业的相关知识。企业联盟的正确决策需要全面、充分、准确、及时的知识，其中企业联盟内部各成员企业间的知识共享是最主要的。其可供共享的知识既包括企业联盟本身的公有知识，也包括有关联盟内各个成员企业的私有知识。①有关企业联盟本身的公有知识。企业联盟竞争优势的发挥，必须摸清家底，才能做到"知己知彼"。企业联盟本身的公有知识主要涉及企业联盟自身的经营优势、市场地位、产品质量、营销策略、技术水平、人员素质、资金实力、竞争战略、联盟网络的密度、可扩展度等相关知识，而这些是各联盟成员企业所必须共享的。如从企业联盟的扩展来看，任何一个企业联盟的成员企业都不可能是固定不变的，在企业联盟的发展过程中，可能会有新成员的加入。在选择新联盟成员时，联盟组织必须对准联盟成员的相关知识进行分析和研究，并提供给各个企业的管理层和企业联盟的决策者，以做出合作与否的决策判断。当然，在有关企业联盟自身的知识搜集与分析过程中，由于各成员企业自身知识基础与收集能力的差异、分工的不同以及它们在联盟中所处位置的差别，它们的知识资源建设范围和可共享范围也会不尽相同。②有关联盟体内各个成员企业的私有知识。对于维系企业联盟发展和合作业务所需的本企业知识，一般应尽可能地满足企业联盟组织的共享需求。但各成员企业也不能因为同在一个合作联盟中，彼此已有了伙伴关系就可以掉以轻心。例如，有时企业联盟核心成员出于维护联盟组织稳定的考虑，可能会有意隐藏一些有关联盟组织运行的风险及其相关知识；成员企业出于搭便车或机会主义的心理，可能会故意隐藏自身的一些不良行为及其相关性知识等。因此联盟体内的任何成员企业一旦发现有不利于联盟发展和合作业务开展的行为及相关性知识，应有义务及时共享给整个联盟，以加强联盟整体的风险防范能力。当然，有关内部成员企业间的这种知识共享应是在不暴露自身核心知识的情况下的共享，如果知识共享可能威胁到成员企业自身的核心知识和关键知识能力时，任何成员企业都会有所防范。

2. 企业联盟整体同外部社会主体间的知识共享

任何企业联盟都是社会经济的重要组成单位，与外界环境之间总有一定的联系，例如，为了自身的发展，企业联盟要对外部的整体竞争环境和竞争对手进行全面监测，以做出更好的决策等。基于企业联盟的知识共享除了要共享内部企业间的知识外，还可能共享有关企业联盟外部的竞争环境和竞争对手方面的相关知识。①有关企业联盟外部的竞争环境知识。企业联盟外部的竞争环境与联盟关系的发展和合作业务的开展有着密不可分的关系，通常不会受到成员企业和联盟组织的控制，但会对成员企业和联盟组织整体的竞争活动产生影响。外部竞争环境知识主要包括当地的政策与法律环境方面的知识、人文与科技环境方面的知识、市场与竞争环境方面的知识等，其中市场与竞争环境方面的知识应是最主要的，例如，相关行业的业务分布、市场份额、营销渠道等。企业联盟内的各成员企业应结合自身的实力及企业联盟的内部分工，对联盟外部的竞争环境进行监视，尽可能地搜集、整理、共享相关知识，这也是各成员企业为保证企业联盟的正常发展而必须承担的义务。②有关企业联盟外部的竞争对手知识。企业联盟作为一种整体组织形式，在市场环境中同样存在现实的或潜在的竞争对手。为更好地保持竞争优势，对于与联盟内各成员企业都存在竞争关系的共同竞争对手，企业联盟自身应对外部竞争对手进行监测，同时各成员企业也应结合自身的实力及企业联盟的内部分工，对联盟外部的竞争对手进行监视，尽可能地搜集、整理、共享相关知识。通过分工合作能够更有效地对联盟外部竞争对手进行监测，更有利于合作各方联合起来巩固和发展竞争优势，从而为联盟的正确决策提供必要的支持。但有时联盟外部竞争对手的行为只是针对联盟内的单一成员或部分成员的，这时有关外部竞争对手知识的共享则会受到更多限制，很容易出现竞争情报共享不充分的情况。

2.2.3 与单一企业知识共享既有联系又有区别

基于企业联盟的知识共享既具有单一企业知识共享的特点，又具有自身的特点。基于企业联盟的知识共享建立在单一企业知识共享基础上，与单一企业知识共享有一定的共同点，主要包括知识共享的增值性、关联性、社会性、经济性等方面。①知识共享的增值性。知识可以被反复多次使用，知识也可以同时被不同的主体共享利用。知识的共享不同于物质，不仅不会因为共享而损耗相应的价值，反而会通过共享而实现与增加价值；而且共享的主体越多，知识价值增值的可能性越大。②知识共享的关联性。知识共享必须依附于一定的载体才可能进行，表现出知识共享的关联性。显性知识共享依附的载体通常是纸张、光盘、磁盘、互联网络等；隐性知识共享依附的载体主要是人脑，有些也表现为一定的组织架构等。③知识共享的社会性。知识是人类在认识社会与改造社会过程中所形成的智力劳动成果，是一种重要的社会财富，正因为知识的社会性特点，知识共享才有必要和可能。有些企业知识在一定时期内可能表现为企业的私有知识，甚至有一定的知识保护期限，但随着时间的推移和社会需求的发展，企业的私有知识也可能被社会主体所共享利用。④知识共享的经济性。知识资源的积累需要成本，知识共享的发生需要搜寻知识来源，需要吸收与学习知识，需要建立相应的知识共享设施等，而这些都需要相应的共享成本支出。除了知识共享成本，知识共享会带来相应的收益，如促进知识的积累，也会在知识共享基础上进行知识创新，创造相应的价值。知识共享成本与收益的分配体现了知识共享的经济性。而且知识共享的经济性因共享规模、共享范围与主体间关系可能表现出知识共享的规模经济、范围经济和联结经济。其中规模经济主要因为同一主体重复共享使用相应知识而产生，范围经济主要是因为不同主体同时共享使用相同知识而产生的；联结经济主要是因为共享主体间的相互依赖关系而进行知识的共同创新等而产生的。

基于企业联盟的知识共享与单一企业知识共享的区别主要表现在互补性、互惠性、内部竞争性、风险性等方面。①企业联盟知识共享的互补性。单一企业知识共享主要是指内部个人之间的知识共享，都是同一企业内的知识。基于企业联盟的知识共享主要是成员企业间的知识共享，企业联盟内的各成员企业知识总具有一定的异质性，这是彼此间知识共享的前提。成员企业间的知识虽然具有一定的异质性，但又必须具有一定的互补性，这样成员企业间才能更好地实现知识匹配，才能吸收和学习成员企业的知识。②企业联盟知识共享的互惠性。单一企业知识共享主要是为实现本企业利益的最大化。基于企业联盟的知识共享不能只追求单一企业利益的最大化，只有首先追求联盟整体利益的最大化，才有可能实现成员企业利益的最大化，这是一个互惠共赢的利益追求。如果成员企业只注重自身的利益最大化，必然会影响到联盟体内的合作。③企业联盟知识共享的内部竞争性。单一企业内部基本上只有知识共享，并不像企业联盟一样，成员企业间在知识共享的同时，还存在相应的竞争。企业联盟虽然有共同的利益，但成员企业在选择知识共享的对象时，需要进行知识共享的博弈分析，以更好地确定知识共享范围，获取最大收益。④企业联盟知识共享的风险性。企业联盟内的合作与竞争往往是并存的，双方竞合关系的不同类型也会导致知识共享水平的差异。企业联盟内的成员企业，一方面，希望通过共享知识，能够提高自身的知识能力和竞争优势；另一方面，又担心知识可能被合作伙伴复制或模仿，担心合作伙伴会因此成为自身的潜在竞争对手。企业联盟知识共享具有一定的风险，如果不能较好地控制，知识共享会变成得不偿失式的共享，甚至可能带来威胁。而这种情况在单一企业内部的知识共享过程中是不可能存在的。

2.3　基于企业联盟的知识共享目标

不同类型的企业联盟知识共享的要求与范围都有所区别，但为了取得较好的共享效果，都会制定相应的知识共享目标，因为知识共享目标定位决定着企业联盟知识共享的发展方向。

2.3.1　知识共享目标定位要考虑的主要因素

基于企业联盟的知识共享目标定位，除了要分析企业联盟知识共享的必要性与可行性外，还要考虑知识共享与知识创新、显性知识共享与隐性知识共享、知识共享与知识垄断、企业知识共享与图书馆知识共享的差异等因素。

（1）基于企业联盟的知识共享目标定位应首先考虑到知识创新。围绕企业创新发展来进行知识共享才会形成知识共享的良性循环。企业是盈利性组织，在竞争日益激烈的市场环境中，企业只有通过不断创新才能实现利益的最大化。企业的创新发展需要共享知识，如果共享的知识不能支撑企业的创新发展，难以确保企业的竞争优势，企业也难以自愿主动进行知识共享。

（2）基于企业联盟的知识共享目标定位要兼顾到显性知识共享与隐性知识共享两个方面。基于企业联盟的知识共享应主要是联盟内部成员企业间的知识共享，实现联盟内的知识共享利用与协同增值。这可能涉及显性知识资源的共同建设、描述、维护与共享利用；也可能涉及隐性知识的共同挖掘、学习与利用；甚至会涉及相关知识产权的共同拥有、交叉授权许可等。

（3）基于企业联盟的知识共享目标定位要考虑到如何避免知识垄断问题。基于企业联盟的知识共享要在联盟内部成员企业间的知识共享基础上，促进企业联盟整体与联盟外部主体（个人、组织、社会网络等，如用户、其他企业、政府、大学、研究机构、其他企业联盟等）进行知识共享，要从联盟外部借鉴、吸收有用的知识，从而扩展整体的知识资源体系；同时也要向外部提供知识，促进社会知识体系的扩展与共享利用，而不能在联盟内部成员企业间知识共享的基础上形成知识垄断。

（4）基于企业联盟的知识共享目标定位要考虑到企业知识管理与共享特性。相对于图书馆知识共享（主要是显性知识和公共知识）的便利性而言，企业知识共享难度更大，也更复杂，因为企业主要是隐性知识共享，同时受到知识保护与知识产权的限制。基于企业联盟的知识共享可能涉及知识资源的共同建设、共同开发、共同拥有、共同利用等问题，但更多的是要促进隐性知识的交流、转移、转化与分享，以便更好地实现知识共享，促进知识创新。

2.3.2 基于企业联盟的知识共享目标定位

基于企业联盟的知识共享应围绕企业创新发展，建设基于企业联盟的知识共享网络平台为出发点，确定各企业在联盟知识共享体系当中可享有的权利、应承担的义务及相关的信用和合作准则，实现联盟的知识共享利用与协同增值。基于企业联盟的知识共享既有联盟内部的知识共享，又有联盟外部的知识共享。具体来说，主要表现在：

（1）内生型为主的知识共享目标。这是以促进联盟内部成员企业间的知识共享为主，通过内部成员企业间的知识共享关系实现联盟整体知识数量的增长和质量的提升，从而实现联盟知识的共享利用与协同增值目的。

（2）外生型为主的知识共享目标。这是以企业联盟方式向外部获取知识或向外部供应知识为主，从而实现联盟的知识共享利用与协同增值目的。其中在以企业联盟方式向外部获取知识的过程中，可以弥补企业联盟体内的知识缺口，增长速度相对要快一些，但可共享的知识内容还要与联盟整体的知识结构进行匹配，还需要各成员企业进行内部化转化，才会实现联盟的知识共享利用与协同增值。在以企业联盟方式向外部供应知识的过程中，需要在目标一致的基础上整合各成员企业的知识优势，从而实现联盟的知识共享利用与协同增值。

而且企业联盟内生型为主的知识共享目标与外生型为主的知识共享目标是相互影响的，甚至在一定条件下会发生相应的转化。例如，有的企业联盟在刚开始组建时可能知识基础比较薄弱，且内部成员企业间的知识互补能力不足，企业联盟会需求并寻求外界环境中的知识，主要表现为基于企业联盟整体需求的知识共享；当联盟知识缺口少且内部成员企业间的知识互补程度高时，企业联盟的知识共享主要发生在联盟内部；如果联盟整体的知识结构合理，且知识存量比较丰裕，企业联盟会向外界环境提供自身的知识，主要表现为基于企业联盟整体供应的知识共享。

2.4　基于中国移动手机阅读服务联盟的知识共享分析

随着科学技术的发展，可阅读的文献已不仅仅局限于纸质文献，人们的阅读习惯正在发生着巨大的变化，其中具有可移动、方便、及时、内容更新快等特点的手机阅读这一全新的阅读模式正被越来越多的用户所接受。目前我国手机阅读市场的发展刚刚起步，具有巨大的市场需求和广阔的服务拓展空间，众多的数字内容提供商、移动服务运营商、终端设备制造商等纷纷涉足手机阅读领域。其中，数字内容提供商主要有数字出版机构、网络书店和图书馆等；移动服务运营商主要是中国移动、中国联通与中国电信；国内主要的移动数字阅读设备有智能手机、电子书阅读器和平板电脑等。为了更好地分析基于企业联盟的知识共享的动因、目标及特点，笔者选择中国移动手机阅读服务联盟进行分析。

2.4.1　中国移动手机阅读服务联盟简介

中国移动最早涉足手机阅读领域，也是目前用户基础和阅读资源积累最好的，收益也是最多的。中国移动于 2004 年就推出了全国第一家"手机报"——《中国妇女报·彩信版》；2006 年，它和中文在线合作运营，推出了移动书屋频道。2008 年中国移动开始筹建阅读服务平台；2009 年 2 月，在浙江杭州正式启动建设阅读基地，4 月手机阅读平台测试上线，10 月开始陆续在 8 省开展试商用；2010 年 1 月 1 日开始全网计费，5 月 5 日正式商用。中国移动计划头 5 年内投资 5 亿，以建设成为中国最大的正版数字内容汇聚平台。截至 2012 年 12 月 18 日，收录正版数字图书 385497 册，有言情小说、穿越幻想、玄幻奇幻、武侠仙侠、游戏竞技、浪漫青春、历史军事、灵异悬疑、名著传记、科幻小说、影视剧本、时尚生活、官场职场、经管励志、社科科普、短篇小品、现代都市、教育教辅等类别，其中有收费作品，也有免费作品。有包月专区和专题服务区等，支持的阅读终端有手机和平板电脑等。❶ 中国移动 2011 年的手机阅读信息费收入就达到了 15 亿元；截止 2012 年 2 月，访问中国移动手机阅读的用户数量为 7340 万，日均浏览量 4.39 亿次。❷

中国移动的手机阅读服务联盟除了中国移动这一运营商外，还有大量的合作伙伴，且都以内容提供商为主；内容提供商主要是出版社和一些文学网站等。中国移动的数字阅读服务平台目前已与 100 多家内容提供商开展合作，内容方面的合作参与者主要包括盛大文学网、中国出版集团、国家图书馆、汉王电子书厂商、中文在线等。

2.4.2　知识共享动因分析

基于企业联盟知识共享的动因主要有：成员企业共同的利益诉求、企业自身知识扩展的需要、知识共享成本的考虑、企业在联盟中体现自身价值的需要、企业联盟得以维系和发展的需要等。这些在手机阅读服务联盟的知识共享中也有所体现。

（1）成员企业共同的利益诉求。我国手机市场的发展刚刚起步，具有巨大的市场需求和广阔的的服务拓展空间，众多的数字内容提供商、电信运营

---

❶ 中国移动的手机阅读. http：//read. 10086. cn/index.

❷ 牛晓敏. 移动阅读新机遇和新挑战［J］. 互联网天地，2012（6）：23 – 24.

商、终端设备制造商等纷纷涉足手机阅读服务领域，竞争也非常激烈。中国移动作为电信运营商只能提供服务平台，需要与数字内容提供商及终端设备制造商等合作，才能提供优质的阅读服务。而数字出版机构、网络书店和图书馆等众多数字内容提供商需要借阅中国移动的服务平台，才能扩展服务范围。

（2）成员企业自身知识扩展的需要。中国移动手机阅读平台的上线，除了中国移动自身购买有版权的作品外，主要是依靠联盟体内的内容提供商来扩展阅读服务需要的知识资源。中国移动在引入内容方面的合作伙伴时，主要从合作伙伴资源、资质及版权纠纷情况三个方面进行衡量。在资源方面，要求合作伙伴拥有正式出版的具有 ISBN 编号的图书合法授权 200 份（含）以上，或未正式出版、但经过编辑加工达到阅读基地对于作品格式和内容要求，并且合适手机阅读业务展现的文学、艺术或其他方面的作品授权 500 份（含）以上，且授权有效期两年以上，另外，对于拥有特殊作品、名家名作等稀缺或独特资源的机构，可向阅读基地提交单本图书合作申请；在资质方面，要求出版单位必须具有"图书出版许可证、互联网出版许可证、文化经营许可证成网络文化经营许可证、出版物发行许可证（出版物经营许可证）"四证之一，文学网站必须同时具有"ICP 证书"以及"互联网出版许可证、文化经营许可证/网络文化经营许可证、出版物发行许可证（出版物经营许可证）"三证之一，非出版机构需具有"互联网出版许可证、文化经营许可证/网络文化经营许可证、出版物发行许可证（出版物经营许可证）"三证之一；在版权方面，要求作品版权清晰，合法经营，在两年内版权方面的诉讼败诉少于三起。❶

（3）知识共享成本的考虑需要。中国移动手机阅读服务联盟相对稳定的知识共享关系有助于知识共享成本的节约，并获得了较好的收益。前面已经提到，中国移动 2011 年的手机阅读信息费收入就达到了 15 亿元。在收益分配方面，中国移动业务实收总信息费收入的 60% 作为中国移动的收入，其余 40% 作为内容提供方的收入，由中国移动代收。中国移动的用户群体最大，盈利也是最好的，因为广大的阅读群体，扩大了图书传播对象，使得终端用户获得更为便捷的阅读，作者收入更高，出版社也有了另一种稳定收益。

---

❶ 中国移动手机阅读基地图书内容合作申请说明 ［EB/OL］. ［2013－06－18］ http://read. 10086. cn/www/content_ join. jsp.

（4）成员企业在联盟中体现自身价值的需要。中国移动在手机阅读服务联盟中为体现自身的价值，除了提供服务平台、提供自己开发和购买的阅读内容外，还体现在制定和不断完善相应的服务规范、加强版权管理、创新服务模式等方面。如中国移动阅读平台的组织机构及各方职责分工以《中国移动增值业务基地管理办法》为指导原则。目前中国移动已制定《中国移动手机阅读业务总体技术要求》《中国移动手机阅读业务总体技术要求——手持阅读终端绑定付费分册》《中国移动手机阅读业务规范》《中国移动手机阅读业务电子书格式规范》《中国移动手机阅读业务平台设备规范》《中国移动手机阅读业务接口规范》等服务业务规范。在版权管理方面，中国移动始终坚持先授权、后传播的原则，构建了一套严谨、规范、高效的互联网内容编审体系：作品在入库前，内容提供商必须出具授权书及版权证明，双方签订版权代理协定；作品入库时，审查作品的版权授权路径；作品入库后，建立版权信息库，对版权即将过期的作品进行及时的提醒；作品发布时，利用相关的反盗版技术，对内容加以保护，以防通过转载传播等形式带来的盗版侵害。此外，中国移动阅读基地还与中国版权保护中心签订了《关于手机阅读基地漫画项目的合作协议》，通过该协议，中国移动可通过数字版权唯一标识技术DCI（Digital Copyright Identifier）对作品逐一进行审查，打破了过去以内容提供商为主体的"内审机制"。

（5）企业联盟得以维系和发展的需要。只有在成员企业间知识共享的基础上不断地促进知识创新，才能确保整个联盟关系得以长期维系和不断发展。中国移动为确保手机阅读服务的开展，还需要把内容提供商的阅读内容进行一定的加工和开发，这样可以更好地满足用户深层次的阅读需求。用户在使用手机阅读客户端登录时，不收流量费，根据平台提供的内容收费，但计费方式不同，有免费章节、按本订购、按章节订购以及按包月订购等。中国移动用户还可以感受集荐书、选书、买书、评书为一体的"一站式阅读解决方案"，并试图为每个用户打造随身的数字图书馆，创新推出"一处购买，四处阅读"的无缝阅读体验。

2.4.3 知识共享特点分析

基于企业联盟的知识共享既有单一企业知识共享的特点，又有自身的特点。总的来说，主要表现为知识共享的增值性、关联性、社会性、经济性、互补性、互惠性、内部竞争性、风险性等方面。①增值性。中国移动与合作伙伴在知识共享过程中，不只是提供原版内容，还要根据用户需求进行二次开发和加工，甚至还有相应的阅读交流社区，可以了解用户的阅读体验和阅读心得等；这些都是因为知识共享而实现知识增值的表现。②关联性。中国移动手机阅读服务联盟的知识共享建立在知识资源的共享与利用基础之上，与版权作品的合作、手机阅读平台等紧密联系在一起，并不只是彼此作品内容的简单交换与共享。③社会性。中国移动手机阅读服务联盟的知识共享内容都是一定的社会智力劳动成果，有些虽然有版权的限制，但都以服务社会用户、促进社会阅读为最终目的。④经济性。基于中国移动手机阅读服务联盟的知识共享，既节约了共享成本，又实现了互惠双赢，体现了知识共享的经济性。⑤互补性。中国移动与合作伙伴之间的知识共享与互补主要体现在中国移动除提供手机阅读服务平台、提供自己开发和购买的阅读内容外，还体现在制定和不断完善相应的服务规范、加强版权管理、创新服务模式等方面。⑥互惠性。中国移动与合作伙伴共享阅读内容，实现了阅读内容的广泛传播和较好的收益。如据相关报道表明：在中国移动的阅读平台上，书的定价基本为纸质书的 10%，最高定价一般不会超过 8 元。定价虽低，但由于其庞大的用户群与点击率，一本书曾获得过 1200 万元的利润，创历史记录❶。这对于中国移动及其合作伙伴甚至用户而言，都具有互惠性。⑦联盟内部的竞争性。相对于单一企业内部的知识共享而言，中国移动手机阅读服务联盟的知识共享要复杂得多，在共享过程中，中国移动及其合作伙伴之间在内容的合作、利益的分成等方面都可能存在竞争冲突，但都会根据用户及市场需求不断地更新内容，创新阅读服务形式，以更好地提高手机阅读服务效果为目的。⑧风险性。相对于企业内部的知识共享而言，中国移动及其合作伙伴之间的知识共享也同样存在知识共享不完全、知识泄漏、版权纠纷、收益分配等风险。

2.4.4　知识共享目标分析

基于中国移动手机阅读服务联盟的知识共享紧紧围绕企业创新发展，以建设共享知识的移动阅读服务平台为出发点，并通过相关的协议确定各企业可享有的权利、应承担的义务及相关的信用和合作准则，既较好地实现了企业联盟内部的知识共享，也促进了联盟外部的知识共享，提高了服务效果，

---

❶　中国移动浙江公司. 手机阅读产业链雏形初现 [J]. 浙江人大，2011 (11)：1.

实现了知识的协同增值。如前面已提到，2012 年 2 月，访问中国移动手机阅读的用户数量为 7340 万，日均浏览量 4.39 亿次。因此，基于中国移动手机阅读服务联盟的知识共享目标主要是内生型为主的知识共享目标，正因为内生型为主的知识共享目标促进了联盟内部知识的积累，提高了服务能力，才能进行以联盟整体的形式与外部用户进行知识共享，取得较好的手机阅读服务效果。

但为了取得更好的手机阅读服务效果，实现基于中国移动手机阅读服务联盟的知识共享目标，笔者认为中国移动的手机阅读服务联盟的阅读内容深度开发、阅读服务模式创新、合作共赢等问题是目前亟待突破的。①要围绕用户需求促进阅读内容的深度开发。随着移动阅读市场的日臻成熟，以娱乐性为主的移动阅读内容远不能满足用户日益增长的移动阅读需求。服务主体要尽量提供相对系统化、专业化的特色服务内容。手机阅读满足人们浅层次的娱乐需求不能持续吸收用户注意，现在手机的功能越来越多，手机阅读服务应与用户的工作、学习、生活等活动联系起来。如对于商业人士等相对较高收入的职业群体用户来说，出于工作、学习和自我提升等方面的需要，他们不仅需要阅读休闲类图书，更多的是关注实用性、时效性、专业性强的阅读内容，还需要阅读机密性的企业内部文件、高附加值的研究报告等，甚至会将阅读与移动办公、移动学习等结合起来。手机阅读服务联盟可根据用户的不同需求，进行阅读内容的深度开发，主动推送用户可能感兴趣的内容，提高用户对阅读平台的黏度。②要基于用户体验创新阅读服务方式。目前的阅读服务方式还不能满足用户对阅读服务多样化的要求。阅读平台整体的互动性较差，用户与用户、用户与作者之间缺少必要的交流，基于阅读服务的社交服务功能还很不完善，与其他的服务系统的兼容性还有待扩展。在提供阅读内容的同时，可与当前一些热门的服务应用相结合，例如，目前广为使用的微博、开心网、人人网、豆瓣网等都有广泛的用户基础，可通过与这些服务应用系统的结合，促进用户之间的交流和阅读内容的分享。从长远来看，阅读平台服务的社区化发展是必然的趋势，还可加强"数字阅读＋主题社区"类的服务模式来改善用户的阅读体验。特别是云技术的发展及其对阅读服务已产生的影响，手机阅读服务平台还应基于用户体验不断进行服务创新，争取为用户提供更好的阅读内容和服务。③以共赢为目标加强合作。中国移动与内容提供商、技术提供商以及终端设备制造商等开展了广泛合作，但在合作过程中，中国移动的盈利分成始终是最多的，这在一定程度上挫伤了内容提供商等合作伙伴的积极性。以后还应重新调整利益分配机制，适当提高内容提供商的分成比例，积极提高包括内容提供商在内的所有合作伙伴的积极性，以便吸引更多的优质内容。如果可能的话，中国移动手机阅读服务平台还可与中国电信的"天翼阅读"服务平台、中国联通的"沃阅读"服务平台合作，因为三大电信阅读服务平台上的阅读内容存在同质化现象，系统化、专业化的阅读内容非常匮乏。例如，可通过共同购买优质内容资源，整合平台内的一些内容资源，以实现资源共享，达到共赢的目标。中国移动在数字阅读服务领域起步最早，实力最强；但中国联通和中国电信的发展也非常迅速。从目前三大运营商数字阅读服务平台的运作来看，尚处于各自为政的状态，内容的导入、管理和二次加工都是各自完成。在阅读平台的开放程度上，中国电信的天翼阅读一运行就向中国移动和中国联通的用户开放，但是中国移动手机阅读平台以及中国联通的手机听书只允许自己的用户使用。❶ 但从长远的发展来看，未来三大手机阅读服务平台的内容应该在一定程度上实现互联互通，才能更好地提供深层次的手机阅读服务。

---

❶　谭纯. 我国手机阅读平台阅读内容调查分析与对策研究［J］. 出版发行研究，2011（11）：59 - 62.

第3章 基于企业联盟的知识共享过程

在企业联盟知识共享动因、目标及特点分析基础上，还需要明确基于企业联盟的知识共享过程，才能进一步展开有关影响因素、共享模式、共享策略、共享冲突等问题的研究。

《中国知识管理标准体系（GB/T23703）》提出知识管理活动流程包括六个环节，即鉴别、创造、获取、存储、共享、应用，并指出知识共享是知识管理的一个重要过程。著名知识管理专家汉森（Hansen M. T）根据企业对其外部知识的共享与利用情况，提出企业知识共享过程其实包括知识寻找和知识转移两个阶段，并认为当组织自身的知识存量和知识结构不能解决面对的问题时，就会转向外部寻求相关知识的支持；在知识寻找阶段，企业需要寻找拥有并愿意提供知识的企业，也要在众多拥有相关知识的企业中寻找最合适的知识；在知识转移阶段，企业需要进行知识传递、知识吸收和知识反馈等，其中知识传递要求知识提供方能以最有效的方式传递相关知识给企业，以便企业能正确地接受知识；知识吸收要求企业对所接收到的知识，结合自身的知识结构和实际情况进行整合、吸收、学习与应用等，不断完善和深化，并形成新知识；知识反馈则是为解决知识传递过程中出现的偏差，企业与知识提供方进行进一步的互动，以保证知识转移的效果❶。国内学者姜文等通过对企业间知识共享过程与信息传递过程的对比分析，得出"企业间知识共享的运行过程实质上就是企业间有关知识的信息传递过程❷"的结论。

基于企业联盟的知识共享，是以企业联盟为考察对象的知识共享，是区别于以单一企业为单位进行的知识共享而提出的，因此，应根据共享主体的

---

❶ HANSEN M. T. The search – transfer problem：The role of weak ties in sharing knowledge across organization subunits［J］. Administrative Science Quarterly, 1999（1）：82 – 111.

❷ 姜文. 从信息传递的视角看企业间知识共享过程的运行机理［J］. 科技管理研究, 2012（18）：151 – 154.

知识共享流程来分析共享过程。这样我们假设成员企业内部都充分实现了知识共享，并通过不断的自反馈促进企业内部的知识共享；而基于企业联盟的知识共享过程主要表现为企业联盟内部的知识共享和企业联盟整体与外界环境之间的知识共享阶段。基于企业联盟的知识共享首先具有企业间知识共享过程的一般运行机理，需要知识提供方与知识需求方之间的互动与交流，包括知识提供方的寻找、知识提供方可共享知识的选择与知识传递等环节，也包括知识需求方对可共享知识的接收、学习、吸收、反馈等环节；并且在知识的多次传递、吸收、反馈过程中，供需双方的知识存量都会增加，从而形成知识共享的良性循环。但企业联盟往往是作为一个整体而存在的组织，虽然联盟组织内的成员企业间除了合作以外，还存在竞争关系，但合作是联盟存在的基石。在成员企业间的知识共享过程中，包括了联盟整体的知识创造、共有知识资源的建设与保存、知识的共同利用，还应考虑到联盟整体与外界环境之间的知识共享过程。为此，我们可以用相应的模型来描述基于企业联盟的知识共享过程，如图 3 - 1 所示。当然，在知识共享的过程中，企业联盟内部的知识共享、企业联盟整体与外界环境之间的知识共享过程可能是同时进行的，甚至有可能交织在一起。由于彼此的影响与推动，才能形成知识共享的良性循环。

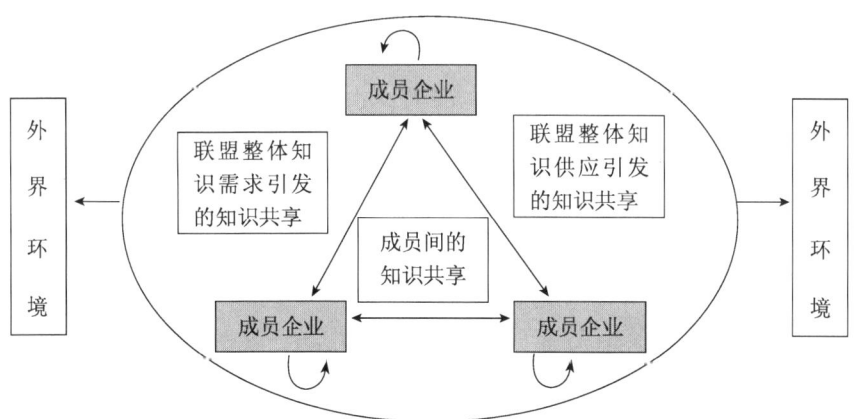

图 3 - 1　基于企业联盟的知识共享过程

3.1　联盟体内成员企业间的知识共享过程

在企业联盟中，成员企业间可以进行知识的交流、交换、共同利用及转移，也可以合作创新而产生新的知识。企业联盟内的知识共享，主要是联盟内部成员企业之间的知识共享，是企业之间相互学习、共同提高的过程。基于企业联盟的知识共享首先应发生在联盟内部的相关成员企业之间，基于联盟来扩展企业自身的知识也是企业联盟得以形成的主要原因之一。企业联盟中的各成员企业，在市场开拓、产品研发、技术革新、销售渠道、经营管理、人力资源等方面存在共性和互补性知识，无论其规模大小、知识存量的多少，都同时扮演着知识提供方与需求方的双重角色，都有提供知识的义务和获取知识的权利。

成员企业间的知识共享过程主要建立在相互高度信任和尊重的基础上，可分为企业私有知识的共享和联盟共有知识的共享。企业私有知识是指被联盟体内的某些成员企业所拥有的知识；联盟共有知识是指能够被相关联盟企业所共同拥有并利用的知识，既包括从联盟外界环境那里能寻找和获取的知识（放到基于联盟整体需求的知识共享部分进行分析），也包括成员企业间合作后产生的新知识。为此，成员企业间的知识共享过程包括企业私有知识的选择与公共化、企业联盟共有知识的创造与管理、企业对联盟共有知识的学习与应用等。

3.1.1 企业私有知识的选择与公共化

联盟内成员企业间的知识共享，首先要求成员企业对自身的私有知识进行选择，并采取一定的措施进行公共化转换。

1. 企业专利交叉许可的启示

企业专利量往往是衡量企业知识拥有量的一个重要指标，专利知识一般是企业的核心知识。一些企业经常通过专利技术而组建相关的联盟，通过相关协议将一个或多个专利许可给联盟体内的成员企业共享利用，从而促进企业联盟内成员企业间相关知识的共享与利用。为此，企业想要合法地使用专利相关的技术知识，专利的交叉许可方式可看成是企业私有知识的选择与公共化的一个典型应用。在企业联盟内，成员企业根据自身的情况，同意将自身的一些专利授权给其他联盟成员企业共享利用，这有利于促进专利技术的推广应用，促进企业联盟内的知识共享。当然这里的"同意"是建立在对合作方的充分信任基础上的。如在闪存领域位居前二位的三星电子和东芝企业，从 2002 年 9 月就开始组建联盟，并共享半导体领域专利的相关技术知识；再如 IBM 在 2005 年 1 月就宣布向外界开放 500 多个软件的专利权，以此举鼓励

其他拥有相关专利的公司开放自己的技术知识。❶

2. 企业私有知识的选择

企业在进行知识共享之前，必须在完全掌握自身知识的基础上，根据联盟知识共享目标及要求，界定可共享的私有知识。知识是成员企业间进行共享的对象，企业间的知识共享能够运行，要求各参与企业首先必须要拥有一定的知识积累，有自己的知识优势和特定的知识能力。实际上每个成员企业在自身的发展过程中，都积累了一定的知识。组建联盟以后，企业要根据联盟及其他企业的发展需求，作为知识的提供方向联盟企业提供一定的知识。但联盟内的竞争仍然是存在的，况且企业出于自身利益的考虑，会对自身的私有知识进行选择，然后才能提供给成员企业，而对本企业的核心知识往往还是选择保护的。一般情况下成员企业私有知识的选择受到联盟知识共享规则及文化、合作项目知识共享要求、成员企业知识的性质等因素影响。

3. 企业私有知识的公共化

企业对于可共享的私有知识进行选择以后，还要根据企业联盟知识共享的目标及要求，采取一定措施将企业私有知识转换为联盟共有知识，这也是企业私有知识的公共化过程。企业联盟知识的形成是一个从个体企业到联盟共享的过程，成员企业的知识，通过在企业联盟内的互动与交流，最终形成企业联盟所共有的知识。

企业私有知识的公共化要根据企业知识的特性进行选择。如企业私有的显性知识的公共化，只要企业有知识共享的意愿，一般较容易进行，如可建立企业之间的共享文档与数据库，允许甚至鼓励联盟内的成员企业进行存储并提供共享利用等。而对于企业私有的隐性知识，因为与企业的组织结构、组织文化，与企业内个体或团队的知识结构与协作方式等都有密切关系，所以隐性知识的显性化和公共化转化要复杂得多。为此，可对企业内部知识型员工进行系统的调查并适当激励；或促进成员企业间的人力资源合作与开发，鼓励员工的非工作接触关系；或建立起隐性知识加速显性化的机制，鼓励不固定的员工协作关系；或形成鼓励知识共享的文化，通过不定期召开小范围交流会等。

在企业私有知识的选择与公共化过程中，一部分成员企业可能获取和学

---

❶　黄贤涛等. 专利：战略　管理　诉讼 ［M］. 北京：法律出版社，2008：88 - 89.

习彼此可共享范围内的知识，在参与知识共享活动时，能确保知识共享的安全和联盟知识存量的增加。对于不能共享的企业核心知识，联盟体内的成员企业在参与知识共享活动时必须运用知识产权工具，确保本企业核心私有知识的产权。

3.1.2 企业联盟共有知识的创造

成员企业将私有知识进行公共化的主要目标不只是为了向合作伙伴提供自身的既有知识，促进知识应用，而且要在各成员企业贡献私有知识的基础上，加强联盟共有知识的创造；这正是企业联盟在日益激烈的竞争环境中具有竞争优势的源泉。企业联盟共有知识创造的主要形式是成员企业间通过合作创新而产生新的知识，但并局限于创新知识成果本身，还会涉及与其业务流程等相关的新知识的产生。

1. 日本企业"二次技术"开发的启示

前面分析了专利的交叉许可方式可看成是企业私有知识的选择与公共化的一个典型应用。可一些日本企业并不只局限于现有专利技术的许可应用，通常会将得到的核心专利技术进行深入研究与开发，并开发出一些以核心技术为基础的辅助技术，相对于原始的"一次技术"开发的辅助技术通常被称为"二次技术"，"二次技术"并不是对原有技术的侵权，它可以重新申请专利，也就是所谓的"第二次专利"，根据相关规定，"第二次专利"的生产与使用是有条件限制的，必须经过第一次专利权的许可，否则不被予以认可❶。这样，企业联盟之间通过专利的交叉许可，不仅促进了专利技术知识的共享，而且促进了联盟共有知识的创造。一些中国企业往往把国外的产品拿到中国来进行解剖，然后设计一个类似的产品，没有考虑到如何创新，拥有自己的专利，形成自己的知识。

2. 企业知识创造的 SECI 模型

竹内弘高（Hirotaka Takeuehi）和野中郁次郎（Ikujiro Nonaka）认为，知识创造是企业创造新知识、吸收新知识、并使这种新知识贯穿于组织的整体能力中的一种创新活动。他们从日本企业独特的管理文化入手，在研究了日本企业知识创造的基础上，用"社会化（Socialization）、外部化（Externaliza-

---

❶ 《环球企业家》杂志社．共享——跨国公司与中国企业未来十年的领先之道 [M]．北京：中信出版社，2005：161．

tion）、联合化（Combination）、内部化（Internalization）"来描述企业知识创造过程，并指出这 4 种模式的不断转换和融合使得知识呈螺旋式加速上升发展，也将这个过程称之为"知识螺旋"。这种知识创造模式通常被称为知识创造的 SECI 螺旋模型（如图 3 - 2 所示），其中：①社会化，指通过共享隐性知识来创造新的隐性知识的过程。即通过企业内部的知识共享体系，获取某些企业专有的隐性知识，如企业文化、工作理念、协作氛围等，并将这种隐性知识在企业内部实现转移和传播，进而促进其转化为企业内的新知识的过程；或将企业内的某些个体的隐性知识，如经验、技术诀窍、思考方法等，转化为企业内社会成员的新知识的过程。这种企业内部的知识社会化过程主要是靠企业内部工作实践中的观察与揣摩、亲身体验与实践、师徒式的传授和一些创新实践项目等来完成的。师传徒受就是隐性知识社会化的典型形式，而目前借助信息技术建立的各类虚拟知识社区、电子邮件、群件、讨论组、即时消息、P2P 应用、专家定位系统等，也为在更广范围内实现隐性知识的社会化转化创造了条件。②外部化，指通过隐性的知识创造显性知识的过程。企业内存在的有用知识主要是隐性知识，而隐性知识必须要通过显性化手段来有效表达，从而促进隐性知识的外显化和公开化。知识的外部化过程需要运用一定的语言工具、图像符号、概念模型等对企业内的隐性知识进行类比、隐喻、假设、抽象、模拟、显示、倾听、深度会谈等，并系统化整理与知识开发加工，实现外部化知识的条理化和序列化管理。当前的知识挖掘系统、在线分析、商业智能、专家系统等技术，为实现隐性知识的外部化转化提供了技术手段和支持。③联合化，它指通过显性知识创造出更为复杂和系统的显性知识集合的过程。因为经过隐性到隐性、隐性到显性的转化过程，这样的显性知识还是零碎的，如何将这些零碎的知识进行整合并用专业语言表述出来，使个人知识上升为企业知识，能为更多人共享，也就是将零碎的显性知识进一步系统化和复杂化的联合化过程。可通过各种知识交流媒介，如文档、报告、数据库等实现各种显性知识的组合、序化与知识创造。在这一过程中，新的知识体系将超越企业原有的知识体系，实现企业知识的增值与知识共享。碎片化的知识进行整合并用专业语言表述出来，个人知识就上升为了企业知识，能更容易地为更多人共享和创造企业价值。当前的知识库联网、异构数据库搜索、数据仓库和数据集市、门户、企业应用集成等都为其提供了技术支持。④内部化，它所描述的是由显性知识创造隐性知识的过程。即对企业的显性知识通过一定的手段转化为企业隐性知识的过程。企业所积累的显性知识被企业员工在工作实践中进一步形象化、具体化、系统化甚至指导工作实践，这一过程也是员工吸收和消化加工知识并将其显性知识内化为自己的隐性知识的过程，这是将企业内部的显性知识内化为企业的隐性知识的过程。团体工作、干中学和工作中培训等方式是实现显性知识内部化的有效方法，当前也可利用一些协作工具，如虚拟知识社区、P2P 应用、E - learning 系统等为企业知识的内部化提供较好的条件。

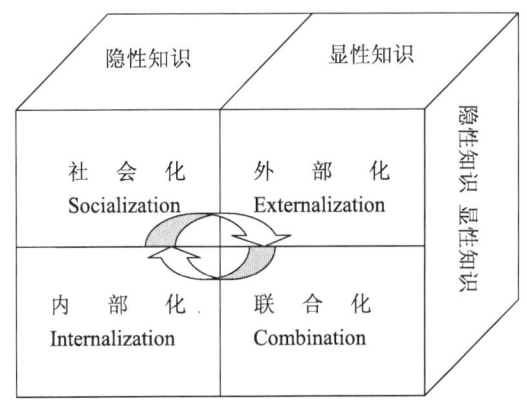

图 3 - 2 企业知识创造的 SECI 模型

3. 企业联盟共有知识的创造过程模型

SECI 模型描述的主要是企业内部的知识创造过程。企业联盟共有知识的创造过程既包括成员企业内的显性知识与隐性知识的转化与创造过程；又包括联盟成员以企业知识为基础，在合作基础上进行的知识创造过程；二者之间是交叉进行的。也就是说，联盟体内的成员企业间依托知识创造的 SECI 模型，实现隐性知识—显性知识的转化，实现企业知识到联盟知识的转化。但企业联盟共有知识的创造过程模型涉及的知识创造主体并不是单一的企业，而是联盟内的各个成员企业和企业联盟本身，因此其中有多个知识创造的 SECI 模型，通过彼此的作用与循环反复，实现联盟整体持续不断的知识转化与创造。这样，企业联盟共有知识的创造过程模型就是通过成员企业间的知识作用与循环反复，不仅实现了 SECI 模型所描述的隐性知识—显性知识转化，而且实现了企业知识—联盟知识的转化。在这个转化过程中，企业联盟整体的知识因为知识转化、转移、共享、应用与创造，增加了联盟整体的知识。相对企业内部的知识创造过程，也可以把这个过程模型称为企业联盟知识创造的螺旋式上升过程模型（如图 3 - 3 所示）。

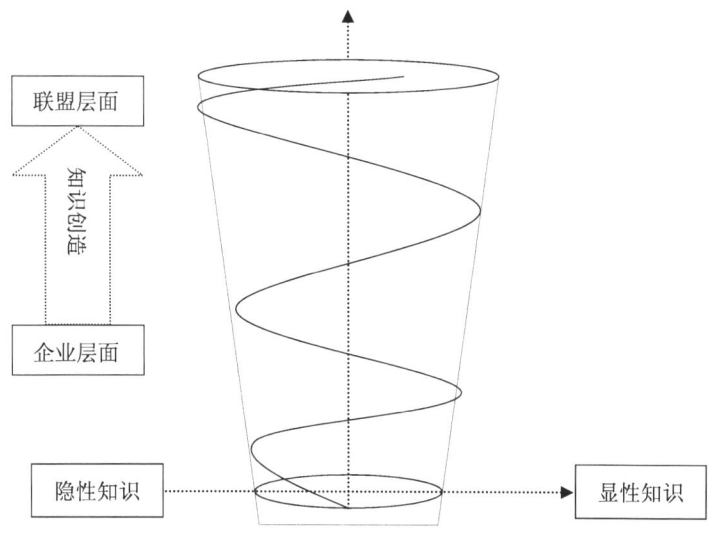

图 3 - 3　企业联盟共有知识的创造模型

4. 企业联盟共有知识创造过程的特点

相对于单一企业的知识创造过程，企业联盟共有知识的创造过程由于受到多个共享主体之间的相互作用与影响，共享过程要复杂得多，具体来说，呈现出以下主要特点：①多个 SECI 知识创造模型的相互作用与协同创新过程。企业联盟的知识共享是由许多主体共同实现的，包括单一企业中的 SECI 知识创造模型，成员企业与成员企业之间的 SECI 知识创造模型，成员企业与联盟整体的 SECI 知识创造模型等不同层面。其中既存在同一层面的主体间的知识共享，也存在不同层面主体间的知识共享，多个层面共同发生作用，促进知识的协同创新。因为在这个过程中，有多个 SECI 知识创造模型的相互作用，并不只是简单的知识传递和交换，而是因为共享主体不断地创新与相互影响，形成良性循环，使得知识在共享作用过程中不断地增值。②从个体企业到联盟整体的知识共享与创造过程。企业联盟内的成员企业之间既有合作，又有竞争。合作是企业联盟知识共享发生的前提与基础；竞争是企业联盟知识不断创造的动力，促使成员企业不断寻求新的合作机会和保持知识创造的潜力。在合作与竞争的过程中，单个企业要对自身的知识进行选择，并进行公共化转化，又要不断地从联盟伙伴那里学习新技术并通过不断学习把知识内化。通过知识的公共化转化与内化，成员企业同时根据联盟目标促进彼此之间共同进行知识的创造。通过知识的转化、转移、共享、应用与创造，不仅增加了成员企业的知识，也提高了联盟整体的知识创造能力。③螺旋上升的知识创造过程。螺旋上升是企业联盟知识共享从低层次到高层次发展的表现。企业联盟内不同层面的知识共享都要经过 SECI 过程，经历由"隐性—显性—隐性"等循环发展的运行过程。当某种知识从一个成员企业传递到另一个成员企业的时候，接受知识的企业需要根据自身的知识结构不断对知识进行整合和加工，这样所获得的知识已经不是原来意义上的知识，而是包涵了新创造的知识，当这种新知识再通过若干个相似过程传递到出发点的时候，它要经过多次循环反复。如果把这个过程放到更为广阔的时空来看，每一个 SECI 知识的创造螺旋都是整个知识共享的重要组成部分，无数次反复的知识创造螺旋最终构建出比较完整和复杂的企业联盟知识共享螺旋体。

3.1.3 企业联盟共有知识的管理

通过企业私有知识的公共化转换及联盟的知识创造，企业联盟已经积累和增加了一定的隐性和显性知识，但是这些知识并没有形成一个有机整体。同时，企业在吸收知识的过程中，由于参与合作范围的影响和知识交流范围的影响，使得知识共享的内容和范围有限，这不利于企业联盟的可持续发展。所以，企业联盟需要对已有的共有知识进一步地识别、评价、整理与存储，只有通过对企业联盟共有知识的管理，才能更好地促进知识的应用与共享。

1. 企业联盟共有知识的识别

企业联盟共有知识的识别就是根据联盟的知识共享目标及所需知识，确定如何对已有的知识进行最大化利用与共享，并对尚缺乏的知识进行分析，可通过联盟以外的知识获取途径来满足需求。简单地说，企业联盟共有知识的识别要解决四个问题：企业联盟的知识共享目标、成员企业及其知识共享需求、企业层面与联盟层面的现有知识基础、企业联盟的知识缺口及知识获取方式等。为此，企业联盟共有知识的识别内容应包括：根据已确定的联盟协议及知识共享目标，明确企业联盟共有知识管理的要求与方式；识别联盟合作中需要知识的业务流程环节及其关键知识；识别目前各个成员企业所具有的知识及应该提供的知识；识别联盟成长历程中所积累下来的知识；识别企业联盟的知识缺口，分析企业层面与联盟层面的现有知识与实现其战略需求所应具备的知识之间存在的差距等。企业联盟共有知识的识别应结合联盟的战略规划与合作中的业务流程分析，利用知识搜索、知识地图、知识库等工具，在知识管理专业人员和领域专家的共同支持下开展。

2. 企业联盟共有知识的评价

由于知识本身的抽象性及联盟知识共享的复杂性，企业联盟共有知识的评价就要在知识识别的基础上，进一步对已有知识的完整性、权威性、价值及可用性等进行分析。

虽然不可能构建一个普遍适用的评价模型，但在对企业联盟共有知识进行评价时应该遵行相应的原则，如以创新为目标的需求导向及知识的实用性原则等。创新是知识共享的主要目标，促进创新也是企业联盟得以形成的动因和持续发展的源泉。不同的创新目标导致了需求差异的存在，在进行知识评价时应针对特定的创新任务和领域进行评价。另外，知识的价值一般是相对的，而且知识价值的实现往往与特定的情景是联系在一起的，有些知识可能有很高的价值，但应用起来需要很高的成本，难以理解与学习，不符合成员企业的知识需求，或者与成员企业的知识结构根本不相匹配，导致知识的价值高但可用性差等。因此，除了知识创新目标的导向外，知识的评价还要遵行实用性原则。

3. 企业联盟共有知识的整理

企业联盟共有知识的整理通常是按照一定的标准对知识进行归类、描述及有序化处理等。对知识进行分类是知识管理常用的手段。知识有不同的特征，也可按不同标准对联盟共有知识进行归类处理。联盟共有知识的分类可以结合前面分析的联盟知识存在形式来进行分类，但还要更多地考虑知识的用途及联盟对相关知识的利用方式进行分类。对知识进行描述就是根据知识的学科属性、用途、大小、存在形式等进行全面的揭示，以方便存储和利用。对于知识的描述通常采用目录或地图的形式进行反映与呈现。但是对于隐性知识的描述相对要复杂得多，因为知识的粘性与内嵌性是经常存在的。知识的有序化处理方式除了前面分析的传统分类与描述方法以外，目前更多利用元数据描述框架或从语义层面构建领域本体知识，尽量对知识内容及其之间的关系等进行可视化显示。

4. 企业联盟共有知识的存储

企业联盟在运行和合作中产生和获取了大量的知识，但目前知识共享的范围有限，而且还要考虑到联盟及企业的未来发展对相应知识的需求，还需要对知识进行存储，强化企业联盟的记忆，从而不断增加社会知识资源的积累。知识存储的常用方式是建立知识库，以保存有价值的知识。知识库有利于显性知识的存储；但对于隐性知识而言，还面临着隐性知识显性化的困难。知识除了存储在知识库中以外，还可以存储在企业联盟的合作业务流程中或相应的文档中。知识存储是一项持续性工作，不可能一次完成，还需要对所存储的知识进行维护与及时更新。

5. 企业联盟共有知识的管理方式选择

企业联盟共有知识的管理方式选择对企业联盟共有知识的管理效率有较大影响。具体来说，可以采用以下几种情况：一是在企业联盟内部成立专门的部门来负责联盟共有知识的管理；二是形成独立于企业联盟之外的独立实体来负责联盟共有知识的管理；三是委托第三方的相关机构负责联盟共有知识的管理。如专利联盟的知识管理方式就有以下情况：一是在专利联盟内部单独成立专门负责专利知识管理的部门，或联盟成员一致委托其他成员负责联盟的可共享专利授权及专利知识开发，并统一负责对联盟外的企业专利权许可事宜。如1997年10月20日，株式会社日立制作所、松下电器产业株式会社、三菱电机株式会社、时代华纳公司、株式会社东芝、日本胜利株式会社合意建立了对各自持有的有关 DVD 专利进行共同许可的专利联盟，6 家公司的共同专利许可契约由东芝统一负责缔结，松下电器、日立制作所按地域分担交涉业务；二是成立独立的专利联盟知识管理机构，其中最为著名的MEPG 专利管理公司在 57 个国家管理着 9 个专利联盟许可项目，囊括了通用电器、飞利浦、索尼、松下、三星等 25 家公司拥有的 800 多项专利技术，MPEG 公司对多个专利联盟进行管理，其与标准组织无关，也不从属于任何专利权人；三是委托第三方的相关机构负责专利联盟共有知识的管理，有些委托专利事务所、律师事务所等相关专门机构负责专利联盟共有专利的管理及专利知识的开发等。❶

3.1.4 成员企业对联盟共有知识的学习与应用

企业联盟内部的知识创造是一个螺旋上升的过程，知识创造增加了联盟的知识量。在合作创造知识的过程中，企业的知识结构也会受到影响，但由于企业自身的知识结构、在合作创新中的网络位置与创新能力影响，在参与合作创新过程中，也要不断学习与应用联盟内已形成的共有知识。企业联盟

---

❶ 张海志. 专利联盟：梦想如何照进现实［N］. 中国知识产权报，2010 – 07 – 09.

共有知识的创造对企业可能有以下影响：一是联盟共有知识可以为成员企业各方所用，但不能单独拥有；二是联盟共有知识可以被完全整合进企业的知识系统；三是联盟共有知识替代企业原有的知识系统或是替代原有知识系统中的一部分。

1. 成员企业对联盟共有知识的学习

企业通过学习，希望将联盟的共有知识内部化为企业知识。企业对联盟共有知识的学习有个人层面、团队层面和企业层面三种不同的学习方式。为达到较好的学习效果，企业要明确学习目标，引导员工进行主动式学习。

心理学研究学习过程一般以个人为研究对象，认为学习过程包括对知识的获取、匹配、吸收、保持等环节。从企业组织的角度来看，学习的基本原理应是相似的。企业对联盟共有知识的学习也主要表现为：①知识获取，这是企业进行学习的前提。企业联盟内的成员企业，不论大小与规模，都应有相同的权利来获取联盟共有知识；同时也可以获取联盟内其他成员企业公开的知识、技术、事实和信息等。②知识匹配，企业在学习联盟的知识过程中，会对接受到的知识与自身的知识结构相匹配，吸收与自身知识结构相似的知识。企业的知识结构是决定其需求的重要依据。知识结构的变化不仅影响着企业知识需求量的改变，而且直接关系到企业知识需求的内容与质量。③知识吸收，吸收知识是学习的核心环节。企业在对联盟共有知识获取与匹配的基础上，通过学习将其企业原有知识有效整合和利用。企业通过对联盟共有知识的吸收，扩展了自身的知识结构。④知识保持，企业对联盟共有知识的学习也是一个反复和提高的过程。正如个人的学习机理一样，可能会存在遗忘或者遗漏，需要通过持续的知识保持，来改进学习效果。

从世界大多数企业联盟知识共享的规律来看，成功的共享结果都进行了较好的学习，从而把联盟共有知识内化为企业知识。如 20 世纪 90 年代，法国汤姆森公司与日本松下公司下属的 JVC 公司组建联盟进行知识共享，为了取得较好的学习效果，法国汤姆森公司曾制定了明确的学习计划，并且从合作一开始就不断地向员工传达公司的学习目的；同时把学习目的进行分解，利用目标管理方式确保知识共享的进行❶。

---

❶ 胡平波. 网络组织合作创新中知识共享及协调机制［M］. 北京：中国经济出版社，2009：68.

2. 成员企业对联盟共有知识的应用

企业对联盟共有知识的应用主要体现在直接获得受产权保护的知识、促进企业内的技术创新、产品开发、市场开拓等，最终体现为企业本身核心竞争力的提升。下面结合诺基亚曾经在通信领域内的联盟策略及知识应用进行分析。

对于诺基亚而言，企业联盟曾经一直是促进其通信业务增长和实现国际化转化的重要战略选择，其联盟伙伴涉及企业、研究机构和高等院校等，包括美国的 Motorola、IBM、Luncent、AT&T、Intel 等，日本的 NTT 和 Toshiba 等，欧洲的电信运营商 Deutsche Telekom、British Telecom、France Telecom 等。诺基亚公司参与组建的企业联盟有两个主要特点：一是国际化联盟，诺基亚从 20 世纪 90 年代中期开始就组建了众多的国际化联盟，以拓展自己的业务，进行市场的不断开拓；二是联盟的主要目的就是要共享技术和知识，并形成所谓的技术联盟或标准联盟等，诺基亚公司参与组建的企业联盟约 30% 是技术联盟，而且大多是通过专利技术组建的联盟，另外也参与了世界主要的通信技术标准联盟。

诺基亚公司对联盟共有知识的学习和应用主要表现在：①直接采用与学习企业联盟内的相关知识，如在 1991—2000 年中，诺基亚公司对 GSM 领域技术实力雄厚的摩托罗拉、爱立信的专利引用率都非常高，尤其是向行业技术领军企业摩托罗拉的专利引用，平均高达 15% 左右；②利用联盟共有知识积极推动技术和知识创新，诺基亚公司在直接采用和学习知识的过程中，也注重不断创新，如北欧的瑞典、挪威、芬兰、丹麦四国 PTOs（公共电信运营商）于 1981 年共同开发采用了 NMT（北欧移动通信）标准，诺基亚公司迅速采用这一标准，并参与该标准的进一步共同开发。由于重视创新，诺基亚在无线通信技术领域的专利授权数量不断增加，如诺基亚 2002 年在无线通信方面的专利还超过了它曾经学习和引用过相关专利知识的摩托罗拉公司；③利用联盟共有知识积极进行产品开发，诺基亚对不同技术标准的产品使用通用的开发平台，而摩托罗拉和日本的通信公司则对不同标准的产品使用了不同的开发平台，而且在不同标准之间也没有使用共同设计，诺基亚使用三个主要 GSM 900 开发平台（2110，8110，and 6110）开发 1800 MHz 和 1900 MHz 的 GSM 电话，800 MHz 和 900 MHz 的 TDMA 电话、PDC 电话等，GSM 900 和 1800 是为欧洲和亚洲市场提供的，而 1900 MHz 是给美国和南美 GSM 用户提供的，TDMA 800 和 1900 MHz 电话的主要市场则是美国，而日本使用的则是 PDC 标准，这样诺基亚不仅在专利技术上通过学习突飞猛进，在产品开发方面也超过了摩托罗拉和日本的通信企业等；④利用联盟知识进行市场开拓，诺基亚在进入美国市场时，成功借鉴美国 Motorola 公司在美国本土的成功经验，通过与美国强势零售商的紧密合作，实现在美国市场的突破发展，一举超过日本企业在美国通信市场的竞争地位；另外它在进入日本市场时也采用了类似的联盟合作方式。❶

3.2 企业联盟与外界环境之间的知识共享过程

企业联盟在运行过程中，除了在成员企业间进行知识共享外，还会与外界环境（包括其他企业、企业联盟、政府、大学、研究机构、市场、用户等）进行知识共享。主要表现为两方面：一是需要获取、吸收与学习外界环境中的知识；二是向外界环境提供联盟所积累和拥有的知识，并表现为基于联盟整体需求的知识共享和基于联盟整体供应的知识共享。

3.2.1 基于企业联盟整体需求的知识共享

若联盟内各成员企业的知识无法满足彼此的需求，为了联盟共同的目标和整体的利益，联盟组织往往会借助外界环境来进行知识共享，以寻找和获取合适的知识源，弥补联盟内的知识缺口。基于联盟整体需求的知识共享主要表现为联合采购、公共知识服务平台的支持、寻求外界的知识援助及其他形式等。

1. 联合采购

联合采购是图书馆联盟实现资源共建共享的一种主要方式，且在企业联盟的知识共享过程中也产生了相应的影响，如企业对专利技术与版权作品的联合采购就较常见。联合采购能避免彼此之间的恶性竞争，可以争取到更优惠的价格，而且联盟企业越多，可能争取的价格越优惠；也可以节省相应的费用和争取更好的服务。如优酷网和土豆网曾经是国内提供视频内容服务的两个最有竞争力的服务网站，其主要内容来源于三个方面：注册用户上传的内容、购买电影和电视节目、自制节目等，但在 2010 年 2 月 3 日，曾经作为

---

❶ 任声策，宣国良．专利联盟中的组织学习与技术能力提升——以 NOKIA 为例[J]．科学学与科学技术管理，2006（9）：96–102．

行业冤家的优酷网、土豆网正式宣布结盟，主要联合进行版权作品的采购，以缓解版权作品的购买压力。

2. 公共知识服务平台的支持

公共知识服务平台的支持是企业联盟获取外部知识的一个重要途径。在中国，一些基础性、战略性、影响较大的技术或项目往往都需要政府的政策、资金等方面的大力支持和引导，才能得到较快的发展，企业知识管理战略的实施也离不开政府的公共服务平台支持。一方面，知识管理必须倡导、创建和弘扬优良的企业文化，必然有高素质的知识管理人才，这些必然受到与公共管理状况有直接联系的社会文化和教育环境等的影响；另一方面，与企业知识管理活动相关的知识创新、专利与商标的产权保护与基础设施建设等，均涉及公共管理领域，需要公共知识服务平台的支持。如上海市的知识产权（专利）公共服务平台便是一个促进资源共享、降低科学技术研究成本的平台，该平台具有丰富的专利信息数据库和信息资源，服务手段主要是整合已有知识产权数据资源和服务资源，满足企业和社会的需求，其特色包括共享专题数据库和相关专利统计数据、分析和战略报告等❶。专利文献是丰富的"知识宝库"，知识产权公共服务平台对企业而言便是一个很好的专利共享平台，通过平台可以使企业达到共享专利技术及其相关知识的目的。

3. 知识援助

基于社会道义的知识援助模式也是企业联盟获取外部知识的另一个重要途径。在社会和经济发展过程中，效率和公正是一对难以调和的社会矛盾，政府和计划往往会出现某种失灵，有时会出现知识垄断与知识数字鸿沟等社会问题。这往往需要寻求第三条道路加以协调解决，如可以通过政府倡导、公众要求、良知感应、道德谴责、正义呼唤、责任分担和内心觉悟等形式，在社会上形成一种知识援助的风气，从而实现知识共享。一些非营利性组织、高校、研究机构、个人在没有协议规定的条件下，主动且无偿为企业联盟提供相应知识的话，可看成是一种知识援助形式。如为促进湘潭地区的某些企业及其联盟加强知识产权管理，湘潭大学知识产权学院师生主动免费为一些企业提供了讲座与咨询，取得了较好的效果。

---

❶ 上海市的知识产权（专利）公共服务平台 . http：//www. shanghaiip. cn/wasWeb/index. jsp.

3.2.2 基于企业联盟整体供应的知识共享

企业联盟在获取外界环境中的知识的同时，也会将联盟整体在运行过程中所积累的相应知识与外界进行共享，会在与外界环境的接触与交流中发生知识溢出，或会发生一定的知识转移，但都以最终促进知识应用与创新为目的。目前大多数文献都将跨组织主体的知识共享描述为知识转移。我们认为，组织间的知识转移往往都要有相应的制度安排，而很多时候知识共享是在没有制度的安排下进行的。为此，我们将联盟整体供应的知识共享按有无制度安排分为两种：知识溢出与知识转移，而且二者都是实现知识共享的重要途径。

1. 企业联盟的知识溢出

企业联盟的知识溢出是在没有相应的共享制度安排下进行的，是一种无意识、非自愿的知识共享行为，但又是在无法禁止他人获取自己的私有知识的情况下形成的，而且企业联盟在供应知识的过程中往往得不到补偿。企业联盟的知识溢出一般是知识主体不愿看到的但又无法避免的，如研发人员的流动、自我保密措施不健全、交流活动中的不自觉溢出、知识本身的可流动性等。

一般来说，可根据企业联盟在一定市场环境中的位置，将知识溢出分为水平式和垂直式两种形式。企业联盟垂直式知识溢出是指企业联盟无意识地把其所拥有的知识提供给其相关的上下游企业或其他组织等。企业联盟水平式知识溢出是指企业联盟无意识地把其所拥有的知识提供给与其可能处于同一价值链上的企业或其他组织等。由于知识需求、知识结构、知识匹配程度及空间距离等因素的影响，企业联盟水平式知识溢出更明显。如在产业集群地，某些企业联盟通过创新和开发所获得的新知识，如新产品、新市场、新渠道、新技术、新的管理方式等，很大一部分会外溢出去，成为整个产业群中的公共知识。而且在产业集群地，不同企业间的人员之间经常有非正式沟通，如不同企业的员工在临近地理区域内经常聚集在一些茶馆、休闲场所等，自发交流是比较容易进行的。企业联盟水平式知识溢出在北京的中关村科技园区也表现得非常明显，中关村科技园区是以产业联盟促进创新和知识共享的典范，产业联盟也成为企业提升竞争力的最佳选择，因此也形成了各种交流与合作的重要平台。目前，中关村已经拥有长风软件联盟、数字电视产业联盟、闪联、下一代互联网产业联盟、龙芯联盟等 22 家产业联盟。以企业为主体，联合大学、院所、中介组织等，围绕技术标准、协同创新和产学研合作成立产业联盟，已经成为活跃在中关村的一种重要经济现象。

2. 企业联盟的知识转移

企业联盟的知识转移是在相应的共享制度安排下进行的，是一种有意识的知识共享行为，企业联盟在通过知识转移而提供知识的过程中是希望得到补偿的。一般认为，最早界定技术转移概念的是美国学者布鲁克斯（H. Blu-curs），他认为技术转移是科学和技术通过人类活动被传播的过程，由一些人或机构所开发的系统、合理的知识，被另一些人或机构应用于处理某事物的方法中；Teece 最早提出了知识转移的思想，认为企业通过技术的国际转移，能积累起大量跨国界应用的知识。❶ 知识转移方式有专利技术转让、技术开发与合作、合同定向研究、企业间的相互培训与交流合作等，知识转移无论对知识主体还是知识受体都具有积极作用，对于提高知识的社会效益和经济效益、促进技术进步有极好的引导作用。

一般来说，也可根据企业联盟在一定市场环境中的位置，将知识转移分为水平式和垂直式两种形式。企业联盟垂直式知识转移是指企业联盟有意识地把其所拥有的知识提供给其相关的上下游企业或其他组织等。企业联盟水平式知识转移是指企业联盟有意识地把其所拥有的知识提供给与其可能处于同一价值链上的企业或其他组织等。如盛大文学网站联盟，为加速网络文学作品中的知识转移，它一方面与中国移动的数字阅读基地合作，把它的知识内容转移给中国移动，借助中国移动的移动阅读服务平台推送给终端用户；另一方面，盛大文学网站联盟又与一些数字出版集团和互联网络上的内容提供商合作，在一定的合作条件下允许作品内容被转载、出版与提供。这样，盛大文学网站联盟通过水平式和垂直式交错的知识转移方式，使用户能更方便地阅读和学习优秀的网络文学作品，网络文学作品的数量也在不断增多。

3.3 基于丰田及其供应链联盟的知识共享过程分析

为了更好地分析基于企业联盟的知识共享过程，特选择丰田及其供应链联盟来进行分析。丰田及其供应链联盟的知识共享过程首先表现为企业联盟内部成员企业间的知识共享，但也有企业联盟整体与外界环境之间的知识共

---

❶ 傅正华等. 我国技术转移的理论与实践［M］. 北京：中国经济出版社，2007：7.

享过程。当然,在知识共享的过程中,企业联盟内部的知识共享、企业联盟整体与外界环境之间的知识共享有时是同时进行的,有时是交织在一起的。由于彼此的影响与推动,形成了知识共享的良性循环。

3.3.1　丰田及其供应链联盟简介

1918 年,丰田佐吉(Toyoda Sakiichi)在东京创办自动纺织社,1926 年改为自动纺织公司。1933 年,他在自动纺织公司内设置汽车工业部。1937年,丰田汽车公司成立。丰田汽车公司在 20 世纪 80 年代以前主要是在日本国内的自我成长期,20 世纪 80 年代以后,开始了它全面走向世界的国际战略,先后在美国、英国、东南亚等国家和地区建立独资或合资企业。日本丰田汽车公司借助于它先进的生产模式,在 2008 年第 1 季度的汽车产量已经超越了美国通用汽车公司而排名世界第一。丰田汽车公司约 80% 的零部件是由分包协作企业生产供应的,但是这些分包协作企业大都坐落在丰田汽车公司的所在地——爱知县的丰田市。丰田市的市区东西宽 22 公里,南北长 24 公里,是爱知县境内面积仅次于名古屋的新兴工业城市。丰田市没有所谓的闹市,除了银行和几家商店以外,其余的一切都与丰田有关。丰田市拥有分属于 144 家公司的 160 个工厂,其中 86 家公司的 104 个工厂是生产汽车及汽车零件的。这些工厂以丰田汽车公司总厂为中心一环一环地分布,形成了一个直径 10 千米、面积 80 平方千米的丰田工业区。区内公路纵横交错,很便利地将丰田公司的汽车总装配厂与生产汽车零部件的工厂连接起来,零部件在很短的时间内即可运抵需要它的装配线,因此可以实现"在需要的时刻,按照需要的数量,生产需要的合格产品"。❶

丰田公司与为它提供零部件的中小供应商结成了供应链联盟,大力提倡"共存共荣"的哲学,被认为是联盟内成员企业间知识共享的典范;同时也基于联盟整体的知识需求与知识供应,通过企业联盟与外界环境之间进行知识共享。

3.3.2　联盟内成员企业间的知识共享过程

丰田及其供应链联盟有力地促进联盟内部的知识共享和学习。主要过程包括以下方面。

---

❶　王炳成,李洪伟. 丰田生产模式的实现基础研究——供应商集群的视角 [J]. 技术经济与管理研究,2009(6):120 – 124.

1. 丰田等企业私有知识的选择与公共化

在丰田及其供应链联盟中，一开始供应商对供应链本身的认同感较低，几乎没有知识共享的活动。丰田为了把它的丰田生产体系、丰田质量检验标准等知识与其供应链企业共享，作为主要的知识提供方，对供应商提供免费的技术支持，帮助供应商吸收丰田的知识存量，并采取了一系列措施。丰田公司早在1943年就建立了供应商协会，旨在加强其与供应商之间的联系，并为知识共享提供一个平台，其中供应商联合大会会议主要是促进显性知识共享，包括计划、政策、市场趋势等知识；主题委员会会议主要是关于时常发生变动的一些领域的知识共享，包括生产成本、质量控制、安全管理和社会活动等方面的知识。这一系列举措推动了丰田等企业私有知识的选择与公共化，有助于发展丰田及其供应商企业间的关系。

2. 企业联盟共有知识的创造

丰田组建了一个"问题解决小组"，以处理知识共享和生产中的紧急问题。比如说，一个供应商遇到质量问题，而问题出在哪里自身却很难发现。在这样的情况下，丰田质量保证部会就通过"问题解决小组"来解决，其成员来自丰田及其供应商企业，共同利用集体的智慧解决质量问题。问题的解决过程也是企业联盟知识创造的过程，通过初期的检查、诊断和试验、提出意见和评估结果，使得丰田可以充分利用自己的专有知识来解决供应商的问题，而且通过与供应商的共同学习，也增加了联盟的知识存量。

3. 企业联盟共有知识的管理

为解决丰田及其供应链联盟的生产问题，曾成立了丰田业务咨询管理部，这是丰田收集、存储、扩散联盟中有价值的生产知识的机构，如通过为供应商提供现场指导有效实现知识共享，典型的做法是派出一个咨询团队到供应商的工厂，时间短至一两天，长至数月，为供应商提供免费的咨询和指导，帮助其解决生产中遇到的问题，从而大大提高了供应商的生产力。如1992年，丰田在美国建立的供应商支持中心，就主要为丰田在美国的供应商提供咨询服务，至1996年11月时，在该中心的帮助下，丰田在美供应商的库存成本平均下降75%，单位劳动时间的产出增长124%。❶

---

❶ 罗仲伟，冯健. 企业网络创新中的知识共享机制—丰田汽车的案例 [J]. 经济管理，2007 (16)：66－71.

4. 企业对联盟共有知识的学习与应用

丰田及其供应链联盟企业进行了持续不断的学习，主要有以下做法：①成立"自愿学习"小组开展学习，如丰田以自愿方式，组织一批关键的供应商成立了学习小组，其目的是促进成员企业间的互相帮助以提高生产率，丰田公司把其重要的丰田生产模式等知识提供给其第一层供应商，后者随后便通过由供应商联盟或"自愿学习"小组组织的工作现场会议来吸收这些知识；同时，第一层供应商把自己接收到的信息和知识也会提供给第二层供应商；接着第二层供应商把自己接收到的信息和知识提供给第三层供应商；如此不断进行下去，丰田的知识便通过多层供应商简单而有效地传播给每一个联盟中的成员企业。②向供应商的雇员提供大量培训课程和实习机会，并使其供应商可以接触和运用丰田的经营运作知识和知识储备，让其有较高的知识学习效果，如协会每年从丰田汽车以及供应商中选出一些工程师进行培训，这种培训为其他成员企业提供了一个基本的共同的知识基础，从而培育起和不断提高自己的知识吸收能力，参加这种轮训的工程师可以通过参观工厂或开会等形式获得或提供很多的隐性知识。③为不同企业之间的人员交往和流动（特别是面对面的接触）创造便利条件，丰田每年向供应企业输送员工，其中许多是永久性的，这些人员利用从丰田所学的知识来协助生产厂经理进行更有效的经营管理，同时他们也能了解供应商的发展前景和存在的问题。总之，通过学习与知识应用，丰田及其供应链联盟内的成员企业不仅促进了显性知识的共享，而且有效地进行了技能、生产模式等隐性知识的共享。

3.3.3　企业联盟与外界环境之间的知识共享过程

丰田及其供应链联盟在与外界环境进行知识共享的过程中，同样存在着基于联盟整体需求的知识共享和基于联盟整体供应的知识共享。

1. 基于联盟整体需求的知识共享

丰田及其供应链联盟整体有时作为知识的需求者，需要从外界环境获取自身所需的知识，表现为基于联盟整体需求的知识共享。其中，日本政府及其相应的汽车行业协会对它的影响最大，为联盟的发展提供了很多知识。日本政府的引导、扶植与保护对于日本汽车产业的孕育、发展及其国际竞争力的培育，发挥了不可替代的重要作用，其中的主要受益者就包括了丰田及其供应链联盟企业。如日本政府曾根据各个时期日本经济的不同特点，结合世界科学技术的发展走势，利用政府的信息优势，为不同时期日本企业的知识创新指明方向，丰田及其供应链联盟企业因为政府的信息引导减少了技术研发的不确定性，有效降低了风险。另外，日本的汽车行业协会也为丰田及其供应链联盟企业提供了相应的知识，如丰田及其供应链联盟企业长期以来通过参加日本汽车工业协会、日本贸易振兴机构等组织召开的研讨会、座谈会等活动，有效地获取联盟自身发展所需要的相关知识。

2. 基于联盟整体供应的知识共享

丰田及其供应链联盟整体有时也作为知识的提供者，在与外界环境进行知识共享过程中，主要存在基于丰田生产模式的知识外溢与知识转移并存的共享现象。丰田及其供应链联盟内的知识共享被称为知识共享的典范，影响到世界上很多企业及其联盟的知识管理与共享方式，其中既包括日本本土的汽车制造企业联盟和其他类型的企业联盟，也包括美国、欧洲、亚洲的汽车制造企业联盟等。其中有些是在相应的共享制度安排下进行的知识共享活动，是一种有意识的知识共享行为，表现为知识共享中的转移方式；也有一些是在没有相应的共享制度安排下进行的，是一种无意识的知识共享行为，表现为知识共享中的溢出方式。当然，由于受国家的政策引导、国家的历史文化、知识共享的组织结构、企业及联盟文化、信任氛围等因素影响，丰田及其供应链联盟的知识共享及生产模式虽然被很多国家的企业所借鉴，但所产生的影响却不太相同。如我国在 20 世纪 70 年代末期就从日本引入丰田及其供应链联盟的知识共享模式，但我国大部分相关企业至今都还没有真正实现丰田生产和知识共享模式。

第 4 章　基于企业联盟的知识共享影响因素

基于企业联盟的知识共享过程既包括联盟内成员企业间的知识共享过程，也包括企业联盟整体与外界环境之间的知识共享过程，两个共享过程往往是相互影响、相互促进的，有时也可能是交织在一起同时进行的，其二者之间的作用方式都最终取决于企业联盟的知识共享目标。除了共享目标的决定性作用外，还有其他因素也影响着基于企业联盟的知识共享活动及其效率。

任何一种知识共享活动并不是只要具备知识需求方和知识提供方就可以自然而然顺利地实现。企业联盟打破了传统组织机构的界限和层次，使知识进行跨组织流动。由于各成员企业都是独立的经济实体，与知识在单一企业内流动相比，知识跨组织流动具有更大的难度。基于企业联盟的知识共享，可以在系统论的视角下进行影响因素的分析。在系统论的视角下，世界上一切事物都可以看作是一个系统。系统是指相互联系、相互作用并具有一定整体功能和目的的诸要素的有机综合体。按照系统论的思想，复杂系统的功能是否优化，直接取决于系统的内部结构。系统的结构是有主次、有层级甚至适度套叠的，它围绕着系统的整体目的不断发展与变化。系统的发展受环境因素的制约，系统在不断适应环境同时作用于环境的过程中发展与演化。在企业联盟中，无论是进行知识共享的成员企业本身，还是整个联盟组织都是一个复杂的动态系统，应当从系统的角度来研究。目前国内外关于企业间知识共享实现的影响因素的分析，大都注重某方面因素的分析，这对于作为一个整体的企业联盟来说，不利于提高知识共享的效率。

在系统论视角下，基于企业联盟的知识共享影响因素及其交互特征模型可用图 4-1 表示。因此，在一定知识共享目标的作用下，基于企业联盟的知识共享影响因素主要包括知识共享主体、知识共享客体、企业联盟内部环境、企业联盟外界环境四个方面。其中，共享主体因素是指影响知识共享的联盟内各成员企业及联盟整体，共享主体的行为在系统的功能实现上起主导作用，在一定条件下，共享主体通过自反馈能够发挥能动性，改进知识的编码与转移方式，改良系统内部环境；共享客体因素是指影响知识共享的联盟内各成员企业及联盟整体所拥有的知识；企业联盟内部环境因素是企业联盟体内各种影响知识共享的客观条件，包括基础技术设施、组织结构、契约安排、信任水平、组织文化、联盟经验等要素，它对共享主体的行为既起支撑和培育的作用，也起着一种制约和影响作用；企业联盟外界环境因素是企业联盟组织外各种影响知识共享的客观条件，主要包括政策与法律环境、人文与科技环境、市场与竞争环境等等，从长远来看，它将影响到企业及其联盟整体知识共享策略的制定和实施，在分析企业联盟的知识共享时应充分考虑外部环境因素的影响。这些影响因素之间相互联系、相互影响。

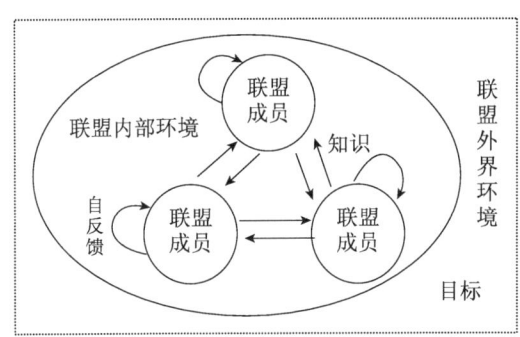

图4-1 基于企业联盟的知识共享影响因素及其交互特征模型

4.1 知识共享主体因素

共享主体是知识共享活动的承担者，共享主体因素决定了知识共享的成败。按照系统论的观点，系统具有层级性，任何一个复杂系统都可以按一定的原则分解成若干个子系统。联盟内的各成员企业都可以看成一个知识共享子系统，是具有一定整体功能和目的的要素综合体。企业联盟总体作为一个知识共享系统，建立的目的是为了获得依靠单个成员企业所无法获取的知识共享内容。任何企业联盟及其成员企业的知识共享往往又都是由一定参与知识共享的个体与团体所实现的。因此，基于企业联盟的知识共享主体因素最终表现为成员企业与企业联盟两个方面。

4.1.1 联盟体内的成员企业❶

联盟体内的成员企业都作为知识共享的一个子系统，同样由三方面要素组成：参与知识共享的员工、知识与企业内部环境。其中参与知识共享的员工素质（包括共享意识、知识基础与协作能力等）直接反映了联盟体内成员企业的知识共享意愿与能力等，再加上联盟成员的组织结构与组织文化等内部环境因素的影响，形成了联盟体内成员企业之间的知识异质性。这些因素相互联系、相互影响。如果成员企业的异质程度过高、共享能力过低则会影响联盟成员对知识共享收益与成功可能性的预期，削弱其共享意愿和参与的积极性。一个科学设计的联盟契约环境与良好的信任环境能够促使成员产生积极的共享动机，努力提高自身共享能力，与伙伴积极沟通与交流，降低异质性的阻力，最终促成知识共享。另外，企业在选择知识共享的伙伴时，以往的联盟经历对其相关行为的决策和知识共享的安排同样具有类似的影响。因此，联盟体内成员企业自身的知识共享意愿、共享能力、异质性、联盟经验等因素决定了子系统的目的与耦合程度，制约着联盟整体的知识共享功能的发挥。

1. 成员企业的知识共享意愿

在企业联盟内，任何一个成员企业都是相对独立的经济实体，追求利益的最大化决定了各成员企业进行知识共享的态度。一个企业进行知识共享的行为意愿取决于它是否存在知识共享需求，及其对实施知识共享所产生的利弊权衡，即对知识共享风险与收益之间的权衡。

企业联盟内的成员企业有些是知识拥有量比较有优势的企业，有些是知识需求量比较多的企业。在知识共享过程中，有些成员企业以知识提供方的角色出现，有些以知识需求方的角色出现，但更多时候，是以双重角色出现的。可以分别分析成员企业作为知识拥有方与知识需求方时的共享意愿。

（1）知识拥有方的知识共享意愿。当成员企业作为知识拥有方时，其知识共享意愿是指联盟内的成员企业是否会主动将它所拥有的私有知识提供给其他成员利用，甚至将它的部分或全部私有知识进行公共化转换，使之成为企业联盟的共有知识的愿望。从企业的角度来看，知识拥有方的知识共享意

❶ 易菲，龙朝阳. 联盟组织间知识共享效率的主体因素分析［J］. 图书情报工作，2010（22）：98－101.

愿受到知识共享收益和知识共享安全的影响。一方面，企业希望通过知识共享带来收益。因为知识本身就是资源和财富，而企业是以追逐利润为主要目的的社会经济主体。企业拥有一定领域内的知识，可以在市场中保持相应的竞争优势地位，以保护甚至争取到相应的利益。在"知识私有"的观念影响下，企业一般不会主动把知识拿出来与其他成员企业进行共享。但企业管理讲究效率，又力图有效地配置企业的资源，知识共享就是企业资源配置的一种方式。如果知识共享比不共享会带来更多收益的话，拥有知识的企业更可能具有较强的共享意愿。另一方面，企业出于知识共享安全的考虑。安全是知识共享的一般条件，不安全会降低企业的知识共享意愿。企业联盟虽然有助于增进彼此之间的知识共享，但由于成员企业是独立的经济实体，成员利益的异向性决定了伙伴间存在相互排斥的心理和机会主义动机。企业的知识尤其是核心知识，是企业取得竞争优势的基础，是企业取得成功的关键，一旦被其他联盟伙伴获取，将会对该企业造成极大的负面影响。况且，联盟中由于机会主义行为及搭便车行为的存在，会导致知识外泄，损害自身权益，这样使得企业需要考虑对其核心知识的保护问题。在一定的企业联盟内，成员企业知识对企业联盟及其他成员伙伴的影响越大，对其核心知识的保护力度通常也会加大。因此，联盟合作伙伴间出于对其核心知识的过度保护，经常会出现不愿分享关键技术知识、不充分分享技术知识或分享虚假技术知识的现象，有时也会直接导致希望共享资源以改进竞争地位的合作联盟的失败。

（2）知识需求方的知识共享意愿。当成员企业作为知识需求方时，其知识共享意愿是指联盟内的成员企业是否会主动获取其他成员的知识，并将所获取的知识进行学习甚至内化为企业自身知识的愿望。从企业的角度来看，知识需求方的知识共享意愿受到知识缺口、知识共享成本等因素的影响。一方面，知识缺口存在是企业共享需求产生的直接原因。企业对合作伙伴资源的依赖构成了企业间知识共享的内在动力。企业联盟的建立冲破了传统组织边界对知识流动的束缚，成员企业可从自身以外的联盟伙伴处获取知识资源。而且企业联盟本身作为一种特定的组织形式，为各成员企业提供了一个外部学习的机会，通过彼此之间的知识交换和互动学习，可以提高企业创造知识的能力并拓展特定的技术领域，这构成了成员企业间知识共享的一个内在动机。另一方面，知识需求方在进行知识共享时会考虑知识共享成本。虽然企业联盟为企业获取知识提供了便利，节省了成本；但企业联盟知识的易用性、可用性以及附加条款等却降低了企业的知识共享意愿。如果企业获取与学习联盟体内的某些知识需要进行知识转换或者人员重新培训的话，出于成本的考虑，这时寻求企业联盟体外的知识供应可能更能满足企业的需求。特别是当联盟体内的成员企业提供知识并附加相应的强制条款时，如果需求知识的企业难以接受的话，往往也不会主动获取其他伙伴的知识。

2. 成员企业的知识共享能力

能力一般是指影响人的活动效率，能促使行为目标顺利完成的个性心理特征。一个人的知识能力越强，对自身的知识能对企业其他成员提供帮助就越发自信，也会积极地向企业其他成员提供自身所具有的知识，当然也会积极地获取相应的知识，这就有利于促进企业间的知识共享。在基于企业联盟的知识共享过程中，也要关注各成员企业的知识共享能力。

（1）知识共享能力的表现。企业知识共享能力是指企业参与知识共享活动、传递、沟通、吸收与应用知识的能力等。如对于提供知识的企业来说，需要具备一定的知识编码、传递、沟通、反馈能力等；对于需求知识的企业来说，需要具备一定的知识沟通、学习、应用、反馈能力等。总的来说，成员企业的主要知识共享能力包括沟通能力、学习能力与知识反馈能力三个方面：①沟通能力，这是进行知识共享与组织学习的基础。企业联盟伙伴间的合作可以创造出隐性知识和内含隐性知识的组织惯例，它们体现在参与合作的成员企业之中，并一起形成了企业联盟知识基础的一部分。因此，在知识共享过程中，沟通能力至关重要。尤其是在跨国联盟中，语言能力与跨文化交流能力起到了不可或缺的作用。Hamel 曾研究发现，在西方公司内几乎所有的员工都缺乏日语能力并对日本文化不了解，这种情况限制了他们从日本合作者那里获得实际的技能知识，然而他们的日本合作者并不同样缺乏语言能力，这使他们可以从合作者那里学到想要的知识[1]。②学习能力，这是指企业将员工经过学习得到的知识转化为企业的知识，用来改善企业活动并进一步扩散、储存在企业内部的过程。与此相应的能力就是企业学习能力。企业的学习能力通常可以分为三个方面：学习企图、吸收能力和整合能力。首先，学习企图是企业学习能力形成的前提，企业联盟内的成员企业持有学习的主

---

[1]　HAMEL CX. Competition for competence and interpartner learning within international alliances [J]. Strategic Management Journal, l991 (12): 83 – 103.

观意愿，才会鼓励员工积极寻找和学习有价值的知识并加以吸收利用。其次，知识吸收是企业学习的核心环节，企业的吸收能力是指企业对有价值的内外部知识有效辨别的基础上加以接收、学习并内化应用的能力。企业自身在长期发展过程中，会形成一定的经验和知识积累，企业内部的知识吸收能力表现为企业员工吸收企业自身所积累的知识并加以应用的能力，为提高企业内部知识的吸收能力，需要对员工进行技能培训和知识应用指导等。除了内部知识的吸收外，企业吸收能力还包括企业吸收外部知识的能力，企业内部的知识吸收能力是企业外部知识吸收能力高低的基础，内部知识吸收能力越强，则它吸收外部知识的速度与效率就越高，这直接影响知识的跨组织流动与共享，包括决定了企业能否有效地从企业联盟中获取知识的能力。第三，企业在吸收内外部知识的过程中，还需将企业内外现有的知识采用新的方法加以重建，这个过程就是知识的整合过程。企业知识整合能力决定了联盟伙伴能否有效地提高企业内部及成员企业间的知识共享程度，使知识能够更加有效地传播和共享。③知识反馈能力，这是指企业联盟内的成员企业作为学习者的同时，将自身知识外化、综合并反馈到联盟内，进而被整个联盟学习和共享的能力。良好的反馈能力应包括准确概括能力、迅速传达能力和及时调整能力等。其中准确概括能力是指共享主体能准确无误地将知识表达和归纳外化，完成默会知识的概念化、隐性知识的显性化以及凌乱知识的规范化等。迅速传达能力则是指企业能将知识在最短时间内传递给企业联盟内的需求者。及时调整能力是指在知识流动时，企业能及时调整知识的表达方式或纠正内容。企业联盟内的成员企业知识反馈能力能够提高知识接收方的吸收效率，提高联盟整体的知识共享成效。

（2）知识共享能力的制约因素。成员企业的知识共享能力受到其自身的知识基础与技术能力、组织结构、组织文化、参与知识共享的个体与团体等影响。①成员企业自身的知识基础与技术能力。对于外部技术的消化是一个知识解码或打开过程，不但需要付出成本，而且要以一定的知识能力为基础。知识不像商品般可以自由地传递，在向他人学习知识时（分享他人知识），必须有重建的行为，必须要具备知识去学得知识、分享知识。就企业联盟技术合作来说，需要对伙伴的技术资源进行操作处理，必然要求成员企业自身具备相应的软性知识处理能力和硬件资源处理能力，在缺乏相应的硬件条件与技术能力的情形下，联盟成员将无法进行有效的技术合作，也难以及时把握技术创新机会。②成员企业的组织结构，这是影响知识分享与学习吸收的重要因素。集权式的企业组织结构知识共享效率很低，因为每一层级都要复制并强化过去的行为，才能进行新的知识处理流程，如果某一层级的知识处理流程受阻，则会影响到后面的层级，知识共享难以顺利开展。如对于企业联盟合作创新来说，成员内部集权的等级结构由于其不能对环境的快速变化做出反应，会直接影响知识的跨组织流动与共享，造成企业学习和创新的障碍。为此，企业应尽可能采用扁平化的组织结构，以加快知识的处理流程，提高知识共享效率。③成员企业的组织文化，这将会影响知识在企业内部的流通与转换效率。一个重视人性关怀与情感交流、鼓励创新的组织文化会使员工之间乐于共享知识，从而加速组织内部知识的创造过程，最终使联盟组织间共享的知识在质与量上都得到提高。④参与知识共享的企业员工。企业的知识共享活动最终都需要企业员工来开展，企业员工的知识共享直接影响到企业的知识共享能力。正如德鲁克（Peter F. Drucker）曾指出的：企业需要明确而简单的知识共享目标，以指导企业员工的个人行动；其中每个人都要承担相应的知识共享责任，每个人都要问自己这样的问题：在这个组织中，谁需要从我这里获取知识？他们需要什么样的知识？我又得依靠谁才能得到所需的知识？每个人的答案都会包括自己的上级和下属，但最重要的却是自己的同事，因为同事之间最需要合作与知识共享。❶ 企业能力员工知识共享能力的发挥提供相应的支持，可通过沟通、脑力激荡、谈判协商、冲突解决等激发企业员工的潜能，提高企业的知识共享效率。⑤参与知识共享的团体，这团体可能是某一企业内的，也有可能是企业联盟中跨企业组织的，只要团体成员有着共同兴趣或问题，能进行持续的沟通与学习，就有助于提升团体成员的知识共享积极性，能最终影响到企业联盟内的知识共享活动。团体参与知识共享活动，除了共同的兴趣或问题外，还要消除团体成员知识私有的价值观和心理上的不安全感，这种价值观和不安全感往往会阻碍团体成员间甚至企业联盟内的知识共享。在一个知识共享的团队内，需要团队成员把知识积极地贡献出来，而不是把它作为自身的私有财富。当然，除了知识私有的价值观以外，也可能存在不安全感，如有些成员担心自己的知识共享给团队成员后，会影响到自身的利益或竞争优势等。如果团体成员在知识共享过程

---

❶　彼得 . F. 德鲁克 . 新型组织的出现［M］//. 杨开峰等，译 . 知识管理（《哈佛商业评论》精粹译丛）. 北京：中国人民大学出版社，2004：10 - 11.

中存在心理上的不安全，就不会积极地贡献自己的知识，也不可能积极地与团队成员沟通。如在某一跨企业的合作研发团队内部，拥有相关知识的一方，一方面害怕泄露企业的核心知识而需要承担相应的责任，另一方面也担心本身企业的组织文化不能被来自其他企业的团队成员所认同或接受；而需求知识的团队成员，一方面害怕自身的知识结构有限，不能很好地学习与吸收来自其他成员企业的知识，另一方面也总对自己已有的知识有一定偏爱，认为本身所在企业的知识和文化已经是很好的了，不愿付出相应的时间和成本再进行学习。

3. 成员企业的异质性

知识共享系统功能的发挥实质上是一个各子系统的交互与耦合的过程。各子系统由于其内在特质差异，给相互耦合带来阻力。并且，异质程度越高，子系统之间的耦合难度越大，知识的扩散速度越慢，共享效率越低。企业联盟内的各成员企业在知识基础、学习能力、组织结构与文化等方面的差异均给知识共享带来障碍。

（1）成员企业知识积累与管理模式的差异。各成员企业只有具备互补的知识资源、匹配的知识结构和对等的学习能力，联盟各方才可能平等参与、相互学习。知识积累的差异是指参与知识共享的各方在知识基础上的差距或者说所掌握知识的相似度。它对企业间知识共享的影响是双重的。一般说来，知识结构越相似，差异化就越小，企业就不会产生足够的动力去共享知识；而知识结构差异过大，就会造成共享过程中无法理解彼此的知识，共享就会遇到障碍，致使共享效果变差。此外，企业知识在积累过程中会产生差异化，形成个性化知识。这种个性化知识会使共享存在障碍，并且随着差异化的增加，知识共享的障碍也就越大。而且不同企业的知识管理模式也不可能一致，每一个企业都有自己不同于其他企业的知识管理模式，知识管理模式之间的差异化程度决定了知识共享的难易程度。知识管理模式相似的企业，积累知识和使用知识的方式也相似，知识更容易在这些企业之间共享。反之，知识管理模式差异化越大，则越不利于知识的共享。

（2）文化差异。文化是指组织在其长期生存与发展过程中形成的，为多数组织成员认同与遵循的价值观念、行为准则、思维方式等。组织文化是组织中广泛共享与强烈认同的价值观。国外学界普遍认为学习型、创新型的组织文化与良好的组织氛围有助于员工间、团队间的知识共享。一个重视人性关怀与情感交流、鼓励创新的组织文化会使员工之间乐于共享知识，加速企业内部知识的创造过程，最终使企业间共享的知识在质与量上都得到提高。虽然一定的文化差异可能会增加彼此学习的兴趣，但知识共享具有一定的利他性，相似的文化和价值观系统将使得进行知识学习的各方工作关系更加融洽。文化的异质性带来价值观念的分歧，会影响成员企业的知识共享态度和积极性，思想和精神尺度的多元化也将对同一问题带来不同的认识视角和思维逻辑，进而导致成员企业间的认知差距，进而极大地影响成员企业间的知识转移。文化差异过大无疑增加知识共享的沟通成本，缺乏跨文化交际能力会使成员企业付出高昂的知识共享代价。

（3）组织差异。企业联盟中的成员企业是相互学习的主体，企业间的知识共享主要是企业与企业之间相互沟通和共享知识的过程。成员企业之间在组织结构、规模、规章制度、业务流程、决策等方面往往存在一定的差异。由于存在组织差异，各企业的相互误解可能随着企业联盟的深入发展而增多，这样就会产生不必要的不协调及矛盾，势必对知识共享效果造成负面影响。不同的组织结构匹配着不同的组织学习、交流、记忆、吸收模式，及其相应的组织惯例和协调机制。组织结构差异越大，相互间的沟通、对话与交流就越困难，知识通道开辟的难度也越大，并随着成员企业的增多而更加复杂。而且，记忆和吸收模式的差距加大，会降低各方相互反馈的效率。企业间的组织结构差异越大，企业间沟通与交流的难度就越大，知识共享难度也相应地会增加。如金字塔形的组织结构强调的是专业化的分工，各个部门职能明确，这种组织结构有利于组织自我经验的积累，但是开放程度不够，在企业知识共享过程中，这种结构不利于快速接受外来知识，影响知识共享效果。而扁平化的组织结构强调的是知识信息的快速传递，其灵活性高，在接受外来知识方面，这种结构具有快速、高效的特点。知识信息在这种组织结构中可以快速地流动，有利于企业对外来知识的快速吸收和共享。若企业联盟内同时存在这两种不同的组织结构，知识在这两类企业间的交流、吸收和共享就变得比较困难，也就会直接影响知识共享的效果。

（4）成员企业学习能力与投入力度存在差异。企业联盟内成员企业之间的知识共享只有在各方都具备彼此互补的知识资源和匹配的知识结构，具有对等的学习能力的情况下，才能够平等参与、相互学习与共享知识。如果成员伙伴在这些方面相差悬殊，相互间的知识共享就难以顺利进行。联盟各方的投入力度由于目标及利益等方面的差异而不尽相同。知识共享项目的收益随时间积累才逐渐增加，其效果需要较长的时间才能表现出来，知识共享的绩效难以靠短期的财务指标进行评估。部分成员可能着眼于短期绩效的评价，将自身的长期战略意图让位于短期的财务绩效标准，控制组织学习的投入力度，影响整个企业联盟知识共享的成效。

（5）技术性壁垒的存在。成员企业间不可避免存在一定程度上的技术性壁垒。成员企业间共享的知识包括信息与技术两个方面。就技术联盟而言，主要体现为一种技术层面的合作，成员企业间共享的知识主要是技术层次的知识。企业内部技术的专属性会对知识共享产生不利影响。一个特定企业的技术知识通常与特定背景相关，具有路径依赖性质，是由其技术能力长期积累、持续演化形成的，这种技术知识无法在短时间内被另一组织所共享。此外，一些技术具有专用性，只能用于特定的用途，很难将之移作他用。技术专用性越强，企业联盟内的成员企业成功学习的成本越高，而难度也愈大。

4. 成员企业的联盟经验

从个人的行为来看，以往的经历对个人的行为决策具有明显的影响，一般具有积极情感体验的经历能促使相关行为的发生，而具有消极情感体验的经历能阻碍相关行为的发生，通过对以往经历的判断能不断获得相关的行为决策经验，从而使个人行为的选择符合齐夫（Zipf）最小努力原则。企业在进行知识共享的伙伴选择时，以往的联盟经历对其相关行为的决策同样具有类似的影响。企业通过对以往合作伙伴的选择与知识共享的判断，不断积累联盟与知识共享经验。企业联盟经验除了能在参与联盟活动过程中积累外，还可以在分析与学习其他联盟经历的基础上不断积累起来。

企业的联盟经验既可以有效地促进企业学习和知识获取，也可以使企业有效防范机会主义行为，在知识共享过程中进行有效的知识保护，从而使企业知识获取和知识保护同时达到目标。企业联盟经验对企业的合作技能和学习能力会产生一定的影响，已有的联盟经验有利于企业分析、监督及评估成员企业的知识价值，能够使企业明确知道哪些潜在的伙伴拥有自己所要学习的知识，以及能够预先判断出其中哪些潜在的伙伴愿意与其分享这些知识，可以帮助企业认识伙伴潜在的有用知识，使企业具有识别联盟学习机会的能力，能促进合作技能的提高，进而激发企业进行有效的知识共享；而且企业的联盟经验越丰富，越有利于其知识获取，也越有利于其自身的知识保护；

企业通过对联盟经验的不断学习与内化，可以增加企业知识共享能力。

4.1.2　企业联盟本身

系统的运行效率取决于内部各子系统的耦合以及内部结构的优化。基于企业联盟的知识共享由于其自身的特殊性，除了成员企业这一主体因素外，企业联盟作为一个整体，在与外界的知识共享过程中同样扮演着共享主体角色，其中联盟本身的管理、企业联盟整体的知识结构及其知识共享目标等是主要的影响因素。

1. 企业联盟的管理

在企业联盟的发展及其知识共享过程中，管理是至关重要的。如麦肯锡的分析报告曾指出，在失败联盟中，50% 可以归结于战略方面的原因，如企业最初关于联盟决策的失误等，而另外 50% 则完全是由联盟管理所导致的[❶]。影响企业联盟知识共享的管理主要包括联盟形式、联盟伙伴选择及相互间关系、责任分担与权益分配问题等。

（1）联盟形式。企业联盟通常有两种主要形成方式，即股权型联盟和契约型联盟。不同的企业联盟方式，影响到企业联盟的管理、合作范围、持续性发展、信任关系、成本控制、利益分配等；这也影响到成员企业间的关系和知识共享效率。一般股权型联盟内成员企业间保持紧密关系的更多，在合作范围、持续性发展、信任关系、成本控制、利益分配等方面表现得更出色，能促进成员企业建立更好的合作关系，能为成员企业间共享知识创造更有利的条件。如有的股权型企业联盟后成立了合资子公司，不但使成员企业间存在相互依存、相互制约的关系，也让成员企业间的依赖程度因为子公司的经营状况而逐渐加强；不但提高了企业联盟各方的知识共享积极性，也更有利于经营管理方式、企业文化、合作规则等隐性知识的共享。在专利转让、产品共同生产与制造等企业联盟中，契约方式是经常应用到的。相对于股权型企业联盟，契约型联盟企业间关系一般要松散些，成员企业间因为合作契约的规定虽然形成了相互依存、相互制约的关系，但由于缺乏更具体的操作和利益方面的硬性牵制，如果一旦契约中有不完善的地方，容易使成员企业在知识共享过程中出现机会主义等现象。不管哪种形式的企业联盟，也不管联

---

❶　王珊珊等. 国外研发联盟研究述评 [J]. 科技进步与对策，2010，27（17）：153 - 156.

盟成员企业之间的关系如何，企业联盟内的成员企业间总存在既合作又竞争的伙伴关系，如果协调不好，往往会增加企业联盟组织的管理难度，影响联盟内企业知识共享积极性的发挥，甚至会阻碍企业联盟知识共享的顺利进行。

（2）联盟伙伴的选择及相互间的关系。企业在选择合作伙伴时，一般要综合考虑对方企业的经营状况、组织结构、组织文化、知识共享能力等各方面内容。有的企业在选择合作伙伴时，希望合作伙伴与自己的组织结构、组织文化、知识共享能力等相近，避免合作双方由于距离过大而产生不利于知识共享的结果。但有的企业在选择合作伙伴时，希望合作伙伴在组织结构与组织文化方面与自己相似，但知识共享能力包括知识基础、知识结构等一定要有较大的互补性，以更好地弥补自身知识体系的缺陷。企业在选择合作伙伴时，除了要根据企业自身的基础考虑拟发展成合作伙伴的各方情况外，还要根据拟开展的合作活动进行权衡，一般会选择那些对拟合作活动的认可度和积极性都较高的合伙伙伴，这更有利于推进彼此间的合作与知识共享活动。

企业选择了合适的合作伙伴后，还需要建立一个良好的"柔性支撑"环境，形成合理安排的合作战略架构，以促进成员企业间关系的良好发展。首先，成员企业间要围绕合作目标共同塑造联盟文化，促进各成员企业文化的融合。具体实践上，可以进行跨文化培训，鼓励非正式接触，促使成员企业相互提高行为和决策的透明度，使各种文化在联盟中相互渗透与交融，形成融汇一体的联盟文化。其次，需要加强沟通，增进信任。企业联盟应建立多样化的知识共享流程和次级合作网络平台，拓展企业联盟内成员企业间的思想交流及沟通机会，增进相互了解和信任。也可以建立信誉档案与信用评级机制，以促进各成员企业之间形成更好的信任机制，能自觉参与知识共享活动。能否建立良好的联盟伙伴关系，直接影响到企业联盟内的各成员企业能否充分地参与知识共享活动，也必然影响到企业联盟整体竞争优势的发挥。

（3）责任分担与权益分配问题。在企业联盟组织的管理当中，最复杂的问题是联盟内各个企业的权责难以明确。企业联盟知识共享不仅涉及对企业核心竞争优势的影响问题，也涉及共享成本和收益分配问题。合理而明确的知识共享成本分担协议，有利于明确分工，促进各成员企业履行自身的责任，更好地消除知识共享过程中的共享机会主义等；而公正合理的利益分配方案，有利于调动各成员企业的积极性，促进彼此间的合作，促进联盟合作关系的发展。因此，能否明确各成员企业应承担的责任，主动承担共享义务和成本，而且保证他们都有相应的收益权是知识共享成功的关键。否则，有的成员企业往往不愿将自身知识共享出去，却又希望获得其他成员企业的知识，这会严重影响整个企业联盟知识共享的持久性和有效性。为此，应该明确责任分担与权益分配当中涉及的相关问题，如谁来承担为实现知识共享带来的大量协调、运行和维护工作？谁来保证共享系统运行和维护的资金等？如何保证共享收益有合理分配等？而且在一个企业联盟的知识共享系统中经常会碰到这样的现象：一些企业贡献了自身的独有知识，扩充了联盟内可共享的知识体系，甚至增加了工作量与开销，而因知识共享产生的效益却可能属于其他企业。特别是一些企业联盟中的核心企业，为促进整个企业联盟的构建与运行，需要承担更多的共享成本，但最终收益却是整个企业联盟组织的。

2. 企业联盟的知识结构

结构是系统的一个重要特征，企业联盟的各个成员企业是联盟组织的组成部分。企业联盟的知识结构与企业联盟本身的结构、联盟体内各成员企业的知识优势、联盟体内成员企业之间的知识互补程度等密切相关。

（1）企业联盟组织本身的结构。企业联盟组织本身的结构指组建联盟的企业成员个数及其之间的关系，具体表现在参与企业联盟的成员个数、中心性及稳定性等方面。从理论上分析，参与企业联盟的成员个数越多的话，可共享的知识应越丰富，知识共享效率越高。但是现实中却未必如此，有时大型企业联盟的知识共享相对于小型企业联盟来说更复杂，更难实现。参与的成员企业数越多，成员企业间的关系越复杂，在知识共享过程中不仅要考虑知识提供与知识需求双方企业的关系，而且还可能要涉及第三方企业的关系。再从中心性来看，企业联盟本身是一种便于企业间知识共享的制度安排，企业联盟的组建和运行过程中都有一些处于中心位置的企业，其中处于中心位置的企业虽然要承担更多的共享义务和成本，但往往有更多机会与其他成员企业进行直接联系，也因此能带来更多的资源优势与控制优势等。再从企业联盟的稳定性来看，其结构越稳定，越有利于发展成员企业之间的长期合作关系，也越有利于促进成员企业之间的隐性知识共享。

（2）企业联盟内各成员企业的知识优势。企业联盟内的各成员企业，只有形成企业自身的特色知识，通过一定的知识积累形成一定的知识优势才会促进彼此的知识共享。否则，就没有共享的基础和必要。企业在选择联盟伙伴时，应了解自己拥有哪些知识优势，也清楚自己缺乏哪方面的知识，哪些可以也应该通过自身努力去研发，哪些可以通过联盟来共享或进行学习而获得。在企业联盟内，根据各成员企业的知识优势，有些知识可以通过交换方式实现共享，如专利交叉授权、特殊技术人员的轮换等；有些知识只能在相互的合作接触中不断相互学习后才能实现共享，如组织文化、合作规则等隐性知识。在知识共享过程中，要实现成员企业间的知识优势互补，最终能够达到"1+1>2"的共享互赢效果。

（3）企业联盟内成员企业之间的知识互补程度。拥有一定知识优势的成员企业，需要关注并吸收与自身知识结构相匹配的知识，也就是成员企业之间的知识共享应该是具有一定互补性的知识。知识互补性体现在两个方面：一是沿时间的互补性，即对于同一主体而言，尚未获得的知识与已经获得的知识之间具有一定的互补关系；二是沿空间的互补性，即对于不同主体而言，他们各自所积累起来的知识之间可以交流，从而形成一定的互补关系。基于企业联盟的知识共享，主要是指不同主体之间沿空间的知识互补性。而且从理论上分析，企业联盟成员之间的知识互补性越强，知识共享水平就越高。因为只有具备互补性的知识资源和知识优势、匹配的知识结构和对等的学习能力，企业联盟内的各成员企业才可能平等参与知识共享、积极地进行相互学习。

3. 企业联盟的知识共享目标

企业联盟的目标就是为了实现企业的战略目标而扩充知识，从而增强企业自身的核心竞争能力。因此，联盟内的成员企业各方的知识共享目标与联盟本身的战略目标必须是一致的。联盟知识共享目标的明确性有助于成员对合作目标有清晰一致的认识，能使成员内部战略层对知识共享的重要性有充分的认识，增强联盟内的凝聚力，促进其产生相互合作，有效地促进知识共享。企业联盟的知识共享目标主要有内生型为主的知识共享目标与外生型为主的知识共享目标两大类。但不管哪种类型的知识共享目标的实现，都需要加强成员企业之间的知识吸收与学习，以扩展联盟内部的知识，提高联盟整体的竞争力。在这一学习和知识共享目标的实现过程中，要强调成员企业之间的共同信念和愿景，才会加强企业联盟组织内的归属感，增加成员企业间的信任度，才会形成互惠与共享的良好氛围。这样，企业联盟的知识共享目标与联盟本身的战略目标才一致，才能相互影响、相互促进。

4.2　知识共享的客体属性❶

知识作为知识共享的客体，对于联盟企业间知识共享的顺利进行起着至关重要的作用。由于知识自身包含着知识共享的障碍因素，给知识共享带来了重重阻力，影响子系统之间的交互程度从而影响联盟企业间知识共享的效率。这一影响来源于两个方面，一是知识自身的属性，二是不同企业的知识具有不同的特性。综观知识共享的研究文献，大多讨论企业内部的知识共享，研究如何促进知识产生以及提高知识在员工间的转移效率，而对于企业间知识共享影响因素的理论研究并不多见，对于知识自身所致的障碍因素触及的笔墨更是稀少，也欠缺深度。下面从知识自身所带来的知识共享障碍与其作为共享客体的属性特征相联系进行分析，较为系统地揭示联盟内成员企业间知识共享的客体障碍。知识共享的客体属性障碍主要体现为知识粘性、知识相关性、知识可表达性、知识模糊性、知识复杂性、知识私密性等方面。

4.2.1　知识的粘性

知识粘性是指知识具有"粘附"其拥有主体、不易分离的性质，知识嵌入个人意识或组织惯例之中的程度，与知识的公共物品属性是相对而言的。在企业联盟内，知识的粘性使得知识难以被有效地转移及内化，从而增加了知识共享的成本。知识粘性越高，共享难度越大，所需付出的代价就越大。

知识粘性主要存在三种表现形式：①企业知识的专属性。知识往往嵌入到企业特定环境、条件、文化之中并与之相结合。一定企业内部知识的形成，往往建立在该企业特定的情境与知识基础之上，并沿着特定的方向不断发展而形成的，这也是企业特有的认识问题和解决问题方式的体现。由于企业专属的知识通常与特定的背景和环境相关，具有路径依赖性质，这种知识对新的环境具有排异作用，从而很难被其他企业所仿效和获取。②技术知识的专用性。某些知识只能用于特定的用途，如果转到其他用途或由他人使用，则其创造的价值可能降低。企业为开发该项知识特别设计和投入了某些实体资产、人力资源以及作业流程，由于这些资产与资源是针对该项活动所特别设计配置，因此很难将之移作他用。③个人知识的情境嵌入性。迈克尔·波兰

---

❶　易菲，龙朝阳. 联盟组织间知识共享的客体障碍因素分析［J］. 图书馆论坛，2010（5）：76－78.

尼（Polanyi M）提出个体的隐性知识是由情景限定的和独自体验获得的；知识不能脱离认识主体，主体的意图和情感是知识的正当形式，不存在超然于具体个人的知识，知识承载了个人的判断和责任，知识只有在使用或交流过程中才能体现出其本质，即知识只有与认知者相结合时才可称之为知识。知识的情境嵌入性使知识接受者难以将其内化，有效共享。

4.2.2　知识的相关性

知识相关性指企业联盟内的成员企业间知识的相似性和关联程度。企业联盟内的成员企业拥有的知识类型、内容、结构、性质、领域以及专长都可能有所不同，在接受知识和吸收知识的过程中都有不同的表现，学习效果也因此而受到影响，如需要对接收到的知识与自身的知识结构进行匹配，需要根据自身的知识基础进行知识加工等。成员企业间知识的相似性和关联程度会对知识共享效率产生影响。对于组织间知识共享来说，知识之间的相关性是一把双刃剑。一方面，它是知识共享的促进因素，可以提高知识共享的效率。由于知识相关性的存在，人们在知识共享过程中，可以在掌握一种知识的基础上，比较容易地掌握另一种知识。新知识与接收者已有知识的相关性越大，对接收者来说就越熟悉和容易理解；相关性越小，接收者对新知识就越陌生，常需要进一步了解、熟悉和试用才能真正消化，因而共享难度就加大。但另一方面，知识的过度相关性又是知识共享的障碍因素。国外有学者通过实证研究得出：企业与知识面相似且熟悉的伙伴联盟，创新可能小但成功概率高，而与知识面不相似且不熟悉的伙伴联盟，创新可能较大但概率低；可见，联盟中知识共享效率与成员企业间的知识相关性呈倒"U"型相关关系❶。相似性的增加意味着伙伴间彼此贡献的减少，当相关性相当大时，联盟内成员企业间的知识极其相似，甚至于有较高的重合度，相互学习的价值和动力就逐渐减少，进而失去知识共享的意义。

4.2.3　知识的可表达性

所谓知识的可表达性，是指知识可被明示化或诉诸文字的程度，正是从这个角度，知识被分为显性知识和隐性知识。显性知识易于编码和表达，因而也就易于转移和共享；而隐性知识由于其具有只可意会却不可言传的特质，

---

❶　R COWAN, N JONARD, J B ZIMMERMANN. Evolving Networks of inventors［J］. Journal of Evolutionary Economics. 2006（1）：155－174.

往往不易明示化或诉诸语言文字，难以编码和用系统的方法规范化地表达出来，无法明确地描述，难以传授、学习、收集与储存，因而难以转移和共享，给知识传授与学习带来障碍。如某种技能等隐性知识，是不可用相关语言来进行解释的，它只能被演示证明它是存在的，学习这种技能的唯一方法是不断地领悟和练习。隐性知识的传递主要通过传授者的演示和学习者的揣摩去进行，通过学习者不断地积累经验，从干中学。因此，即使隐性知识的拥有者愿意把自己的知识传授给别人，这种传授也是十分困难的。其次，它难以被收集与储存。隐性知识由于具有特定的个体化特质，植根于它赖以形成的组织环境与情景之中，难以通过编码精确地表达出来，因而也就难以收集与储存。知识的收集与储存是组织间知识共享的前提条件，缺少这个前提，知识共享就无法顺利进行。

4.2.4　知识的模糊性

知识的模糊性又使之难以被准确衡量，用途上不能精确把握，从而难于模仿和合理使用，阻碍知识共享。知识的模糊性指知识难以被人们精确把握的性质。具体表现为：其一，知识难以准确衡量。其二，知识的用途及其使用范围和程度难以确切把握。由于知识难以准确衡量，尤其对于隐性知识，共享主体对其性质、类型和程度存在认识上的模糊性，这无疑给知识共享带来障碍。在很多时候，确实有某种知识的存在，人们也掌握了一定的技能，但人们常常不知道自己能做什么等。由于共享主体没有意识到自己拥有的知识，或者不知道拥有什么样的知识，从而导致知识难以交流与传播。

在知识共享过程中，人们对知识的用途及其使用范围和程度无法精确地予以把握，因而就难以认识和克服知识共享中相关的障碍因素，进而造成知识共享的不足，导致绩效风险。知识的这种模糊性使得知识在转移过程中难于模仿与合理使用，产生学习障碍。也就是说，合作者所拥有的技术知识的模糊性高时，合作者学习、吸收其技术知识的机会和效果就会受到限制。另外，由于知识的模糊性，人们对某些知识的产权、使用范围难以清楚界定，给机会主义行为留下了空间，以致在知识共享过程中有意无意地越过了知识共享的界限，侵犯了合作伙伴的知识产权，从而导致侵权风险，这又使得各联盟成员不得不采取知识保护措施，限制知识共享。

4.2.5　知识的复杂性

按照系统论的观点，知识要素之间是相互依赖、相互联系的，知识的各个组成要素可以分别设计并具有替代性，不会降低整个知识系统的完整性。不同组织的知识模块可以通过接口实现知识在组织间的共享。接口标准不同，决定了技术性知识共享的范围。标准的模块接口，可以使联盟成员之间采用"嵌入"或"拼装"的方式重新创造新的知识。这就使得知识具有复杂性，了解单一知识要素的工作原理并不能保证可以完全理解整个知识系统的运作机理与过程，给企业间的知识共享带来障碍。

知识不是孤立存在的，知识的复杂性是指知识之间的相互依赖程度，也即某项知识有效发挥作用需要依赖其他互补性知识或资源的程度。知识的复杂性导致其难以被理解、消化和吸收，从而影响成员企业间知识共享的效果。知识的复杂性与知识转移的模糊程度呈正向关系，知识复杂性愈高，知识资源愈不易进行完整的交易与转移。同世界上任何事物都不能孤立地存在一样，任何知识也不能孤立地存在，它们都是相互联系而存在的，整个人类的知识是一个相互联系的统一整体。根据一般系统论的思想，知识资源整体可看成是一个有机系统，是由许多相互关联、相互作用的知识要素构成的，这些要素在系统的运行中发挥着重要的作用。了解单一知识要素的工作原理并不能保证可以完全理解整个知识系统的运作机理与过程。比如，某项特定的复杂技术知识可能跨越许多工种与部门，这样技术知识的整体就不容易被企业内部的员工所理解，更谈不上吸收和整合利用。

4.2.6 知识的私密性

知识具有私密性，如果知识的可靠性、客观性未明确，就会存在知识流失的风险，成员企业就不愿将自身知识向外界公开，形成知识垄断。知识共享本质上是一种知识购销活动，但由于知识的私密性，知识的可靠性没有明确，隐性知识的客观性难以得到保证，在知识交易过程中，对于某项知识是否具有交易价值，知识接收者无从加以判别。这样一来，知识拥有者就陷入了知识共享上的两难：为了使知识接收者判别其知识的价值，就必须在交易之前先把自己知识的真正内容呈现出来。而一旦知识的主要内容被呈现，知识接收者也就没有必要再进行该项知识的交易了，因为他已经掌握了该项知识的内容。两难局面的存在，对于知识拥有者来说意味着风险，一旦成员企业公开其知识后，其合作伙伴可能不遵守协议而导致其知识产权泄漏和专有性丧失。因此，成员企业在知识共享中往往不敢完全公开自身的核心知识，因为它可能导致自身知识的白白流失，并可能影响该项知识的后续价值。企业知识无意中或由于机会主义原因而被竞争对手盗用的可能性也越大。很显然，当隐性知识没有被认为值得信赖的时候，它向外传播将是十分困难的。这种情况下，知识垄断也就不难理解了：一方面，知识往往存在于拥有者的潜在素质中，不易被人模仿和复制，为其被垄断提供了客观条件；另一方面，知识的私密性又使得拥有者不愿公开知识，特别是，如果对知识的垄断可以给其拥有者带来利益时，就会促使知识拥有者有意识地去进行知识垄断，阻碍知识共享。

上述知识的内在属性对知识共享的影响可以简要总结如表 4－1 所示。

表 4－1　知识自身所体现的特点及影响

知识属性	特　　点	对知识共享的影响表现
知识粘性	组织专属性，技术专用性，情境嵌入性	难以移植与内化
知识相关性	相似程度过多或过少	削弱学习的价值和动力
知识可表达性	不易明示化或诉诸语言文字	难以传授与学习、收集与储存
知识模糊性	难以准确衡量，用途上不能精确把握	难于模仿和合理使用，造成知识保护
知识复杂性	知识要素之间相互依赖	难以理解、消化与吸收
知识私密性	可靠性、客观性未确证，存在流失风险	不愿向外公开，形成知识垄断

4.3　企业联盟内部环境因素❶

企业联盟内部知识共享环境对共享主体的行为既起支撑与培育的作用，也起一种制约和影响作用。知识共享的联盟内部环境是指在知识共享系统内部与其他要素密切联系的、直接影响系统功能的因子，它可以通过一些具体措施来改善。企业联盟内部环境包括基础技术设施、组织结构、契约安排、信任水平、组织文化等要素。从功能与作用上来看，它们对成员企业的日常运作和知识共享系统功能的实现起着支撑的作用。基础技术设施、组织结构和契约安排等要素构成系统的"刚性支撑"，而信任水平、组织文化等要素则构成"柔性支撑"。同时，企业联盟环境对于知识共享效率又是一种影响和制约因素。一定条件下，知识共享的组织体系与契约安排有助于主体知识共享

❶　易菲，龙朝阳，周永红．系统论视角下联盟组织间知识共享效率的影响因素与对策［J］．图书馆，2011（3）：28－30.

行为意愿的固化，促进共享共识的生成。另一方面，它也可能成为共享主体广泛地采取知识保护或机会主义行为的首要原因。

4.3.1 基础技术设施

知识共享的发生必然寄寓于一定的媒介和传递通道。知识共享的渠道有正式的和非正式的，有个人的和非个人的渠道。知识共享的发生，最原始、最直接、最有效的方式是面对面的沟通交流。但随着科学技术的发展，互联网等相关信息技术的发展，出现了 E-mail、即时通信技术、论坛、博客等交互形式，既能克服面对面沟通中存在的时间和范围上的限制，有时也能避免面对面沟通中可能存在的尴尬场面，并在企业联盟的知识共享系统中发挥着重要的作用。

但当前联盟内成员企业间的基础技术设施总存在一定的差异，这往往是制约着其知识共享的主要瓶颈之一。其中有些是技术原因导致的不能兼容与互操作现象，在企业知识管理系统的设计过程中，各个企业都是根据本企业内部的具体情况而设计知识管理系统的，于是出现了各个企业早已习惯于各自的做法，有各自的标准规范，有各自的数据命名、类型与格式，知识管理系统中的数据不能及时同步更新等问题。企业间因缺少必要的统一规划和标准，导致联盟内成员企业间的各种知识管理系统和共享平台不兼容，造成服务平台之间的异构，使得彼此之间的知识共享和工作任务协同出现了严重阻塞；当然，其中也有人为设置的一些障碍，如出于保护企业商业秘密或个人隐私等问题的考虑，使基础技术设施在企业间知识共享过程中的应用受到相应限制。

4.3.2 组织环境

不同的组织结构会形成不同的信息结构，会影响知识的编码和抽象程度，从而影响知识的扩散速度。企业联盟内的合作战略架构是成员企业的知识资源状况和控制权在彼此间的战略配置结构。成员企业通过合理安排合作战略架构，可避开彼此之间的潜在竞争，弱化成员企业的不稳定因素。

根据企业联盟的组织和法律特征，企业联盟的组织形式可以分为两种基本类型：契约型和股权型联盟。契约型企业联盟面临的知识产权风险较大，权益保障度小。相比之下，股权型企业联盟的层级治理结构能加强对成员企业行为的监督控制，而且股权分享可以统一各成员企业的动机，因此股权型企业联盟可以减少知识共享中的机会主义行为，从而降低被侵权的风险。并且，股权联盟一体化程度较高，成员企业之间的交流更为充分，知识也更容易传播。一般当企业面临较高水平的知识转移以及围绕伙伴关系的不确定因素增加时，或是与知识产权保护水平较低的国家企业进行合作时，企业更倾向于采用股权联盟。因此，有无科学设计的联盟组织结构与治理方式是企业联盟内部环境中的重要因素。一般来说，当联盟内成员企业间的关系风险高于共享绩效风险时，应采用股权型联盟，反之，可采用契约型联盟。

4.3.3　契约环境

无论是契约型联盟，还是股权型联盟，企业联盟这一特殊的组织关系都是建立在由一系列契约界定的责任分担与权益分配基础上的。建立企业联盟的目的是要获得单个成员企业无法产生的"联盟效应"所带来的利益，科学合理的契约安排是保证利益的前提，能够在成员企业间的知识共享过程中起到基础性保障作用。在企业联盟建立之初应明确联盟知识共享的宗旨和目的，对知识交换和利用制定明确的条款，划定各成员企业的权利与义务，明确各自承担的责任与风险，规范成员企业的行为。企业联盟契约应规定合作的利益分配方案，包括知识成果的产权归属、知识共享风险的分担比例，以及冲突解决的途径和方式等多项内容，它的合理、公平与否直接决定了联盟运行过程中成员企业的投入程度与采取机会主义行为的可能性。因此，企业联盟契约的公平性与完备性对于成员企业间知识共享至关重要。公正合理的权益分配，可以有效消除机会主义、保守主义以及其他许多造成联盟不稳定的因素，增加成员企业交流知识的积极性，提高知识共享效率。契约在一定程度上可以降低共享参与者对对方信誉度的要求，共享主体之间可以通过签订具备法律效力的契约来促进或确保知识共享的顺利进行，在契约中可以确定一定的处罚措施，如交纳违约金等督促各方应按照合同约定来履行各自的义务，从而做好联盟的利益分配与组织协调工作，并可采取单向或双向质押的方法，提高退出联盟的成本，防止机会主义行为。

4.3.4　信任环境

联盟企业间具有竞争性，成员利益的异向性决定了成员企业间又有相互排斥和知识保护的倾向以及机会主义动机，在自我效用最大化的驱动下，联盟成员难免采取投机行为，获取不对等、不公正的联盟利益，进而破坏知识共享的有效性。信任明显关系到知识共享的程度，外界的不确定性对知识共享意愿的影响也同样受信任的影响。

如果企业间没有良好的信任机制，虽然可以开展很多合作活动，但企业一般是不会轻易共享自己的独有知识的，甚至会采取一些保护和防范措施，因为这可能会对自己造成威胁，导致自身在未来市场竞争中失去优势。联盟各方在参与合作的过程中，总会担心由于联盟而将企业独有知识暴露给对方，因为企业取得竞争优势的条件之一就是拥有独有的知识，而知识共享似乎又与此相矛盾。共享知识后，企业的所有优点或缺点有可能会暴露给其他企业。而与此同时，成员企业间又会希望对方能毫无保留地进行合作，以使自己在联盟中获得最大效益。这就造成企业最终从自身利益出发，有保留地进行合作，导致成员企业之间的信任与亲密程度降低，使企业联盟效果受到极大抑制。

良好的信任结构可以有效降低这种成员企业间的关系风险，拉近他们的心理距离，促进知识共享。许多知识共享是通过知识交换而进行的，这其中有在相互竞争的市场结构中进行的知识交换，也有一些是在各种信任结构和权威结构中进行的知识交换。在一个相互信任程度较高的联盟体中，彼此会更愿意从合作的角度考虑问题，而不仅仅着眼于自身利益，也会更加乐意共享彼此的知识与信息。当成员企业对联盟管理持积极参与的态度时，它会主动采用积极合作和共享技术的态度，在发生冲突时，也会寻求妥协与解决方案，从而能优化彼此之间的战略整合。在进行成员企业未来信用评价时，各成员企业应考虑合作信誉记录、合作愿望程度及同外界的交流情况等方面。成员企业的合作信誉记录需要通过对其以往合作经历的考察，得到过去候选企业与其他企业合作的记录，在合作中能否履行相应的责任与义务，能否实现承诺等来评价；成员企业的合作愿望程度，可通过企业的积极性及做出的努力等方面来评价；成员企业同外界的交流情况有可能影响企业联盟整体的效率，可通过了解候选企业是否已与其他企业建立了伙伴关系，及其关系的密切程度来评价。

4.3.5 文化环境

文化是组织中广泛共享与强烈认同的价值观。如成立于 1902 年的美国 3M 公司能保持持续不断的产品创新，成为一家至今仍充满生机与活力的"百年老店"，与其鲜明的鼓励创新和激励知识共享的企业文化是分不开的。在其内部流传着一句谚语："要想找到你的王子，必须和无数的青蛙接吻"❶；通

---

❶ 李卫东，刘洪. 知识共享还是知识留存——企业研发人员管理激励的新问题及其破解 [J]. 现代管理科学，2008 (12)：6-8.

过对失败的宽容，3M 公司内部逐渐形成了一种有利于共享知识和产生创意的宽松文化氛围，使新创意和新知识源源不断地产生出来。

企业联盟内部的文化环境则是在整合各成员企业文化基础上所形成的联盟文化。虽然成员企业间存在一定的文化差异，可能会增加成员企业彼此学习的兴趣，但知识共享具有一定的利他性，相似的文化和价值观系统将使得各方的工作关系更加融洽。共同的价值观能促进相互理解和认同，有助于在合作过程中达成一致的默契。因此，将不同的企业文化融于一体，建立一个重视知识、强调创新、相互学习的联盟文化，使成员企业具有普遍接受的共同价值标准，可以大大缩小成员企业的认知差异，容易建立互相信任感，鼓励创新的联盟文化会使成员企业之间乐于共享知识，知识在成员企业间的交流变得越来越容易，加速企业联盟内部知识的创造过程，能够降低知识共享成本，最终使成员间共享的知识在质与量上都得到提高。

4.4　企业联盟外界环境因素

企业联盟作为一个系统，也与外界环境不断进行信息与知识交换。企业联盟外界环境也是影响企业联盟知识共享的一个主要因素，包括政策与法律环境、人文与科技环境、市场与竞争环境等。

4.4.1　政策与法律环境

政策与法律坏境指某一国家或某一地区、某一产业的政策与法律是否支持企业联盟的构建及其知识共享活动的开展，其中政策和法律相互协调，是企业联盟构建及其知识共享活动开展不可缺少的支撑体系。基于企业联盟的知识共享既依赖于国家、地区和产业发展相关政策的正确指导，又依赖于一定政策背景下的具有相应可操作性的法规、制度和具体的管理措施。政策是指在某一范围内，影响企业联盟构建及其知识共享的导向和行为准则，是一种原则性的文件。首先，需要完善相应的政策支持，才能使基于企业联盟的知识共享有据可依，通过相应的政策，选择合适的联盟伙伴，确立企业联盟运行机制、知识共享的总目标和总方针等。政策虽然能为基于企业联盟的知识共享的推行提供依据，但很多政策都容易受外部环境的影响而变动。为保证政策的连续性，需要上升为相应的制度，最好通过立法确保企业联盟及其知识共享活动的可持续发展。法律是国家行使立法权的机关依照立法程序制定由国家强制力保证执行的行为规则。政策为相应制度的制定奠定了坚实的基础，一部分成熟了的政策可以升华，以制度的形式固定下来，同时可以制约和调节相关政策的制定与实施，有效地进行政策负效应的控制等。

如在美国的数据库市场上，Dialog 等数据库公司的产品正是通过企业联盟和知识共享而不断发展起来的，其产品不仅在本国市场上占据主要地位，而且还占据了国际市场的很大份额。美国曾制定了引导数据库产业发展的良好政策指导，美国国有科学数据"完全与开放"的共享国策被很多国家所借鉴；除此之外，美国还颁布了相应的法律来保证 Dialog 等数据库企业间知识共享活动的顺利进行，如美国的《图书馆服务法》、《公共信息准则》、《信息自由法案》、《数字版权千年法案》等系列法律，都为 Dialog 等数据库企业间的知识共享提供了较好的制度保障，同时制约和调节相关政策的制定与实施。

近年来，我国政府在不断完善企业联盟及其知识共享方面的政策与法律，但总的来看，我国企业构建联盟及其知识共享的政策与法律环境是亟待加强的，如很多跨国公司在与我国企业进行联盟与知识共享时，往往只肯共享非核心的技术性知识。所以，政府作为重要的政策制定者，应制定相应的地区经济和产业发展政策，并保证政策的实施；有关部门和企业应制定并完善相应的法律和规章制度，引导与鼓励企业间的创新活动、激励企业和大学及其科研机构之间的合作创新等，为基于企业联盟的知识共享提供相对优越的外部环境，保证企业联盟的持续发展及其知识共享活动的活力。

4.4.2 人文与科技环境

企业与企业联盟都是相应的社会组织，社会文化氛围是否浓厚，社会科技是否发达，都深深影响了其知识共享活动。

任何一个企业都有员工共同认可和拥有的价值观，都有自身的企业文化，基于企业联盟的知识共享既受到联盟内部文化的影响，也受到社会大文化环境的影响。学习、分享、信任浓厚的社会文化氛围是企业联盟知识共享的基础，会影响成员企业知识共享的态度和积极性，会促进成员企业间的相互学习，使联盟关系更融洽。而社会上有关学习、分享、信任、创新的文化环境建设却是一个长期和不断发展的过程，是一个庞大的系统工程，需要国家的宏观规划和引导、整个教育体系的配套与完善、企业经营理念和企业文化的建设、传统文化精神的传承与发扬等。

牛顿曾经说过：每个科学家都是站在巨人肩膀上来获取新的高度的。当代的大多数研究成果毋庸置疑也都是建立在前人的研究成果之上的；并且随着科学技术的发展，每个产品的技术集成度随之提高，任何企业不可能掌握相关技术领域内的全部知识。科学技术的发展为企业联盟的运作及知识共享提供了技术支持，如现代数字化的网络环境为构建不同地域企业的联盟及知识共享提供了可能性。为了给企业联盟的运作及知识共享提供较好的科技环境，各个国家都采取了相应措施。如美国建立了国家技术转移中心（National Technology Transfer Center，简称 NTTC）、德国建立了创新市场（Innovation Market，IM）、欧盟委员会建立了"创新驿站"（Innovation Relay Centre，简称 IRC）、中国支持科技创新建立的各类公共服务平台等。良好的科技环境有利于促进企业联盟的知识共享，如欧盟委的"创新驿站"主要是走访企业、识别技术需求或技术潜力、寻找合作者、提供进一步的支持和意见、帮助签订合同等服务。①走访企业，派专家走访企业，了解企业需求，创新驿站的专家可以帮助企业进行技术评估，在此基础上提出企业新技术引进建议，同时也帮助向欧洲其他企业推荐该企业的新技术；②识别技术需求/技术潜力，如果企业想寻找技术，当地的创新驿站可以将企业的详细资料送到欧洲其他地方的创新驿站，利用创新驿站网络为企业寻找联盟伙伴以获取新技术或解决方案；③寻找合作者，基于创新驿站提供的英文技术报告，通过创新驿站网络、商业交易、技术交易平台等途径进行合作者搜寻；④提供进一步的支持和意见，为企业的创新融资提供建议，为企业的知识产权提供建议等；⑤帮助签订合同，如当地的创新驿站可以帮助企业谈判和签订协议，包括起草协议、提供场地甚至翻译、提供联盟及知识共享协议范本等服务❶。

4.4.3　市场与竞争环境

企业与企业联盟都是市场经济的基本单元，是知识创新的主体。在我国经济体制的转型过程中，要提高企业的自主创新能力，必须促进企业间的知识共享。基于企业联盟的知识共享主要是以市场机制进行企业间知识资源配置的，促进知识的流动和增值，充分发挥企业及其联盟的竞争力。因此，创造有利于企业间知识共享和创新的市场及竞争环境具有特殊的意义。

市场环境不仅是指共享主体间的知识供求关系，还内涵了一定的社会经济利益关系，要分析其他因素如何影响和制约着企业间的知识资源配置，形

---

❶　魏玮. 中小企业技术转移的公共服务措施研究——基于欧盟 IRC 计划 [J]. 电子知识产权，2008（10）：37－40.

成知识共享市场规则和秩序。知识共享市场规则和秩序具有特定的社会历史性，与一定的社会经济制度相联系。我国目前企业间的知识共享观点和理论仍有着明显的计划经济时代的烙印，企业间知识共享范围非常有限，资源共享度低，低水平的重复建设和各自为政的局面仍在继续。从理论上分析，知识共享市场规则和秩序越完善，市场环境越是稳定，企业联盟的知识共享风险越小，知识共享效率越高。目前规范和完善企业间知识共享的市场环境，除了要加强形成广泛知识需求和供应的市场外，还要加强企业的知识管理与市场化经营意识，增强企业间的合作，制定和应用相关标准和法规促进知识的开发与利用，使知识能因为共享充分发挥其应有的价值。特别是在当前世界经济全球化和一体化的发展趋势下，企业联盟的伙伴选择可能是分布在世界范围内的企业，而且企业知识的共享范围会越来越大，培育有利于企业间知识共享的市场环境既要重视国内市场的知识需求和供应情况，又应重视国际市场的知识需求和供应情况。开放性是企业间知识资源共享体系的基本属性，在全球范围内促进企业联盟伙伴的选择及进行知识共享将是必然的要求和现实的选择。

企业联盟外部的竞争环境与联盟关系的发展及知识共享活动的开展有着密不可分的关系，通常不会受到成员企业和联盟组织的控制，但会对成员企业和联盟组织整体的竞争活动产生影响。企业与企业联盟都是以盈利为目的的组织，竞争环境直接影响了知识共享主体的态度。企业联盟作为一种整体组织形式，成员企业间的知识共享虽是在合作基础上产生的，竞争却仍然存在，各成员企业在遵循联盟知识共享目标的基础上，出于自身企业在联盟内的地位、利益及影响等因素的考虑，也会涉及有关企业自身的竞争分析，通过竞争分析不仅能使企业发现自身与竞争对手的不同，还可以帮助企业寻找自身有特色的竞争战略和竞争优势，甚至可以增强企业与合作伙伴之间的信任度。另外，竞争关系同样会存在于自身联盟与其他企业联盟之间，或自身联盟与其他单一企业之间，或自身联盟与其他组织之间。为更好地保持企业联盟的竞争优势，对于联盟内各成员企业都存在竞争关系的共同竞争对手同样需要分析。为了提升自身竞争能力，以确保企业联盟的正常运转和可持续发展，企业联盟往往需要制定内部的共同目标以及为应对外部共同环境时的竞争战略问题。企业联盟内的各成员企业应结合自身的实力及企业联盟的内部分工，对联盟外部的竞争环境与竞争对手进行监视，尽可能地搜集、整理、共享相关知识，这也是各成员企业为保证企业联盟的正常发展而必须承担的义务。

4.5　开放手机联盟及其知识共享的影响因素分析

基于企业联盟的知识共享影响因素既有联盟内部的因素，也有联盟外部环境因素；既有参与知识共享的主体因素，也有共享客体即知识本身的影响。开放手机联盟在知识共享过程中，受到各种影响因素的综合影响。

4.5.1　开放手机联盟及其知识共享简介

开放手机联盟（Open Handset Alliance）是美国 Google 公司于 2007 年 11 月 5 日宣布组建的一个全球性联盟，该联盟支持 Google 发布的手机操作系统或者应用软件，且联盟内的成员企业可以共同开发以 Android 系统为基础的开放源代码的移动系统，该联盟的宗旨在于充分利用各个企业的资源共同开发多种技术，以达到最大程度消减移动设备和服务的开发与推广成本，Android 是一个完全整合的移动软件系统，此系统主要包括一个操作系统、中间件、便于用户使用的界面以及各类应用，在系统开发过程中手机制造商和移动运营商可以按自身产品的特点自由定制 Android。❶

开放手机联盟的成员包括移动运营商、手机芯片厂和手机制造商几类，联盟创始之初，Google 宣布加入联盟的有 34 家终端和运营企业，包括三星、宏达电子（HTC）、摩托罗拉、中国移动、意大利电信、西班牙电信、高通、德州仪器、英特尔、Audience、Ascender、Broadcom、Aplix、eBay、Synaptics、Google、LG、KDDI、LivingImage、Marvell、NMS、Nuance、Nvidia、SkyPop、SiRF、Sprint Nextel、SONiVOX、T – Mobile、Packet Video、TAT、Telefónica 和 Wind River。之后随着联盟的扩大又有一些成员陆续加入。但是主要以 Symbian 系统为主的 Nokia 公司、凭借 iPhone 风光正在的 Apple 公司、微软公司及 RIM 的 Blackberry 却没有被允许加入。

2002 年 Google 正式进军移动领域，不过当时移动领域的企业都相对比较封闭，因而进入行业的门槛也比较高，再加上与当时发展迅速的传统互联网相比，移动互联网缺乏统一的标准，因此 Google 经过再三考虑之后，没有选

---

❶　百度百科．开放手机联盟［EB/OL］．［2011 – 12 – 1］http：//baike. baidu. com/view/1245202. htm#5/

择直接介入手机生产环节，而是选择了一条开发操作系统的道路，这就最大限度地把自身在传统互联网的优势转向了移动互联网，同时也巧妙地避开了自己不擅长的生产环节。成立 Android 开放手机联盟，与多数愿意使用此操作系统的成员企业一起推广本公司专有的 Android 操作平台。Android 开放手机联盟对于 Google 来讲，可以与联盟中的成员企业一起共享这个操作系统，扩大 Android 操作系统的市场占有率，为公司赚取利润，对于联盟内其他企业可凭借着成员企业已有的市场来推广 Android 操作系统，首先节省了研发新系统的成本；其次，比自己单独推广新系统的效率要高，无论对于 Android 操作系统还是对于联盟内各个成员企业的产品来讲，都可以扩大其市场份额，提高竞争力，不容易那么快被市场淘汰。例如，最早加入联盟的 HTC 和摩托罗拉，尤其是摩托罗拉在加入开放手机联盟后，凭借着 Android 的优势重新挽回了欧美的市场。随着加入 Android 开放手机联盟成员的增加，Android 操作系统被大众接受的范围也越来越广，其社会影响力也在逐渐提高，Google 正在凭借 Android 成为一个平台提供商，其开放操作系统也将应用到更多的手机上，这一方面解决了许多手机制造商头疼的问题，即业界缺乏统一的应用接口程序的问题，使得程序员只需要编写一次程序，就能在许多手机硬件平台上使用，另一方面 Google 也会因此获得更大的市场，只要使用智能手机的人数一直在增加，则使用 Google 服务产品的人数也会不断地增加。目前 Android 在中国内地的智能手机操作系统占有率已经很高，充分显示了这个联盟强大的发展潜力。

由此可见，企业发展不是最终"谁能打败谁，谁能存在"的问题。在经济一体化的大背景下，企业之间的关系是复杂的，如何发挥各自最具竞争力的优势、增强彼此的合作与知识共享，从而为整个市场的发展提供最强大的动力，最终实现共赢才是正确的选择。

4.5.2 开放手机联盟知识共享的影响因素分析

为了更好地分析开放手机联盟知识共享的影响因素，主要从共享主体、共享客体、企业联盟内部环境、企业联盟外界环境四个方面来展开分析。

1. 共享主体因素

从开放手机联盟的各成员企业来看，主要包括手机制造商、芯片厂、移动运营商、电脑公司等，这些企业在结构规模、企业文化、技术等方面都存在着很大的差异。这些企业加入联盟的目的完全是因为各个企业在其中可以各取所需，并且可利用 Google 的技术能力，免费使用 Android 的创新成果。Google 是整个 Android 系统的主要贡献者，虽然 Google 建立这个平台的初衷是希望建立一个健康的社区，让更多的成员企业加入，一起把 Android 系统做大，但是在整个联盟的发展过程中，却只有 Google 一家是知识的主要提供者，其他成员企业却只是基本利用已有的软件等知识，这将企业联盟的发展推向了一条畸形的道路。各成员企业在共享已有知识的同时，还应提高自主研发能力。虽然 Android 系统对外开放源代码，但是联盟内的企业必须在充分利用这个系统优点的基础上，开发出有自己企业特色的产品与服务。

从企业联盟整体来看，开放手机联盟是一种契约型联盟，成员企业来自于世界各国；但各成员企业都有共同的知识共享目标，通过促进内部的知识共享，提高整体的竞争力。开放手机联盟与外界环境中的知识共享主要表现为联盟整体的知识供应，在成员企业知识互补的基础上，提高共同的知识体系，最终向终端用户等提供较好的服务。

2. 共享客体因素

开放手机联盟知识共享的客体主要是 Android 等操作系统，这是一种以 Linux 为基础的开放源码操作系统，其开发最初主要支持手机，2005 年由 Google 收购后，逐渐扩展到平板电脑及其他领域。联盟中的成员企业若是机械地将 Android 系统安装在本公司的产品上，则一定不能发挥出它的效用，因为这个系统原本的应用只是在手机上，而其成员企业并不仅仅包括手机制造商，它将移动运营商、电脑厂商、芯片厂商等不同行业的企业都囊括其中。由于知识本身的特性，成员企业在共享此项系统的时候，要根据本企业的具体情况，利用其"开源系统"的优势，对已有的系统和知识进行学习与修正，以使更好地适用于自身的技术产品中。

3. 企业联盟内部环境因素

开放手机联盟没有明确的共享成本分担和收益分配机制，各个成员企业都只是为了自身的知识需求而加入的。虽然联盟创立之初 Google 就承诺会将 Android 的源代码全部开放，以供业界的企业共享，但是其版本的标准却迟迟未统一，造成了应用程序开发商开发面向 Android 高质量应用的难题。更糟糕的是 Google 非但没有因为 Android 操作系统存在问题而改进，做到与手机市场与时俱进，而且一直保持其"我行我素"的性格，一味继续其进军移动互联网的战略布局。分析人士指出 Google 其实已面临前所未有的"信任危机"，目前手机制造商和电信营运商都不愿意过分依赖 Google 这一家软件供应商❶。开放手机联盟的 Android 开源平台对 Google 来讲是其进军移动互联网的跳板，想通过 Android 手机搜索和其他应用中的广告获取收入，这样一来只要是使用了 Android 系统的手机，都会成为 Google 赚取利润的工具。

在开放手机联盟的知识共享过程中，同样存在很大的风险。Google 的开源对联盟中的硬件厂商来说未必是好事，因为开源可能会泄露驱动程序代码，这样一来等于硬件的规格也差不多公开了，许多硬件厂商不会愿意这样做的。这就急切需要 Google 处理好与这些厂商的利益关系了，不然联盟很难扩展程序，厂商也得不到内核新特性的改变。因此，Android 的源码开放吸引了大量的第三方开发小组，每个小组都在源代码的基础上开发自己的程序，打自己的品牌，却没有计划把自己的修改贡献给社区，与其他成员共享。

4. 企业联盟外界环境因素

目前经济全球化和一体化趋势日益明显，从组成开放手机联盟的成员企业来看，开放手机联盟的知识共享受到了外界科技、市场和竞争等环境的影响。Android 操作系统作为手机应用系统之一，必须保证系统的兼容和标准的统一，才能实现通信系统的互操作，才有可能进行知识共享。另外，在移动互联网等服务市场中，技术更新非常快，Android 虽然是开源软件，但 Google 却没有太多的创新；而其他操作系统如苹果和微软 iOS 和 Win8 系统等，也占据了全球操作系统的很大市场份额。在外部环境的影响下，开放手机联盟需要促进知识共享，才能提高整体的竞争优势。

---

❶ 陈清. 谷歌移动互联"霸业"遭重挫，开放手机联盟首现人心涣散［J］. IT 时代周刊，2010（10）：26.

第 5 章　基于企业联盟的知识共享模式

在不同的知识共享动因、目标、影响因素等作用下，会形成不同的知识模式。关于知识共享模式，曾有不同的分析，如王开明和万君康认为知识共享可以分为正式共享与非正式共享；正式知识共享往往是刻意的、有计划的知识活动，在内容或者程序方面存在一定形式的约定，这种约定可以是正式的合约等制度，可以规范知识共享双方的行为；非正式知识共享不存在明显的制度，共享行为的规范更多地来自双方建立的社会关联性质和强度，往往是非刻意的、潜移默化的知识共享活动。❶ 金辉等将知识共享活动分为正式显性知识共享、非正式显性知识共享、正式隐性知识共享、非正式隐性知识共享；并认为正式显性知识共享的共享目标明确，行为独立，时间地点也是明确的，主要是通过培训、研发合作和工作交流等方式进行，依赖于制度的约束；非正式显性知识共享的目标模糊，时空也不固定，通常通过私人知识援助和兴趣小组进行知识共享；正式隐性知识共享是基于制度的安排，建立在人际互动基础上，由特定的隐性知识发送者将特定的隐性知识传授给特定受体的过程；非正式隐性知识共享是基于人际网络，通过个体间非正式的联结学习，进而实现隐性知识的共享。❷

我们认为基于企业联盟的知识共享，是以企业联盟为整体考察对象的知识共享，是区别于以单一企业为单位进行的知识共享而提出的，应主要从共享主体来进行分类，这样可分为企业联盟内部的知识共享、企业联盟整体与外界环境之间的知识共享两大类。任何一个企业联盟内的成员企业之间都存在一定的合作，从而引发联盟内部的知识共享；但任何一个企业联盟都处于一定的社会关系网络之中，都会与外界进行知识交流与交换，从而引发联盟

---

❶　王开明，万君康. 论知识的转移与扩散 [J]. 外国经济与管理，2000 (10)：2 – 7.
❷　金辉等. 知识共享的激励机制分析——基于知识的可呈现度与知识共享形式 [J]. 大连海事大学学报（社会科学版），2010 (6)：32 – 34.

整体与外界环境之间的知识共享。为此，我们在以共享主体为主要分类标准的前提下，从共享意愿、共享机制、共享层次、共享范围、共享客体等方面进行共享模式的分析。

5.1 因共享意愿而形成的不同知识共享模式

共享意愿是知识共享发生的前提，如果企业有知识共享的需求与能力，但没有知识共享意愿的话，知识共享只会成为空头口号，不会真正落到实处。所以，在基于企业联盟的知识共享过程中，因为联盟内成员企业之间的合作关系，知识共享的主要模式是自愿型的知识共享模式；但由于社会公共利益、国家利益甚至联盟整体利益的考虑，有时需要采取一定的强制措施，促进企业间进行知识共享，形成强制型的知识共享模式。

5.1.1 自愿型的知识共享模式

企业自愿进行的知识共享往往能取得较高的共享效率。如维基百科等是由企业或用户个人在线合作创作作品的方式，由原始发明人公开源代码，并由各个企业或用户根据自己的不同需求不断更新发展的开放源码软件等，说明了自愿型知识共享模式是广泛存在的、并能取得较高的共享效率。

根据自愿型共享的知识范围来看，存在知识的部分共享与完全共享两种形式。一般地，如果企业联盟内的成员企业都共享其拥有的私有知识，则各成员企业的总收益最大；如果只有部分成员企业全部共享或部分共享其私有知识，而其他成员企业部分共享或不共享私有知识，则企业联盟的总收益将会减少，当然共享私有知识程度高的成员企业的收益将小于其他成员；如果所有成员企业均不共享其拥有的私有知识，则企业联盟及其成员企业的共享收益将为零，这样的企业联盟将难以持续发展。

1. 部分共享

企业联盟的组建目标只可能促进某一或某些方面的知识共享，再加上企业核心知识保护的需要，基于企业联盟的知识基本停留在部分共享阶段。

如索尼（SONY）和三星（SAMSUNG），无疑是日本和韩国知名跨国 IT 企业的优秀代表，也是一直颇受消费者喜爱和信赖的品牌，两家企业的无情拼杀在业界也尤为激烈。但从 2003 年开始，在最新一代液晶面板以及记忆棒的生产上，从合资建厂到提供产品支持，双方的合作却日趋紧密。两家虽是竞争对手，但二者之间的知识又存在一定的互补性，索尼在基础专利和游戏机技术、高清晰度动态图像技术等方面具有较强的优势，在美国注册的专利有 1.3 万项；三星在半导体存储器、液晶显示装置和移动电话等方面具有较强的优势，在美注册的专利有 1.1 万项。但两者都有各自需要的先进技术掌握在对方手中，互相交换专利技术的基础已经具备，知识共享成为可能。因此，为了避免恶性竞争，降低产品成本，日本索尼和韩国三星曾联合宣布，双方通过相互开放专利技术，并签署专利技术互相免费使用协定。为使有效的产品开发能更好地促进业务发展，该协议还对产品开发所必需的一些基础技术专利进行了授权，如基础半导体技术和行业标准技术等。这样，三星拥有的液晶电视先进专利技术，也为索尼所需。如果索尼直接运用该技术专利生产经营，将比其他利用该专利技术的企业成本更低，更有利于占领市场，提高利润；即使索尼不生产该商品，通过三星它将获得相对于其他企业成本更低的液晶显示器供货渠道。而三星也可以借此获得稳定的消费群体，确立自身在未来液晶显示器市场的一席之地。这是一个双赢的完美方案。双方不仅在专利纠纷的问题上暂告段落，彼此还可以更为专心地发挥自身的技术专长，提高新产品的研发力和竞争力。❶

索尼和三星虽然有了专利技术互相免费使用协定，但双方的知识共享还是非常有限的。为了保持两家公司的独特性及健康的市场竞争，在明确共享的知识范围时，也规定差异化技术专利和设计权利则不包括在该共享协议涉及范围之内，如 PlayStation 架构、数字自然影像（DNX）相关的技术等。从索尼和三星的知识共享过程来看，在知识共享的同时也需要保护自身的核心知识，实现专利的交叉使用及其知识共享后，虽然彼此关系会更加紧密，但更为激烈的竞争也将与合作并存。

2. 完全共享

如果企业联盟内的成员企业存在竞争关系或利益冲突的话，知识完全共享只能是理想的境界。但有些企业联盟发展到一定阶段，会因为企业业务部门的收购或重组等形成一体化的联盟，这时的知识共享可能发展到完全共享阶段。当然，知识的完全共享也只是相对而言的，是指与联盟目标相关的知识共享，不必要也并不可能实现共享主体的所有领域知识的共享。

一种是基于原联盟企业所进行的完全知识共享形式。如联盟内的各成员

---

❶ 张程. 三星索尼联袂［N］. 世说新语，2003（18）：18 – 19.

企业在优势互补基础上，以项目合作方式开展知识共享，这时一切联盟活动都服务于该目标。一旦该目标实现，企业联盟也会自动解散。在这种情况下，成员企业无论是管理控制、任务执行、知识和资源配置等，都以合作关系和知识共享为目标，在特定时间内或特定的范围内实现彼此知识的完全共享，其中的所有成员企业都相互作用、相互影响，各成员企业在这个合作联盟体中以各自不同的知识特征与知识能力贡献自身的知识。如 2004 年 12 月，联想集团有限公司和 IBM 的联盟协议规定，联想收购 IBM 的个人电脑事业部，组建世界第三大 PC 领导厂商，从而将 IBM 的 PC 技术带给消费市场和高速增长的中国市场，同时赋予联想在中国和亚洲之外全球市场范围的覆盖能力；这样，联想不仅成功地获得了 IBM 的 PC 专利技术，而且还获得了其销售渠道、研发能力以及一流的团队管理经验等；IBM 通过其当时近 3 万人的企业销售队伍，并通过 ibm. com 网站，为联想的产品销售提供营销支持，IBM 的全球金融部和全球服务部以其强大的企业级渠道，成为联想在租赁和金融服务、授权外包维护服务方面的首选供应商。

另一种是企业联盟各方合作组建新的子公司而进行完全知识共享的形式。如果企业联盟中没有现成的知识以供各方共享，或认为现有的联盟组织不能更充分地进行知识共享，企业联盟中的各成员企业往往通过共同投资建立一个新的法人企业来促进知识共享，该企业独立于各联盟成员之外进行相应的知识共享活动。基于这样的企业联盟载体，成员企业往往按出资比例成为联盟的实际决策者，尽可能最大限度地促进知识共享。如 2004 年 11 月，由上海文广新闻传媒集团、北京青年报社、广州日报报业集团三家传媒机构共同投资、共同打造《第一财经日报》，这是通过联盟优势正式发行的中国首张跨地区的、建立在广播、电视和报业三大媒体平台上的财经类日报。实践证明，三方强强联合，充分利用了各自的报业理念和优势，整合了各自的资金、人才、广告、发行网络和知识信息等，在特定的范围内实现了联盟各方知识的完全共享，《第一财经日报》不只是打造了首个跨系统与跨媒体的报纸，而且跨越了中国最发达的三大经济区，经过多年的发展，已成为中国最具影响力和权威性的财政日报之一。

5.1.2　强制型的知识共享模式

强制性的知识共享模式在企业及其联盟内也是经常存在的。如为了人类及社会公共利益、为了国家利益、为了联盟整体利益等，一些企业所拥有的私有知识被要求实施强制共享。

　　如为了人类及社会公共利益，一些环保及医药领域的专利知识都曾经被要求强制共享。对专利的强制许可，是一种典型的权利限制制度。专利强制许可是由政府主管机关授予第三方的使用许可，这种使用许可不必事先征得专利权人的同意，获得使用许可的第三方应向专利权人支付相应的专利使用费；世界贸易组织的 TRIPS 协议第 31 条规定专利强制许可制度中就涉及了公共利益强制许可问题；世界上多数国家的专利法都专门规定了强制许可制度；我国现行《专利法》经过多次修改，以前述国际条约为依据，确定了普通强制许可、交叉强制许可、为反垄断、公共利益目的、解决公共健康问题等五种可以给予实施发明或者实用新型专利强制许可的情形。❶ 如 IBM、诺基亚（Nokia）、必能宝（Pitney Bowes）和索尼（Sony）联手 WBCSD（World Business Council for Sustainable Development）于 2008 年 1 月推出 Eco－Patent Commons 计划，来自全球各行各业的 11 家公司已经通过这项计划公开共享了他们的知识创新成果，以期在节能和资源保护、减少废物排放和再利用等方面做出贡献；环保专利共享成功地促进了 100 多项涵盖范围广泛的技术专利及其知识共享，但是它最大的问题在于不能吸引并促进应对气候变化的某些核心发明专利及其知识共享；正如委员会自己所认识到的，商人将不可能捐赠出其有竞争优势的专利，而这些技术恰恰是缓解气候变化的快捷而有效的发明。❷ 所以，为了促进相关专利及其知识的充分共享，国际组织或国家在实施强制许可的同时，应对企业实施相关专利及其知识共享活动进行一定许可费的公共补贴，或制定相应的激励机制等。

　　有时为了国家利益，对一些涉及国家基础设施建设与国家安全等方面的企业知识需要实行强制共享。如中国政府为推动电子政务建设，曾强制要求建立法人单位（企业）、空间地理与自然资源、宏观经济基础数据等基础资源库，并以此为基础促进相应领域内的知识共享。如在企业基础资源库的建设过程中，既强调工商、国税、地税、质监等四部门合作，也强调和需要相应企业的积极参与，形成了不同的联盟组织，共同完善与共享的知识范围包括企业名称、法定代表人、身份证件号码、一般经营项目、成立日期、组织机构代码、企业注册号、国税纳税人识别号、地税纳税人识别号、住所、邮政

---

❶ 阮思宇. 专利强制许可的正当性 [J]. 科技与法律，2011（2）：30－36.
❷ 肖夏. 环保专利共享法律制度研究 [J]. 时代法学，2011（2）：65－72.

编码、联系电话、行业代码、企业类型、前置许可经营项目、登记机关、国税税务登记日期、地税税务登记日期、国税税务登记机关、地税税务登记机关、机构注册类型、颁证日期、年检情况等。通过企业基础资源交换与知识共享平台，不但顺利地将工商、国税、地税、质监等四部门的企业基础信息汇总到交换中心，其中以工商部门的数据信息为基准，以组织机构代码为唯一标识，对汇总信息进行一致性比对，比对的结果同时返回给四部门及交换中心；比对后交换中心才将完整一致的企业基础信息存储到企业基础资源库中，从而更好地促进与指导企业及其联盟进行相应的知识共享活动。

有时出于企业联盟整体利益的考虑，一些成员企业的私有知识也强制为联盟内其他成员企业所共享。如在丰田及其供应链联盟内，丰田公司极力去除"专有知识"这一观念，倡导公开地共享所有的生产技术知识——这种知识是属于联盟的财产，可以为所有成员获取。丰田免费向供应商提供协助，并使其可以接触和运用丰田的经营知识和知识储备，条件是供应商的知识必须向其他成员企业开放，也就是供应商之间要相互开放与共享知识，为了企业联盟的整体利益，已经实行了某种程度上的强制知识共享，而这种强制共享在公开自己的经营知识和经验时，也有效减少了知识共享中的"搭便车"行为。在知识共享过程中，供应商加入丰田联盟的前提是有限地保护它的专有生产知识，丰田公司认为这时的知识产权属于企业联盟整体而非单个企业，知识拥有者只可能在短期内完全占有收益，而随着时间迁移，成员企业需要将部分收益与联盟进行共享。

5.2　因共享机制而形成的不同知识共享模式

知识只有充分共享才能体现出它的价值，在企业联盟的知识共享过程中也存在不同的知识共享机制。何振等在分析电子政务信息资源共享模式时提出了政府主导型共享模式和市场导向型共享模式；并认为对纯公共信息资源而言，政府主导型共享模式又可通过贡献利益型、超常规作业型、理性决策型等三种形式来实现；对准公共信息资源而言，市场导向型共享模式可通过特许经营、用者付费、合同外包等三种形式来实现。我们根据企业联盟知识共享特点及共享成本的考虑，也将其分为市场机制主导的共享模式与非市场机制主导的知识共享模式两大类。

5.2.1　市场机制主导的知识共享模式

企业是以追逐利润为主要目的的社会经济主体。企业管理讲究效率，力图有效地配置企业资源。知识共享是一种经济行为，是知识拥有者与知识获取者之间的知识交易过程，存在交易成本和知识市场交易效率问题，知识共享就是一种知识市场的概念。在企业联盟的知识共享过程中，市场机制主导的共享模式是最主要的。

1. 市场机制主导的联盟内部知识共享

市场机制主导的企业联盟内部知识共享形式主要有：企业联盟内的各成员企业间进行的数据库、设计图纸、应用软件、技术设备等知识产品的交易；通过知识外包、人才招揽等进行的隐性知识挖掘与交易；通过专利、版权、商标等知识产权相关的权利转让与知识交易等。在交易过程中，各种形式也可能是同时存在的。如在通过购买方式实行专利许可的过程中，知识产权可能因为交易而发生转移，专利相关的技术知识也因为交易而得以共享；同时在专利技术的开发过程中，购买方同时也会要求技术供应方提供相关的技术培训，如派遣专家培训、允许购买方技术人员前往供应方考察学习等，购买方在新技术的应用与接受培训的过程中，逐渐掌握该项技术，甚至对技术进行吸收与创新。

在企业联盟内，成员企业间通过市场机制的作用可以使知识在不同成员企业间流动，从而促进知识共享。在企业联盟内部的知识交易与共享市场中，市场主体包括买方企业、卖方企业、企业联盟或联盟中的第三方企业等中介。其中，买方企业通常是需要解决问题或扩展自身知识体系的企业。卖方企业往往拥有某些方面的知识，或拥有掌握了某些专门知识的个人或团队。在知识市场中，企业联盟或联盟中的第三方企业等中介者的作用也非常重要，他们把需要知识和拥有知识的企业联系在一起，并可能很好地协调买方企业和卖方企业之间的关系。在知识市场中，卖方企业和买方企业都会因为知识的交易，得到某方面的收益。

一般地，相对于非联盟形式的市场机制主导的知识共享而言，企业联盟内部通过市场机制进行的知识共享除了考虑到成本收益以外，企业联盟关系的存在与发展也有一定的影响。如爱立信成立于 1876 年，至今虽已横跨 3 个世纪，如今作为全球通信设备制造商和移动系统供应商之一，一直重视研发领域的投入。爱立信常与相关企业建立技术联盟，在联盟内使用专利授权机制保证相关企业共享相应的专利技术知识。如 2008 年爱立信与阿尔卡特、朗讯等共同为全球商用 LTE 网络构建了一个知识产权许可框架，支持对手机

LTE 核心知识产权收取的最大专利许可费不超过手机售价的 10%，对于内置 LTE 功能的笔记本电脑收取最大专利许可费不超过 10 美元❶。这样，企业联盟内专利知识共享的成本收益相对来说，是要优于非联盟企业的，因为电信业的成功在很大程度上依赖于行业内的互操作性和规模效应，企业联盟内这样的知识共享方式对成员企业来说都是最好的选择，既可以节省共享成本，获取最大收益，又可以调动共享主体的积极性。

2. 市场机制主导的联盟外部知识共享

市场机制主导的联盟外部知识共享形式主要有：企业联盟整体通过知识市场购买外部知识，或企业联盟整体通过知识市场向外部出售知识等。在企业联盟整体通过知识市场购买外部知识的过程中，企业联盟作为知识的购买方，拥有某些相关知识的企业，或企业联盟或研究机构或大学等可能成为知识的卖方；另外也可能存在一些交易中介。在企业联盟整体通过知识市场向外部出售知识的过程中，企业联盟作为知识的卖方，需要某些相关知识的企业，或企业联盟或研究机构或大学等可能成为知识的买方；另外也可能存在一些交易中介。

如清华同方与中国学术期刊（光盘版）电子杂志社从 1999 年起结成战略联盟，共同实施和推进 CNKI 工程（China National Knowledge Infrastructure，中国知识基础设施工程）建设，目前其产品主要有中国期刊全文数据库（CJFD）、中国优秀博硕士论文全文数据库（CDMD）、中国重要会议论文全文数据库（CPCD）、中国重要报纸全文数据（CCND）、中国基础教育知识仓库（CHKD）、中国企业知识仓库（CEKD）、中国城市规划知识仓库（CCPD）、中国科学文献计量评价数据库（AS2PT）等。这一企业联盟所拥有的丰富知识资源，绝大部分来源于一些出版企业、高校和科研机构等。在中国知识基础设施工程的知识资源建设过程中，清华同方与中国学术期刊（光盘版）电子杂志社联盟是作为知识的购买方，一些出版企业、高校和科研机构等是知识的提供方。在中国知识基础设施工程的知识服务过程中，清华同方与中国学术期刊（光盘版）电子杂志社联盟又作为知识的卖方，一些搞技术研发的企业联盟等又作为知识的购买方，需要 CNKI 的知识资源支撑和服务保障。其

---

❶ 徐勇．开放标准和技术共享　推动电信行业可持续发展［EB/OL］. http：// www. cnii. com. cn/index/content/2011 – 04/26/content_ 879357. htm.

实在两种知识交易市场中，都存在交易中介，如版权集体管理机构等，中介可以在一定程度上减少知识交易的成本，提高知识交易的效率。

5.2.2　非市场机制主导的知识共享模式

在企业联盟的知识共享过程中，除了市场机制主导的知识共享外，还存在着一些非市场机制主导的知识共享模式。主要包括企业联盟内部的知识免费开放共享、政府力量引导的知识共享、社会力量推动的知识共享等形式。

1. 企业联盟内部的知识免费开放共享

企业联盟中的各成员企业彼此都会进行一定的知识共享，但知识共享效率与成员企业的互相开放程度是密切相关的。在企业联盟内部知识开放共享的过程中，一般将部分知识无偿地授权给使用者使用，或者放弃部分已经获得的知识产权，如开源软件运动的兴起，在促进企业联盟内部的知识免费共享过程中发挥了重要的作用。在免费开放共享过程中，知识的提供方虽然有某些局部的，或暂时性的利益损失，但从企业联盟关系的维系与企业自身的长远发展来看，却可以争取到整体性的和长期性的收益，获得知识共享的多赢局面。

2. 政府力量引导的知识共享

政府力量引导的知识共享一般是与市场机制相对而言的，各国政府力量在引导企业联盟的知识共享方面都曾发挥过不同的作用。如美国联邦政府的支持主要体现在对国家知识共享的总体规划与政策指导、技术开发、对竞争性知识共享项目开发的引导、推动与初期投资等，美国在国家级科学数据与知识共享方面则制定了较好的共享政策，除了对危及国家安全、影响政府政务和涉及个人隐私的数据和知识实行强制性保密外，其余的均纳入共享管理的范畴，并根据投资来源的不同，采用不同的共享管理机制，其中对于政府投资产生的数据和知识采取了完全且开放的共享机制。针对我国企业研发投入严重不足、科研基础设施缺乏影响技术开发活动等问题，我国科技部 2007 年就曾制定出台了《关于进一步推动科研基地和科研基础设施向企业及社会开放的若干意见》，按照要求，政府投资建立的科研基地和科研基础设施属于国家公共科技资源，非涉密或国家无特殊规定的，都应向企业及社会开放，包括开放和共享科学仪器设备、自然科技资源、科学数据、科技文献和科技信息等科技知识资源。政府力量引导的知识共享一般都坚持公益性原则，不以营利为目的，强调其社会责任和义务，突出社会效益，如在某些地区性的产业园区内，政府引导建立了技术转移公共服务平台等，在促进当地企业联盟的知识共享过程中发挥了重要作用。

3. 社会力量推动的知识共享

知识共享本身是一种基于一定社会主体及社会组织的社会行为。在企业联盟内部、企业联盟与外界环境之间的知识共享过程中，社会力量一直在发挥着相应的作用。在社会力量推动的企业联盟与外界环境之间的知识共享过程中，我们可以借鉴知识场来进行分析：竹内弘高（HirotakaTakeuehi）和野中郁次郎（Ikujiro Nonaka）认为，创造、共享及运用知识需要一定的环境，知识场就是创造、共享及运用知识的共有动态情境，企业可以与联盟伙伴，甚至与竞争对手、客户、大学、当地社区和政府以互动关系的方式创建各类"场"，企业内的个体可以通过参与"场"对其企业或企业联盟边界进行超越，进而在一个"场"与另外一个"场"相连接时，超越单一"场"的界限，从而汇集社会力量推动企业联盟内的知识创造与知识共享。

企业联盟内除了正式的研发团队、最佳实践团队等外，还存在着一些跨企业的非正式的人际间的知识交流与知识共享社区，其实也是社会力量推动的知识共享。成员企业之间是由于社会关系的亲密性而建立的，成员之间没有共同的合作项目，成员的知识需求可以通过对方的帮助获得。如当企业联盟内的成员企业在遇到技术困难时，其技术人员可以通过与同行朋友在社交活动中加以探讨，同行朋友遇到问题时也可以同样的方式进行求助。在这里，知识的交流及共享与企业联盟的发展目标可能不会完全一致，但通过共享社区，会在单一个体的知识积累基础上促进个体间的知识共享，进而转化为企业内甚至企业联盟内的知识积累和共享。如百度知道的开放共享平台系统中积累了百度及其联盟成员的一些知识和经验，沉淀成了相应的知识库，能为来自不同企业的人员提供人际间的知识交流与共享机会。

5.3 因共享层次而形成的不同知识共享模式

有关企业联盟的分类方式，最为普遍的是将其分为横向联盟和纵向联盟。横向联盟主要是处于相同价值链位置的企业间的横向连接，并形成所谓的研发联盟、生产联盟、营销联盟等；纵向联盟是处于不同价值链位置的上下游企业间的纵向连接，并形成所谓的供应链联盟、品牌联盟、服务链联盟等。

由于企业联盟类型影响了企业联盟的知识共享模式选择，因此根据企业联盟知识共享具有不同的层次，我们将其分为同一价值链层次上的知识共享模式和上下游价值链层次上的知识共享模式。

5.3.1　同一价值链层次上的知识共享模式

同一价值链层次上的知识共享模式是指基于同一价值链层面的相似企业所组成的联盟并开展知识共享的模式。一般处于同一价值链环节的同质企业间存在激烈的竞争关系，竞争可能多于合作，但企业联盟内各成员企业的知识优势仍可形成互补性结构，可通过联盟方式形成行业中的一定独特经营优势，这样彼此有着共同的利益和目标的企业，为了共同利益又不得不通过组建联盟并开展知识共享来扩充彼此的知识，从而扩大同一价值链层次上的竞争力和影响。这样，成员企业可以从联盟伙伴那里获得自己所缺乏的某些知识，也可以通过对竞争对手进行持续监控或学习，获取对本身企业有利的部分知识，以提升竞争优势。

同行业内竞争对手之间的联盟及知识共享就是同一价值链层次上的知识共享模式中的典型例子。以电信业为例，它不同于一般的传统行业，具有"全程联网，联合作业"的行业特点，竞争者之间只有联通，充分实现各自网络的互联互通，在互利互惠、相互依存的基础上实现知识共享和技术创新，以解决自身发展当中存在的诸多问题，才可能扩大业务范围，增加业务种类，实现行业内企业间的共同发展。其中在电信业 3C 业务的发展过程中，中国的第一个具有自主知识产权的国际标准 TD－SCDMA 的运作就说明了这一点。国际电信联盟把 WCDMA、CDMA2000 与 TD－SCDMA 标准一起确定为 3 个第三代移动通信标准。TD－SCDMA 标准由中国的大唐通信公司提出，但其构建与完善却是一项浩大的系统工程，单靠一家或几家企业来完成这项知识和技术含量极高的研发任务是不现实的。2002 年 10 月 30 日，由大唐电信、南方高科、华立、华为、联想、中兴、中国电子、中国普大等 8 家知名通信企业作为首批成员，签署了致力于 TD－SCDMA 产业发展的《发起人协议》，2003 年又有 6 家企业加入，2005 年联盟成员企业已达 21 家，到 2007 年，已逐渐形成 TD－SCDMA 产业链，从系统到终端的每个环节上都有 4 家以上的国内外企业在做积极的产品开发，目前具有了全面商业化的能力，在产业化进程上获得了重大突破。

5.3.2 上下游价值链层次上的知识共享模式

不同价值链层次上的知识共享模式是指基于不同价值链层面的上下游企业所组成的联盟并开展知识共享的模式。一般处于不同价值链环节的上下游企业间更多地表现为一种合作关系，联盟伙伴间不是直接的竞争者，或他们不是在预期的市场上直接竞争。上下游企业间的知识相似度较低，核心业务和能力重叠少，具有很强的知识互补性，成员企业之间根据自身的知识基础和合作业务逐渐在知识链上形成不同的专业方向，通过联盟能使分散在不同企业中的最具有比较优势的生产力结合起来，共同完成产品的生产与制造，在这一过程中导致企业间的相互依赖性不断加强，沟通、合作与学习也越来越多，彼此之间的关系也因此能得到巩固和加强。这样不同价值链层次上的成员企业间通过知识的共享，不但可增加自身的核心知识，强化竞争力，而且可以整合价值链上的优势环节，实现供应链整体的协同发展。

目前，上下游价值链不同层次上的知识共享模式应用得越来越多，在企业的新产品开发、技术创新及生产经营环节当中，都存在着企业与其供应商、分销商或顾客等之间的知识共享。如日本丰田汽车公司通过与其供应商之间的相互学习、知识共享和知识创新，从而使自己在与欧美同行的竞争中获得了竞争优势。在一些产业（如科学仪器）中，超过三分之二的创新可以追溯到用户的建议或想法❶，其中客户不只是企业的服务对象，已逐渐成为企业知识的主要来源，不同的客户会对企业的新产品开发等提供有意义的建议等。

5.4 因共享范围而形成的不同知识共享模式

企业联盟中的知识共享内容范围可以分为两大类，一类是从联盟中增加如何合作的经验，一类是学习联盟伙伴特有的知识。国外学者 Tsang 认为从战略联盟伙伴的学习与知识共享目标出发，可分为非对称性、非相互（共有）性、非竞争性、竞争性等四种学习与知识共享模式；并认为如果联盟内的成员伙伴具有不同的学习与知识共享目标，则为非对称型模式；如果联盟内的成员伙伴具有相同的学习与知识共享目标，则称为对称型模式，其中对称型模式包括了非相互性和相互性模式，而相互性模式中又包括了非竞争性和竞

---

❶ 芮明杰，邓少军. 产业网络环境下企业跨组织知识整合的内在机理 [J]. 当代财经，2009（1）：69－75.

争性两种模式。❶ 张睿等以技术联盟的知识转移与共享角度，认为技术联盟中
不存在非相互学习，并举例分析了技术联盟中的非对称学习、竞争型对称学
习和非竞争型对称学习模式。❷ 我们从联盟内企业参与知识共享的范围出发，
并结合企业联盟内的学习与知识共享目标，认为其主要会形成联盟伙伴间的
对称型知识共享模式、盟主及其他成员企业之间的非对称型知识共享模式这
两大类。

5.4.1　成员企业间的对称型知识共享模式

在联盟伙伴间的对称型知识共享模式中，联盟伙伴都需要贡献自身的特
有知识，成员伙伴一般是平等地参与联盟的知识共享活动，且联盟伙伴之间
需要相互学习对方的知识，通过相互学习，增加联盟合作经验或进行知识创
新，使联盟知识体系得以丰富与扩展，其模型如图 5 - 1 所示。

这样，不管是企业联盟内部的知识共享，还是企业联盟与外界环境进行
的知识共享环节，知识共享范围都涉及了所有成员企业所拥有的知识，通过
共享使成员企业的知识都得以增值。从理论上分析，对称型知识共享模式的
最终结果是成员企业知识优势的提升和企业联盟知识拥有量的增加，这应是
企业联盟理想的知识共享模式，也应是最有效率、最有凝聚力且最稳定的共
享形态。当然，在这一模式中，需要各成员企业从联盟知识共享目标出发，
共同制定和遵守联盟知识共享规则。

联盟伙伴间的对称型知识共享模式应用最广泛。即使联盟各方在产品或
服务方面是竞争对手，例如 IMB、Apple 和 Motorola 建立的技术联盟，Philips
和 ATT 在电信业务上建立的技术联盟，General Motors 和 Toyota 建立的技术联
盟等，联盟企业间都展开了学习竞赛❸，在知识共享的基础上不断进行知识
创新。

---

❶ TSANG, E. A Preliminary typology of learning in international strategic alliances ［J］.
Journal of World Business, 1999 (3): 211 - 229.
❷ 张睿等. 技术联盟组织间知识转移动因与类型研究 ［J］. 情报杂志, 2010 (1):
143 - 146.
❸ 张睿等. 技术联盟组织间知识转移动因与类型研究 ［J］. 情报杂志, 2010 (1):
143 - 146.

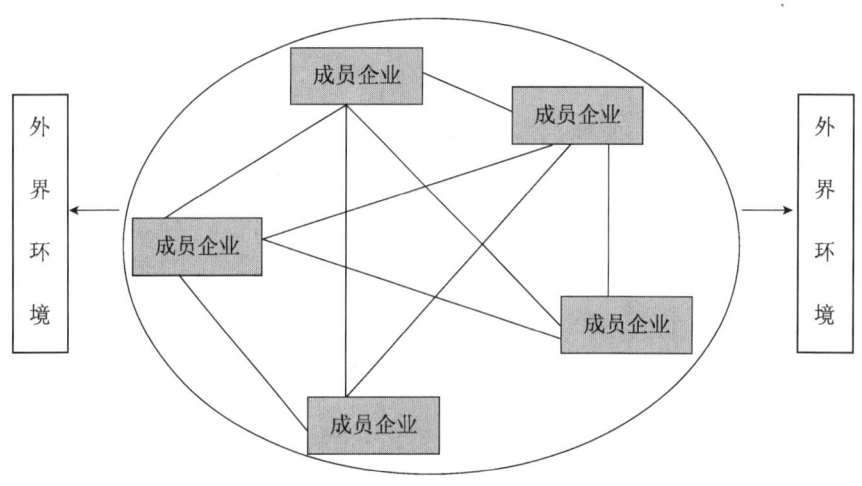

图 5 – 1   联盟企业间的对称型知识共享模型

5.4.2   盟主与其他成员企业之间的非对称型知识共享模式

在盟主及其他成员企业之间的非对称型知识共享模式中，盟主及其他成员企业往往具有不同的知识共享与学习目标，盟主企业是共享知识的主要贡献者，通过知识共享增强对联盟的控制能力，其他成员企业主要是通过盟主企业的引导与知识来扩展自身的知识（其他成员之间相互的知识共享可能存在，但不是最主要的），为企业联盟的深层次合作与知识创新准备相应的条件，企业联盟通过合作经验的积累和知识创新使联盟知识体系得以丰富与扩展，其模型如图 5 – 2 所示。

这样，不管是企业联盟内部的知识共享，还是企业联盟与外界环境进行的知识共享环节，知识共享范围主要是盟主企业的知识，合作经验的积累与合作创新的成果都是盟主企业在起支配与协调作用。从理论上分析，非对称型知识共享模式的最终结果是盟主企业的优势地位的巩固和提升、成员企业知识优势的提升和企业联盟知识拥有量的增加。当然，在这一模式中，需要盟主企业具有一定的领导能力，能协调各方的关系。

日本丰田汽车公司与其供应商之间的联盟可看做是盟主及其成员企业之间的非对称型知识共享典范。再如 2006 年 4 月 13 日，中国战略人力资源管理软件第一品牌——金蝶软件联合五大专业人力资源管理机构组建联盟，其中包括北大纵横、华夏基石、太和顾问、新华信正略钧策、佐佑咨询企业等，金蝶软件依靠其在人才、技术、咨询、人力资源管理经验、成功案例等方面的优势，让联盟中的其他成员企业充分共享其知识，带头共同完善、开发集团企业"人力资源咨询＋eHR"人力资源整体解决方案，这也作为金蝶"让 ERP 个性化计划"的重要内容之一，进一步推动了 eHR 市场的成熟，让 HR 软件的开发更贴近用户个性化需求，切实有效地帮助企业提升 HR 管理能力。在这一联盟中，除了主要共享盟主企业的知识外，其他成员企业也互相贡献与共享了彼此的知识。但在这种非对称型的知识共享模式中，金蝶软件作为盟主企业，是共享知识的主要贡献者，通过让成员企业共享自身的知识巩固和提升了自身在联盟中的地位，其他成员企业也充分发挥并提升了各自的知识优势，企业联盟在人力资源管理软件方面的开发能力也得以增强，竞争优势突显出来。

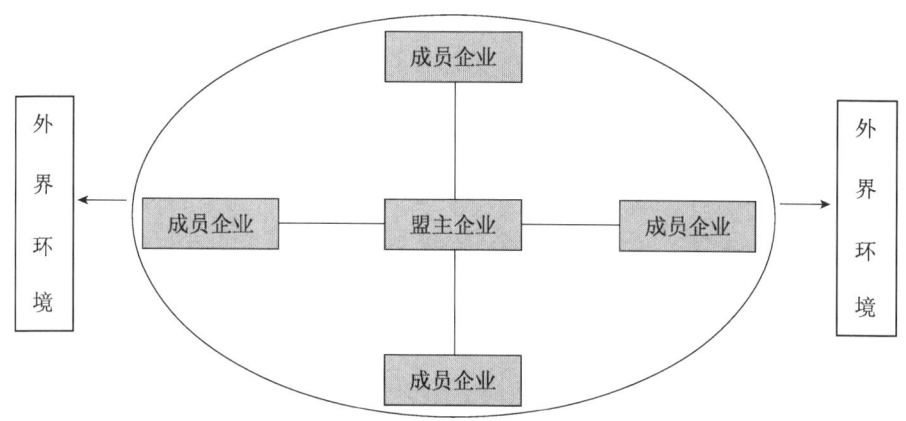

图 5 - 2　盟主及其他成员企业之间的非对称型知识共享模型

5.5　因共享客体而形成的不同知识共享模式

企业联盟的知识存在形式主要有显性知识和隐性知识，公有知识和私有知识，个人层次、团队层次、企业层次及企业联盟层次的知识等。基于企业联盟的知识共享，绝大多数情况下都不可能实现彼此间知识的完全共享，每个联盟所共享的知识客体都有所侧重，并因此形成了不同的企业联盟及知识共享模式。当然每种共享模式中可能涉及企业联盟的显性知识和隐性知识，公有知识和私有知识，个人层次、团队层次、企业层次及企业联盟层次的知识等。因此，根据基于企业联盟的知识共享客体的侧重点不同，主要有专家知识的共享模式、专利及其相关知识的共享模式、版权作品及其相关知识的共享模式、流程知识的共享模式、客户知识的共享模式和其他知识的共享模式等。

5.5.1 专家知识的共享模式

隐性知识是企业最重要的知识共享客体，而专家往往是拥有企业在某一领域内的专门知识的个人，是企业隐性知识的重要载体。专家知识共享模式在企业联盟中是较常用的，如企业联盟内的研发小组、实践社区、专家服务团队等都是为了更好地促进基于企业联盟的专家知识共享而组建的。

1. 跨企业的研发小组

一般企业的研发活动是非常谨慎甚至高度保密的，很难有合作研发的动机。但现在企业间的合作研发活动越来越多，特别是随着互联网的发展，不同主体间的开放创新与合作研发活动也不断出现，很多由企业、高校、科研机构等组成的研发联盟，在企业联盟内通过协议或股权合作方式来保护相应的合作研发活动。企业联盟内成立研发小组的普遍原因是为了快速获取相关领域知识，提高创新的成功率。但除了这一普遍原因外，还有其他的一些具体原因，如分担研发成本、降低研发风险、扩大产品的市场占有率、优化产品生产流程、提高竞争力等。

如陈燕与毛昊曾调查了我国生物医药领域中研发小组的合作情况，在他们所调查的生物医药领域内的 26292 件专利申请中，有 2481 件专利是由两个或者两个以上的专利申请人联合申请的，合作申请比例达到 9.44%；其中生物药企业与高校合作所占比重较大，在生物药领域内的 325 个产学合作样本中，有 289 所高校位于产学合作样本的第一申请人位置，仅有 36 个企业样本位于产学合作样本的首位，生物药中合作申请的发明专利更倾向于企业与高校进行合作，而高校利用其强大的基础研发实力处于更加主动的地位；此外，从生物药、化学药和中药领域内的专利合作申请数据来看，其中化学药专利合作申请中的企业与企业合作比例是最高的。❶

在通过跨企业研发小组进行知识共享的过程中，很容易因利益分配、研发产品的知识产权归属问题引发冲突甚至影响企业联盟的稳定性。为此，应在研发活动开始之前采取相应的措施进行防范。如丰田及其供应链联盟、美国克莱斯勒公司与尼桑和大众等汽车公司都曾进行过较成功的合作和知识共

---

❶ 陈燕，毛昊．生物医药行业专利合作研发现状及政策建议［J］．中国科技投资，2008（2）：27 - 29．

享，这些成功经验都在一定程度上表明在合作与知识共享之初就应确定共享目标和范围，并要签订相关协议，以明确合作关系和合作成果形式，设置不同的权益分配和知识共享要求，确定成果的知识产权归属等。

2. 跨企业的实践社团

相对于前面提到的跨企业的研发小组，跨企业的实践社团是一种较为松散的自发组织的专家知识共享方式。

实践社团（Community of Practice）在国内有的翻译为实践社区、实践群体或实践社群等。实践社团通常是由有着共同的兴趣或关心点、或者面对着同样的问题、或者都对某个话题有着同样热情的一群人聚集而成的团体，社团成员之间不断地互动交流，并相互影响相互帮助，从而使社团成员在某领域的知识和专长得以深化。互联网络的发展，也为实践社团提供了更便利的交流平台，甚至出现了某些虚拟的实践社团。

实践社团一般具有以下三个最为基本的要素：①共同使命，实践社团的建立应围绕一个共同的目标，虽然不像前面的研发小组一样有明确的任务，但社团成员应对共同的目标有所理解和认同，能在这方面投入一定的时间与精力；②持续的共同参与，共同参与在本质上是知识共享实践，正是通过这种共同参与，学习才得以发生，关系和信任才得以建立，在相互讨论中使学习不断得以深入，共同的使命才得以确定并随着社团的发展得到不断的修正；③成员能力的不断提高，实践社团的成员除共享已有惯例、经验与教训、标准、工具、典故、案例、模式等，而更为重要的是社团具有进一步学习的潜在能力，社团也为成员提供了处理新问题和创造新知识所必需的各种资源。

企业联盟内跨企业的实践社团是由处在不同的成员企业中，但却从事相同或相似工作的专业人士所创造的，是企业联盟内的一类非常重要的非正式的人际网络。在实践社团中，一定领域内的专家之间经常会产生一种彼此帮助的责任感，因为通过社团成员之间的互动、交流与帮助，能使问题得到很好的解决。实践社团一般是以在同一地点工作的专家所创造的，但随着企业经营的全球化发展，以及现代通讯技术尤其是互联网应用的不断升级，虚拟的实践社团不断增多并受到了越来越多来自不同地方的人的关注。

如竹内弘高（Hirotaka Takeuehi）和野中郁次郎（Ikujiro Nonaka）认为硅谷模型中的实践社团在培育企业间知识共享与知识创造方面有其特色；在硅谷，有各种企业联盟网络，这些网络由相对较小的企业构成，由于人际关系连接成的实践社团，许多知识创新在跨企业边界的互动中（通过跨企业对已有知识的重新组合）得以持续进行；在硅谷，共有文化、共有语言、共享艰辛历程不是在哪个企业里开发出来的，而是在整个硅谷发展起来的，参加实践社团的工程师、管理者及风险投资商通过他们的反复互动，在许多情况下具有共同教育背景，及至通过在更加具体的实体场所（如大众餐厅和聚会场所）逐渐形成的共有文化，并将他们的失败教训带到新的企业，再进行新的组合。在对硅谷的开拓性研究中，萨克森尼曾引述过一位半导体企业主管的描述：这里存在一种独特的、不断使自身重新获得活力的氛围；就是凭借这样的事实，今天的集体领悟是昔日各种挫折的结晶，并且为明天的重新组合所改进……通过这些重新组合，学习过程应运而生。❶

但是跨企业的实践社团利益可能与企业利益不相一致，而且来自不同企业的社团成员也可能产生一定的身份感或排斥心理，所以跨企业实践社团内的专家知识共享也存在一定的局限性。企业联盟应从联盟知识共享的战略高度加以引导和支持，重视实践社团的支持性系统的开发，使相互激励的专家加入这种社团，成为其中的一部分，积极参与交流活动，共同解决问题，并在这种非正式的网络中提高自己；这样才能促进企业间实践社团的长久维系和共同发展。

3. 跨企业的专家服务团队

企业技术与产品的合作售后服务、远程医疗领域内的合作诊疗等都是通过在企业联盟基础上组建跨企业的专家服务团队，从而实现专家知识共享的一种方式。

基于企业联盟的知识服务的开展，需要多种知识背景人才的有效结合，才能有效地发挥服务的功能和优势。如企业技术与产品的合作售后服务、远程医疗领域内的合作诊疗等都是基于人力资源和智力资源开发的服务，其知识化和专业化特性决定了其服务人员的专家化与团队化。因为即使一个专家具有较为全面的复合知识，有时也难以完成某些难度较大的服务任务。一些服务项目因为难度大、时间紧、操作复杂等，往往需要集体智慧与协同工作才能完成。这时的服务已不是单个人的行为所能胜任，需要一个团体来支撑。

---

❶ 竹内弘高，野中郁次郎. 知识创造的螺旋［M］. 李萌译. 北京：知识产权出版社，2006：224 - 228.

跨企业的专家服务团队是动态的、以任务为导向的，以一定专业领域内的专家为主体而组建的团队。这样的团队，要求能及时提供最新的数据挖掘和知识发现，要求能有效开发、监控和匹配知识管理及服务的市场需求，采取柔性组织管理机制，实时根据任务重心的转移和更替进行团队成员的及时重组和调配。这样的服务团队要依据企业客户的不同和需求的差异，灵活配置团队的人员结构，有时可以根据具体服务项目临时组建，有时可由不同企业的服务人员组成。在企业联盟知识共享目标的安排下，跨企业的专家服务团队内更容易创造一种不断学习和尝试、相互信任和开放的气氛。服务团队中的广泛知识共享包括正式的和非正式的知识交流、各种学习及其他知识共享活动。

如 2002 年 9 月 20 日，国内最大的 IT 企业联想集团旗下的汉普管理咨询公司、全球最大的企业软件提供商 Oracle 公司，以及全球最大的 Unix 系统供应商 Sun 公司首度携手，在北京宣布结成企业应用服务战略联盟，共同推出一套面向国内成长型企业的管理信息化解决方案，这套方案基于 Oracle 公司向中国市场推出的 Oracle 电子商务套件特别版，集成了 Sun 公司的 FIRE 2800UNIX 服务器，以及联想企业应用服务联盟体系 60 人/天的标准化实施方案。通过组建跨企业的专家服务团队，以提高企业联盟的服务效果，促进联盟内外部的知识共享。

因此，在跨企业的专家服务团队的管理上，必须要具有明确的、完备的组织设计思路，使企业联盟内的服务团队具有充分的灵活性和弹性，能在管理环境和市场需求发生变化时，仍可继续发挥其功能和作用，长期维持服务机构的正常经营和管理活动。为了保证跨企业的专家服务团队更好地开展工作，有时可能还会促进企业间专家的轮换或跨企业相关领域人力资源的整合。

5.5.2　专利及其相关知识的共享模式

专利等技术知识是知识经济时代企业发展的重要因素。专利是科学研究成果的重要表现形式之一，被认为是知识创新的源泉，世界上绝大多数发明创造都能在相关专利文献中查到。

1. 专利与专利联盟

在我国古代，专利的解释有三种：①专谋私利；《左传·哀公十六年》中记载："若将专利以倾王室，不顾楚国，有死不能"；②垄断某种生产或流通以掠去厚利；《明史·张四维传》："御史邵永春视盐河东，言盐法之坏，由势要横行，大商专利"；③专一而敏锐；北齐颜之推《颜氏家训·勉学》："人生幼小，精神专利，长成之后，思虑散逸，固须早教，勿失机也"。● 在知识产权中，专利主要有三层意思：第一，是专利权的简称，主要强调的是一种权利，它是指一种专有权；第二，指专利技术，主要是受到专利法保护的一些发明创造，可以是技术也可以是文案；第三，指物质文件，即专利局对发明创造人颁发的专利证书或者记载发明创造的文献。而在日常的口语中，我们所说的专利仅仅是指一种专有权。有些企业以某些专利技术为纽带组建了相应的联盟（也可将其称为"专利联盟"），通过彼此专利的交叉授权，实现专利及其相关知识的共享。

对于专利联盟的定义，目前还没有统一的解释。李玉剑在《专利联盟：战略联盟研究的新领域》一书中认为，企业专利联盟是一种基于专利交叉许可而形成的战略联盟组织●；美国《知识产权许可的反垄断指南》中将专利联盟定义为：两个或多个知识产权所有人为相互许可或对第三方许可而形成的协议；是彼此之间分享知识或者统一对外进行专利许可等而形成的安排●。从这些定义中可以看出，专利联盟主要就是指两个或两个以上的企业以减少研究成本、降低研究风险为目的而彼此相互之间分享专利或者将自己的专利对外进行专利许可而形成的联盟组织。专利联盟产生的原因归结起来主要有以下几种：开拓市场的需要，获取技术的需要，实现规模经济的需要，减少风险的需要以及实行人才交流的需要等。

对于专利及其相关知识共享的英文翻译，目前学术界还没有统一的、权威的答案。综合一些网上资料的整合及网上翻译工具的结果，可以有两种翻译，即"patent sharing"和"patent pool"。对"patent pool"在网络上进行搜索和查询，发现其汉译主要有三种，即"专利联营"、"专利联盟"及"专利池"。由于"pool"可以直译为"池"，所以最直接的翻译就是专利池。但是由于名词"pool"等同于"pooling agreement"即"联营协议"，动词"pool"可以指"组成联营体，联合经营"，所以"patent pool"也可以翻译为"专利联营"。从一些文献的内容和出处来看，经济学和管理学文献倾向于采用"专

● 百度百科. 专利 [EB/OL]. [2012-3-16]. http：//baike. baidu. com/view/50915. htm#1/

● 李玉剑. 专利联盟：战略联盟研究的新领域 [M]. 上海：复旦大学出版社，2006：5.

● 陈欣. 专利联盟研究综述 [J]. 科技进步与对策，2006 (4)：176-177.

利联盟"一词，法律类文献则多译为"专利池"或"专利联营"，不过一些经济学或管理学的文献也会用到"专利池"的表述，至于"专利联营"一词则只出现在法学文献中。❶

2. 专利及其相关知识共享范围

专利联盟内知识共享的范围主要包括：①某些专利权让渡与转让所涉及的专利技术知识的共享。专利权是一种专有权，具有一定的排他性，但企业组建了专利联盟后，可以在一定范围内实现专利的交叉授权，允许成员企业共同享用相关的专利技术。②专利文献当中的显性知识共享。已经申请并授权的专利已转化成一定的显性知识。世界上绝大多数专利都能在相关专利文献中查到，包括专利申请说明书、专利公报、专利数据库及检索平台等。③专利技术研发过程中的隐性知识共享。在专利技术的研发过程中，特别是企业间合作进行研发的过程中，主要是来自不同成员企业的研发人员之间进行沟通、合作与学习过程，涉及隐性知识的共享。④显性知识与隐性知识的相互转化。专利技术的技术原理及技术规则需要以显性化方式才能固定下来，才能为企业之后的技术创新提供相关保障，促使企业创新顺利开展；同时在合作创新过程中，需要借鉴前人的成果和已经公开的一些专利技术，这是显性知识到隐性知识的转化过程。

3. 专利及其相关知识共享实践及启示

目前没有任何一家企业可以拥有和使用行业内的所有先进技术及知识，专利联盟是企业联盟的一种特殊形式，在促进企业联盟的知识共享方面一直发挥着重要作用。

如在 NAND 型闪存领域位居前二位的三星电子和东芝，从 2002 年 9 月就开始共享半导体领域专利技术。再如 IBM 在全球拥有 4 万多项专利，是名副其实的"专利土"，于 2005 年 1 月宣布开放 500 项软件专利及所有非美国版本，其主要目的就是给全行业建立一个"专利共享"的基础❷，鼓励其他拥有专利的公司开放自己的知识产权，共享专利技术及其相关知识。在国内，

---

❶ Patent pool 的三种汉译：孰优孰劣？[EB/OL]. [2011 – 11 – 2].
http://blog.sina.com.cn/s/blog_ 4d7d20930100shd7.html. /

❷ 余翔，詹爱岚. 基于专利开放的 IBM 专利战略研究 [J]. 科学学与科学技术管理，2006（10）：81 – 84.

LED 产业为了避免像 DVD 案例一样的不合理收费，深圳 LED 企业组建专利联盟展开专利战，超过 70 家 LED 企业加入了深圳市 LED 专利联盟，旨在建立国内首家涵盖背光源技术、照明设计、测试封装等多个应用领域的 LED 专利数据库。❶ 通过联盟方式促进成员企业间的知识共享，是创新不足的情况下避免高额专利费的共赢举措。

专利及其相关知识共享更容易促进企业间的技术合作与创新，但从国内外基于专利联盟的知识共享案例来看，企业对于核心专利知识共享还是很谨慎的，因为专利知识共享可能涉及产权保护、企业核心知识的保护等。另一方面，基于专利联盟的知识共享也要避免知识垄断，因为专利权滥用现象的存在，专利联盟一直以来都是世界各国反垄断审查的重点对象。专利联盟自其出现以来经历了从大力支持到严格控制再到重新认可的反复过程，从中也相应地反映了反垄断机构对于专利联盟垄断问题认识的变化。如美国 Carl 教授利用库诺特（Cournot）模型中进行"互补问题"理论的分析，他提出专利联盟内的竞争型专利不利于专利联盟的发展；相反互补型的专利则会有利于竞争；企业追求利润最大化和交易成本最小化的本质需求是驱使联盟向有利于竞争方向发展的内部动力；相反，垄断组织对于专利联盟的过多干涉，则会阻碍有效竞争的形成。❷

5.5.3　版权作品及其相关知识的共享模式

版权是保护作品的重要方式，受版权保护的作品（包括文字作品、多媒体作品、服装设计作品等）中所包含的知识是企业共享的重要内容。

1. 版权与版权联盟

各国法律都赋予了受保护作品的版权所有人授权他人使用被保护作品的专有权。在知识经济迅速发展的今天，人们不再仅仅以法律制度的眼睛来看待版权，也不再仅仅以文化艺术的眼睛来看待版权保护的智力成果，而是开始用经济的眼睛重新审视，并分析版权；如世界知识产权组织 2003 年组织编写了《版权相关产业的经济贡献调研指南》一书，不仅总结了工作经验，也

---

❶　"专利门"卡住深圳 LED 企业　需抱团应对［EB/OL］．［2012 - 4 - 10］．http：//www. chinaave. org/new_ view. asp？id = 557.

❷　CARL SHAPIRO. Navigating the patent thicket：cross licenses, patent pools, and stand-ard - setting［J］．Innovation Policy and the Economy, 2001（1）：119 - 151.

为各成员国调研提供了切实可行的工具；相关课题组根据指南进行调研的结论显示：从整体上看，中国版权相关产业初具规模，版权对国民经济已产生了较为显著的影响；与其他国家相比，中国全部版权相关产业对经济的贡献率较高，但核心版权产业还有较大上升空间，部分版权产业因版权而产生的经济贡献还较低；从各国的研究结果看，版权相关产业的行业增加值年增长率高于 GDP 年增长率，版权相关产业特别是创意活动、新技术以及软件服务等是经济活动中最具有活力的领域之一，在推动经济增长方面具有重要作用。❶

由于版权的多重属性，版权保护不论在中国还是在国际上都是一个没有得到很好解决的问题。特别是随着互联网的发展，它为企业之间共享受版权保护的作品提供了一个很好的平台，但企业版权方面的纠纷也愈演愈烈。网络版权的扩张在新的国际条约和各国新的版权法里都得到了体现，作品的严格保护使得商业出版者的利益受到版权法的有效保护，在很大上阻碍了知识的传播与共享，斯坦福大学法学院教授劳伦斯疾呼"现行的知识产权法律在网络时代已经沦为特定利益集团的牟利工具"曾被广泛关注和引用❷。

以网络视频企业为例，版权纠纷从企业成立之初就一直没有间断过，因此其中的企业联盟也是变化最大的。如 2007 年土豆网因《疯狂的石头》、2008 年六间房因《夜·上海》与《双食记》、酷 6 因《赤壁》等被诉讼。2009 年开始面临着较密集的诉讼，如激动网联合保利博纳、橙天娱乐、上影英皇等 80 多家版权方宣布共同组建"反盗版联盟"，提出了针对土豆网的多起诉讼。华谊兄弟以侵权盗播《集结号》、《非诚勿扰》等影片为由，将搜狐网、新浪网、悠视网等国内知名网站告上法庭。湖南卫视因其制作的热门电视剧《丑女无敌》的网络播放问题，与多家视频网站对簿公堂。搜狐网联合激动网、优朋普乐等发起了"中国网络反盗版联盟"，直指国内最大的下载服务提供商迅雷为"盗版基地"，向优酷网等提出了高达上亿元人民币的索赔，将版权纠纷推到了一个新的高点。随着网络视频的蓬勃兴起，产生版权纠纷的原因也更复杂，如网络视频作品实名制管理的缺失、作品与版权人关联的

---

❶ 郝振省等. 中国版权相关产业的经济贡献研究 [J]. 出版发行研究，2010 (6)：5 – 11.

❷ 肖冬梅. 版权的争取、让渡与公众信息权利保障 [J]. 中国图书馆学报，2006 (4)：91 – 94.

困难、物理有形的数字作品创作证据的缺少、网络视频作品广泛传播等。网络上的信息来源广泛，其中很多是网友自行上传的内容。互联网企业作为承载和存储信息的平台，除一些最基础的技术过滤以外，通常很难对内容做其他处理。

在视频分享类网站诞生伊始，其内容本来是以网民原创为主要定位。但随着行业的发展，当用户越来越习惯在网上看视频的时候，一些具有版权限制的内容所占的比重不可避免地增加了。一方面，国内的互联网视频企业因盗版泛滥带来视频网站的严重同质化，"正版化"已日渐成为发展趋势；另一方面，受传统资源群体打压和政府规管，视频网站被挤入重视原创的道路，网站编辑制作各类原创作品上传，吸引网民点击，同时也鼓励网民上传原创作品和网友分享。但是为了适应网络用户上网看视频的行为习惯，更好地满足其需求，各网络视频企业不得不结成相应的版权联盟，加大在版权方面的合作，如进行视频资源联合采购及同步播放，加强对授权商的选择与考核，签署更广范围内的版权合作等。在这一背景下，版权联盟已成为网络视频企业实现共赢的一种重要战略选择。为规避版权保护的限制，扩大受版权保护范围内的知识共享利用，提高整体的竞争力，有些企业以某些版权作品为纽带组建了相应的联盟（也可将其称为"版权联盟"），实现版权及其相关知识的共享。而在其他受版权保护的作品及其相关知识共享中，企业联盟也是广泛应用的一种战略选择。如广州服装版权交易中心就是企业间通过联盟方式共享版权作品及其相关知识的中介服务机构，目的就是避免各企业间低层次的相互模仿和抄袭，提升广州地区服装企业的自主设计能力。

2. 版权作品及其相关知识共享范围

版权联盟内知识共享的范围主要包括：①首先是某些作品的版权的让渡、转让与共享。②某些作品的邻接权的让渡、转让与共享。③版权作品及其演绎作品内容的共享。我们认为基于企业联盟的版权及其相关知识的共享主要是版权作品的内容共享，这主要体现为显性知识共享过程。④显性知识与隐性知识的相互转化。企业在作品的传播、开发利用、评价与比较等过程中，也融合了相关企业成员甚至用户的智力劳动，这一过程也涉及了显性知识——隐性知识的转化、隐性知识的共享及新知识的创造等。

3. 版权作品及其相关知识共享实践及启示

为减少采购谈判成本、争取更优惠的价格、促进双方知识内容的互惠共享等，联盟方式在图书馆的信息资源共享过程中一直发挥着重要作用。为应对共同面对的版权问题，促进企业间更广泛的知识共享，很多企业也组建了相应的版权联盟。

如谷歌早期主要通过与巨鲸音乐的合作来提供 MP3 音乐搜索，2009 年 3 月，谷歌又与华纳、环球、百代、索尼四大唱片巨头签署合作协议，以上唱片公司旗下 MP3 音乐将被提供至谷歌音乐搜索平台，试图以解决屡受版权困扰的 MP3 搜索问题。❶

这里主要以优酷网与土豆网的联盟及其知识共享为例进行分析。优酷网是境外注册境内经营的一家企业，创建于 2005 年，2010 年 12 月在纽交所上市，股票代码 YOKU，截至 2010 年 9 月，优酷 6 轮融资额 1.6 亿美，注册用户数为 7653 万人，视频总数达到 4500 万个；土豆网也创建于 2005 年，2010 年 11 月准备在纳斯达克上市，代码 TUDO，后因一些特殊情况推迟上市，截至 2010 年 9 月，土豆 6 轮融资额 1.35 亿美元，注册用户数为 7170 万人，视频总数为 3630 万个。❷❸ 2010 年优酷网、土豆网这两家公司占据了国内网络视频领域超过 80% 的市场份额。可 2010 年 2 月 3 日，曾经作为行业冤家的优酷网、土豆网正式宣布推出"网络视频联播模式"，主要内容有：①互相开放片库，两家网站的原创频道都汇集了不少草根视频，通过合作可以交换自有内容；②联合版权作品采购，因为一方面"中国网络视频反盗版联盟"所推动的正版化趋向，另一方面可以规避热播剧网络版权的高价泡沫风险；③启动联播机制，即同样的作品在一个平台里播放，不如在多个平台上播放，这样产生的播放量更大，其意在以有限的正版资源换取更大广告回报，同时开始主动反诉讼搜狐、酷 6 等网站。刚结盟时就交换了《与空姐同居的日子》和《海派甜心》两部热播剧的版权。优酷网和土豆网经过 2 年多的结盟合作和知识共享后，2012 年 3 月 11 日，双方又合并成了一体化联盟。

从以上的案例我们可以看到，版权联盟在促进企业知识共享过程中发挥

---

❶　方堃. 谷歌结盟四大唱片巨头　解决 MP3 搜索版权问题［EB/OL］.
　　http：//news. ccw. com. cn/internet/htm2009/20090330_ 610013. shtml.

❷　江涛. i 美股投资研报——优酷网［EB/OL］.［2010 – 11 – 22］.
　　http：//news. imeigu. com/a/1290397077058. html.

❸　邹震. 优酷土豆招股书点评：古永锵财技略胜一筹［EB/OL］.
　　http：//tech. qq. com/a/20101117/000479. htm.

了重要作用。但在基于版权作品开展合作与知识共享过程中，企业尤其是互联网企业应加强自律经营；目前视频网站规避版权纠纷的最主要依据是"避风港原则"，这一原则条款最早出现在美国 1998 年制订的《数字千年版权法案》，它规定在发生著作权侵权案件时，在网络服务提供商只提供空间、不制作网页内容的情况下，如果被告知侵权，则有删除的义务，否则就被视为侵权；如果侵权内容既不在网络服务提供商的服务器上存储，又没有被告知哪些内容应该删除，网络服务提供商则不需要承担相应的侵权责任；我国 2006 年 7 月 1 日开始实施的《信息网络传播权保护条例》中出现了同样内容的条款，如其第 14 条和 23 条都明确规定在处理侵权纠纷时可以运用"通知与删除"的简便程序，这大大减少了互联网行业承担法律责任的风险；行业内普遍基于"避风港原则"的规定，对于一些侵权内容只要网站在收到版权方的通知以后及时删除就可以免责。虽然互联网企业有"避风港原则"，但不能说互联网企业绝对无需承担内容审查责任。为增强企业自律，以优酷等企业为主体，成立了 2010 年中国版权协会互联网版权工作委员，百余家企业共同签署《中国互联网行业版权自律宣言》。

另一方面，版权促成了信息和知识的垄断和不对称，使版权方在市场中处于有利地位；企业联盟也要避免因版权的过于集中形成行业垄断，这样更不利于产业的总体发展。在我国企业联盟知识共享过程中，还应不断加强对企业联盟的行政监管和其他保护体系，使基于企业联盟的知识共享在知识产权的保护框架内开展。

5.5.4　流程知识的共享模式

从企业的业务流程出发，分析流程知识内容及其对企业经营目标的应用支撑已成为企业实施知识管理的一个关键环节。基于企业联盟的合作也是企业的业务流程优化与重组的一个过程，在这个合作过程中，也是企业间流程知识共享的过程。

1. 业务流程与流程知识

业务流程就是把一个或多个输入转化为对顾客有价值的输出活动，业务流程重组是为了实现关键性指标如成本、质量、服务和速度等方面的根本改进而对业务流程彻底地再思考和再设计的过程。业务流程是与企业的经营目标密切相关的，是通过一系列分工与协作，从而为特定市场提供输出而组织起来的活动总和。

企业知识管理的实质就是为了更好地实现企业的经营目标,分析业务流程所要完成的主要任务、所需要的知识配置以及具体的知识处理规范等,通过分析、评价企业业务过程中的技术、专家、规则等知识配置与应用情况,并为企业优化与重组业务流程提供决策支撑等。因此,在企业的业务流程分析基础上能够映射出相关的知识活动。如知识管理的先行者托马斯·H·达文波特(Davenport)同时也是流程再造的创建者之一,他认为知识导向的管理者应该检查每个流程,以确定它可以反映出企业中知识的必要性。

流程知识是支持企业业务流程运作的知识,是与企业业务流程运行相关的显性知识和隐性知识的集合。根据业务流程的运行,可分为流程分析知识、流程设计与建模知识、流程实施知识、流程评价与反馈知识等。①流程分析知识,是在分析与企业经营目标相适应的业务流程基础上而产生的知识,如通过分析业务流程运行所需要的构成元素、关系规则等,通过分析业务流程的采购、生产、库存、销售、财务等不同实现功能等,通过分析部门内的流程、部门间的流程、企业间的流程等不同流程运行范围等,都可能产生相应的流程分析知识;②流程设计与建模知识,在业务流程识别与分析的基础上,需要对现有不合理的流程进行再设计与建模,以根据企业经营目标的需要进行优化。在设计新的业务流程时,应考虑企业的需求与经营目标、企业现有的技术与人力资源等。在新的业务流程设计基础上,需要对其进行模拟和检测,以获取相应的反馈信息并不断修改模型,这样在企业的业务流程设计与建模过程中,会产生相应的知识;③流程实施知识,如果通过对所设计的与业务流程进行模拟后,能获取与企业经营目标较贴近的目标,就可以实施流程,一般地,流程模拟条件和真实的运行环境之间总有一定的差别,在流程实施时很可能发现许多问题,若能将这些问题和解决方法存储下来,逐渐地就形成关于流程实施中的相关知识,而这类知识又经常表现为相关的经验、技巧和诀窍等。④流程评价知识,流程实施后可根据用户满意度、运行时间、运行速度、运行的可靠性与稳定性等指标来评价相关流程知识,包括运行的环境、过程、结果等,这样在对业务流程进行评价的基础上就可能产生相关的流程评价知识。

2. 流程知识共享范围

基于企业联盟的流程知识共享范围主要包括:①基于合作业务流程的显性和隐性知识共享,企业的每个业务流程都会产生或应用相应的知识,基于企业联盟的合作流程也会促使企业间共同创造或利用相应的知识；②各企业的显性化流程知识的沟通与共享。企业间共同创造或利用的流程知识，往往是相应流程制度化的结果，是相关业务流程在实践中得到优化而形成的规范化的操作程序，能改进企业联盟的合作业绩；如果通过文本或相应软件显性化的话，可用来培训企业员工、促进彼此间的交流，能为企业联盟带来一定的竞争优势；③流程知识共享包括与企业间合作业务流程相关的流程分析知识、流程设计与建模知识、流程实施知识、流程评价知识的相互转化与共享等。

3. 流程知识共享实践及启示

企业联盟的形成对企业的某些业务流程会产生一定的影响，企业间的流程知识共享实践贯穿于企业联盟的每一个发展阶段。因此，成员企业间的流程知识共享是最普遍的；甚至可以说，只要有企业联盟的存在，基于企业联盟的流程知识共享活动就会发生。

如普华文化公司与弗布克管理咨询公司在联盟基础上进行的出版流程知识共享就是一个很好的例子。普华文化发展有限公司成立于 2004 年 4 月 1 日，由人民邮电出版社和新华管理咨询公司共同出资成立，它的业务主要是在经管图书市场上寻求突破，在成立之初就在人力资源领域引进了 10 本图书；弗布克管理咨询公司当时还是一个没有规模的小图书工作室，但它在 2004 年 3 月提出了以知识管理为中心，集出版、培训、咨询与传媒于一体促进知识传播、实现"网络经济 + 知识经济 + 传媒经济"的发展构想，决定从最普通的纸质图书出版来发展其他板块，并开始寻找合作伙伴。2004 年 8 月双方开展了第一次合作，出版发行"弗布克管理职位工作手册系列"的第一本图书《职位说明书设计手册》；由于刚开始合作，双方对彼此的业务流程不够了解，如在指派责任编辑时，就根据哪个编辑手头没有活就随意安排的方式进行编辑任务分配，由于编辑的经验不足和双方互动交流的欠缺，第一次图书出版内容差强人意，直接影响销售。为此，双方企业领导进行了面对面的交流，分析各自业务流程的优势与不足，总结了教训，并提出了相应的要求；在第一次合作基础上，第二本书《人力资源管理职位工作手册》很快顺利地完成，而其发行量和印刷次数都达到了普华文化发展有限公司出版历史上的最高，成为了当时国内经管图书市场上较有影响的图书，如 2005 年 1 月此书出版后共印刷了 17 个版次，销量达到 10 万册，并在 2008 年 10 月出版第二版。从此双方之间的合作、交流、学习就更多了；如弗布克公司向普华提供选题出发点、写作体系和风格、同类图书分析、读者分析、市场定位和销量预测、产品线及收益分析等选题报告；普华也不断地向弗布克提供国内最权威的《开卷报告》等相关数据。通过不断的知识交流和业务流程合作，双方的知识能力都得到很大提高；2007 年 8 月双方合作的 10 本"规范化管理工具箱"系列图书集中上市，短短一个月 5000 套即销售告罄，这套书也因此成为 2007 年国内经管图书市场的一道亮丽风景；另外由于这些图书的影响，普华人力资源类图书在两个月内跃居国内市场排名第一，市场份额达到 24%。❶

因此，普华公司与弗布克管理咨询公司的结盟，不仅是出版业务流程的合作典范，也是图书出版领域内的流程知识共享的典型；普华公司在国内市场中确立了经管图书的一定竞争优势，弗布克咨询公司也因为出版业务流程的合作而成为国内创作管理实务图书最大的企业，以图书出版为基础的其他咨询、培训业务等也迅速发展起来。

从以上的案例我们可以看到，企业间的合作关系直接影响到企业间的业务流程和相应的流程知识共享。普华公司与弗布克管理咨询公司随着合作的深入，双方所涉及的业务流程合作范围不断地拓展，所共享的流程知识内容也在不断增多，在合作和流程知识的共享过程中，企业联盟整体的合作绩效和竞争力也不断得以提高。但企业联盟内的业务流程较复杂，而流程知识也有自身的特点，这使得联盟内的合作伙伴之间不可避免地存在竞争现象，其中可能涉及知识产权的归属与知识产权的保护、无形资产的价值估算、知识产出引发的收益分配等问题。如果缺乏彼此间的信任，不能进行持续的沟通交流的话，必然发展不了联盟与合作关系，企业间的流程知识共享也只能流于形式。

5.5.5　客户知识的共享模式

客户不仅是企业产品与服务的消费者，也是企业知识的提供者与反馈者。在现代企业的发展过程中，为更好地加强客户关系管理，促进企业间客户知识的开发，一些营销联盟、服务联盟等通常成为企业间共享客户知识的一种重要方式。

1. 客户知识与客户关系管理

企业在经营过程中，一直都是很重视客户的。因为客户是企业价值的源

---

❶　贾福新. 战略联盟演进中知识共享模式研究——以出版业为例［J］. 物流技术，2009（5）：22－24.

泉。客户拥有很多对企业有价值的知识，客户在与企业的交易和交流过程中，往往会表达自身的需求，会提供产品和服务的使用体验及改进建议等。来自于客户的知识是绝大多数企业进行市场开拓和产品创新所必需的，这种知识虽然是企业及其联盟外部的知识，但却是非常重要的，它最有可能为企业带来直接的经济回报。

客户知识主要包括：①企业客户本身所体现出来的知识，如企业的客户对象有哪些，潜在的客户有哪些，客户的基本资料、客户的地区来源、行业分布、消费特征、交易历史、再次光顾本企业的可能性等；②企业客户所需求的知识，客户在消费与利用企业的产品与服务过程中，也可能从自身的角度出发，对企业的生产经营提供建议，或直接参与企业的一些生产经营过程，企业客户把自身所需求的知识提供与反馈给企业，需要企业储备相应的知识并转化为相应的生产与服务能力，企业与客户的交互过程中进行知识引导和知识转换，既帮助客户更好地理解企业的产品和服务，也使企业的产品和服务能更好地满足客户需求；③来自于企业客户的其他知识。客户不仅了解自身的需求，也可能了解竞争对手知识、行业知识、其他客户知识等。而有些知识企业本身不一定能够全部掌握，如果能够同客户建立密切的知识交流与共享机制，及时了解客户的情况及客户所掌握的知识，无疑会使企业更紧密地贴近市场，大大提高企业决策的准确性和在市场上的竞争能力。

客户关系管理是现代企业根据客户关系的变化而采用的一种先进管理理念和战略；对于客户关系管理 CRM（Customer Relationship Management），中国客户关系管理研究中心（CRM Research center of China）从管理哲学、经营管理、技术方法三个层面对此进行了界定：CRM 是先进的管理与信息科技结合的典范，是企业为提高核心竞争力，重新树立以客户为中心的发展战略；是企业以客户关系为重点，通过开展系统化的客户研究，优化企业组织体系和业务流程，提高客户满意度和忠诚度，提高企业效率和利润水平的完整管理实践；是企业不断改进与客户关系相关的全部业务流程，在努力实现电子化、自动化运营过程中所创造和使用 IT 技术及集成方案等的总和；总之，CRM 的根本目的就是最大化客户资源价值，不仅要保持现有客户和识别有价值的客户，使现有客户重复消费，而且要不断开拓新市场，吸引新客户，充分挖掘自身的客户资源。在企业进行客户关系管理的过程中，也是不断识别、转化、收集、存储与运用客户知识的过程。但在传统的客户关系管理中，对客户的需求挖掘、客户的满意度与忠诚度等是比较重视的，对于客户所拥有的知识则缺乏必要的管理与运用。目前很多企业都进行了客户信息的收集，但这些客户信息是零碎的，对企业的经营管理产生的影响不大。再完善和丰富的客户信息也需要通过科学手段进行处理，才具有相应的利用价值，经过各部门的共享应用才可能转化成企业的客户知识。所以，有些也提出了知识型客户关系管理，认为其将知识管理和客户关系管理整合在一起，增加了企业对客户信息分析和契合的深度。

2. 客户知识共享内容

虽然有时企业与其客户之间可能结成联盟，进行客户知识的共享，在这里为了研究的需要，我们将其认为是企业通过客户关系管理促进客户知识共享的过程，是企业内部的知识共享过程。我们假设基于企业联盟的客户知识共享是成员企业之间共同进行客户关系的管理，从而挖掘与共享应用客户知识的过程，在这一过程中，各个企业客户本身所体现出来的知识、企业客户所需求的知识、来自于企业客户的其他知识可能被其他成员企业所共享应用，甚至内化为联盟整体的客户知识。

3. 客户知识共享实践及启示

基于企业联盟的客户知识共享在一些营销联盟与服务联盟中是较常见的，通过联盟，增加成员伙伴间客户知识的交流，扩大客户知识的应用范围，提高客户知识的利用价值。

如每年的节假日、黄金周、展览会或博览会上，各大超市、卖场都会进行相应的促销活动。有时一些企业期望刺激客户的潜在需求，而直接的效应就是组建相应的营销联盟进行捆绑销售等，在以最优惠的价格吸引客户的同时，也着手加强客户知识的管理与共享。如在南昌举办的"2008 年秋季全国制药机械博览会"上，瑞安市"8 + 2 制药装备技术战略联盟"首次组建联盟形式，从中药提取、浓缩、干燥、充填、包装到装箱，8 家企业一反以往"同行相见分外眼红"的状况，而是根据各自的技术优势，在展会上拿出了各道工序上的拳头产品，让客户看到整套"活的生产线"。在"8 + 2 联盟"内部，其实 8 家企业也有不同的利益诉求，存在一定的同质竞争。联盟后赢得的客户洽谈数比"分散作战"增加了 30%。在随后两年的实践过程中，联盟的优势集成效应正在逐步显现。目前，联盟中的"提纯浓缩、干燥及自动化技术的开发"项目，被列入了浙江省科技支撑计划重大项目；联盟还计划争

取与省内一家大型制药企业合作，承接该企业的设备改造任务——这些在以往企业单打独斗时，是无法企及的"行业高度"。❶

从以上案例可以看到，通过企业联盟进行客户知识的共享可以为企业及其联盟整体带来较高的价值。一般企业都将它的客户及其相关资料视为商业秘密，可在竞争越来越激烈的市场经济中，即使是前面例子中的成员企业间存在一定的同质竞争，客户知识的共享不但可能而且产生了相应的规模效应。当今一些行业领军企业，拥有相应的品牌效应，而且自身的销量大，拥有强势的渠道资源和优良的客户口碑，如果能够更紧密地结合成利益共同体，客户知识效应会更加明显。但如果联盟伙伴的选择过于随意，费用不透明，缺乏管理经验与信任机制，再加上本身不重视客户关系的管理与客户知识应用的话，成员企业间客户知识的交流、共享与应用只会是表面功夫，客户知识对企业及联盟整体的价值也不可能产生多大的影响。当然，通过联盟方式共享客户知识时，应以保护客户隐私和信息安全为前提，不能违背客户意愿和行业内的职业道德准则。

5.5.6 其他知识的共享模式

基于企业联盟的客户知识共享客体是多样化的，除了前面分析的主要共享内容外，还会涉及企业联盟的外部竞争环境与国家宏观政策、企业商标及商业秘密等知识共享问题。如商标是企业非常有价值的无形资产之一，往往浓缩了企业的理念、文化、价值体系等隐性知识。如上海恒源祥公司其前身只是上海南京路上的一家绒线店，却一直坚持以商标为纽带建立企业间的战略联盟，且不断地拓展市场，形成强大的企业联盟，目前已经吸引了上海、江苏、浙江等地企业加盟，已打破绒线业一业为主的限制，产品已经延伸到羊毛衫、内衣、床上用品、羊毛制品专用洗涤剂等。恒源祥组建联盟及其知识共享的实践表明，商标等无形资产所蕴含的知识作用有时比有形资产的作用更大且更有影响，只要科学地操作，不仅能增强企业的品牌规模化经营，而且能增强企业联盟成员在市场中的竞争实力和学习能力。

---

❶ 晓明. 企业联盟：温州民企谋划下一个江湖 [EB/OL]. http：//www. zj. xinhuanet. com/newscenter/2009－04/30/content_ 16393983. htm.

第 6 章　基于企业联盟的知识共享策略

基于企业联盟的知识共享虽然有不同的共享模式，但应用的主要共享策略基本是相同的，主要包括企业联盟知识库的建设与共享、企业联盟隐性知识的挖掘与共享、企业联盟知识共享网络的构建与演化、企业联盟知识地图的构建与应用等。

6.1　企业联盟知识库的建设与共享

知识库（Knowledge – base）是知识的集合，它包含两层含义：第一层意思是指存储知识的物理实体或者是一种逻辑，另一层含义就指知识本身。如百度百科所能查到知识库的概念表述为"知识工程中结构化，易操作，易利用，全面有组织的知识集群，是针对某一或某些领域问题求解的需要，采用某种（或若干）知识表达方式在计算机存储器中存储、组织、管理和使用的相互联系的知识片集合"❶。知识库系统的产生和发展其实是人工智能与数据库这两项计算机技术的有效结合，是支持存放和管理已数据化的关系、命题、规则等知识的信息网络系统，是人工智能技术与数据技术的有机结合。随着数字化技术和现代互联网的发展，知识库已成为目前企业对其自身所积累的知识进行管理的重要手段，也是基于企业联盟的知识传递、传承和共享的主要载体。

6.1.1　知识库与企业联盟知识共享

建设企业联盟知识库就是要形成有利于企业联盟知识共享实施的知识管理模式。知识库是企业联盟知识共享的主要实现方式之一，而企业联盟知识共享也需要相应的知识库支撑。

---

❶　百度百科. 知识库［EB/OL］．［2012 – 3 – 12］http：//baike. baidu. com/view/7976. htm.

1. 知识库是企业联盟知识共享的主要实现方式之一

企业联盟知识共享的实现方式有很多，而知识库是其中的主要方式之一，知识库有利于促进企业联盟内的显性知识交流与共享。在信息爆炸的数字化时代，对于知识本身，其生产速度不断加快，生产过程中所产生的副产品也不断增多，如工作总结、实验所获得的第一手数据、研究报告、调研报告、现场记录数据等，而这些资料的学术价值正在日益升温，如某一项实验的第一手数据有可能导致新的科学发现。对于知识利用者来说，企业科技人员的学术交流活动更加密切和频繁，交流方式也在不断更新，呈现多样化。因此，也必将产生种类繁多、数目巨大的科技文档或设计图纸等，而这些文档不可能每件都能正式出版发行，其他企业员工由于条件的限制很难获得这些科技文档或设计图纸等，而知识库的建立，是有效解决这一矛盾的方案。它通过对企业生产经营过程中所产生的工作总结、研究报告、调研报告、现场记录数据、科技文档或设计图纸等进行全面的搜集整理、有效组织和深入挖掘，为知识和使用者之间搭建一条便捷的流通渠道。通过建设相应的共有知识库，把企业联盟内有价值的知识资源整合到一起，从而为所有的成员企业提供开放的服务，扩大对企业联盟系统内共有知识资源的检索利用。

同时，知识库有利于提高企业联盟的知识管理与共享效率。企业联盟的知识库能把成员企业关于某一问题的解决方法都存到知识库里，成员企业可以检索利用，也可以对该方法进行改进与完善。成员企业之间的交流和沟通会更加顺畅，也使得企业联盟内部更加协调，工作效率得以提高。如从销售方面来说，知识库可以实现对客户知识的有效管理与共享利用。长期以来，销售部门的知识管理都比较复杂，很多客户的知识对于企业来说是很宝贵的，但是其往往又没有被很好地记录下来，只是存在于一些以前销售人员的脑海中，形成他们所特有的隐性知识，但随着他们工作的调动，这些知识便会很容易地流失掉。因此，企业知识库建设中的一个重要组成部分就是将客户的所有知识放进知识库中保存起来，从而方便新的业务人员随时共享与利用。知识库将知识有序化后，用户用于检索信息和知识的时间大大减少，知识与信息之间的共享越来越方便。

2. 企业联盟知识共享需要相应的知识库支撑

在企业联盟知识共享过程中，需要对其知识进行管理，而知识库有利于保存企业联盟的共有知识，有利于企业联盟组织实现知识资源的长期保存和动态更新，有利于企业联盟知识管理的实施。其主要表现在：①有利于加强企业联盟内显性知识的管理。显性知识是指那些经过人加工整理，通过编码和有序化后，以文字、公式、计算机程序等不同形式表现出来的知识，这些知识可以通过正式渠道进行传播，也能够被知识拥有者之外的其他人共享和学习。科学技术的飞速发展和企业组织的信息化建设，使企业联盟对于显性知识的编码和管理技术也日益成熟。知识库的建设不仅是对知识源进行搜集、整理和加工，也是按照一定方法对其进行分类、组织和保存，通常提供不同的检索途径和入口。通过对各种数字化知识资源进行系统揭示与组织，有利于挖掘知识资源之间的内在联系，实现显性知识的有效保存、共享与创新。②有利于促进企业联盟内隐性知识的显性化转换。企业联盟内存在着大量隐性知识，知识库的建设也是对企业员工头脑中的知识和学习实践经验等隐性知识的管理和传递，是对相关隐性知识进行显性化转换的重要途径。在建库的过程中，通过对知识进行统一的编码和数字化，大量的隐性知识被转化为显性知识，从而让大量杂乱无序的知识或者信息变得有序化。③有利于提高企业及其联盟知识库的利用率。知识库是现代检索系统的基础数据来源，现代很多企业都建立了企业知识门户，企业员工不仅需要通过企业门户了解有关企业的时事、新闻、通知等，也需要通过相应的企业门户检索并获取有关企业经营的相关信息和知识。可在不同成员企业门户互操作基础上，实现企业联盟知识库内容的调用和共享应用。

6.1.2　企业联盟知识库的建设策略

企业联盟知识库的建设具有一般企业知识库的建设特点，但又要结合企业联盟知识的共享需求，保证企业联盟知识库的建设既能满足成员企业知识管理的需求，又能满足成员企业间的知识调用与共享需求。这里主要从企业联盟知识库建设所应遵循的基本原则、知识资源的采集、知识库内容的质量控制、功能模块的构建与实现等方面来分析。

1. 基本原则

企业联盟知识库的建设应遵循以下原则：

（1）实用性原则。企业联盟知识库的建设必须依据联盟的知识共享目标与要求、成员企业的知识基础与知识需求而有针对性地进行知识库的资源建设。企业联盟的知识共享目标与要求不同，所要求收集的知识资源的范围、类型、共享权限等都有很大的不同。如对于以内生型为主的联盟知识共享目标，应主要加强联盟内各成员企业的特色知识资源建设，或加强能促进知识创新的项目知识资源建设。同时，在企业联盟内的知识库建设任务分工过程中，还应充分考虑各成员企业的知识基础，以保证能顺利地完成相关任务。

（2）标准化原则。标准化是企业联盟知识库建设的基础性工作。标准化原则要求企业联盟知识库的建设应遵从统一标准，按照先进的国家标准甚至是公认的国际标准来进行知识库建设，从而从技术上推进企业间的知识共享，避免知识库之间出现所谓的"孤岛"现象，做到企业联盟内不同类型的知识库甚至不同企业的知识库之间都能互联互通与充分共享。但在企业间当前的知识库建设与共享中，有的企业可能已经建设了一定的特色知识库，这时也并不可能推翻已有的知识库系统，而是要尽量整合已有的知识库系统，实现彼此间的互操作，使企业联盟知识库建设走上标准化与规范化之路。

（3）开放性原则。开放性应是企业联盟知识库的最大特点，因为其主要目的是为了解决成员企业所面临的问题，使成员企业间能共享问题的解决方法。因此，内容上的开放是其最主要的表现，知识库中的共有知识内容要对所有的成员企业开放，成员企业也能直接提出问题或者对已有相关知识问题进行修改、完善或者更正。

（4）中立性原则。在企业联盟知识库的建设过程中，因成员企业的利益问题或立场问题，往往会对同一个问题提出不同的看法或态度，甚至会出现意见分歧等，这时联盟企业知识库的编辑者必须从事实数据出发，抱着实事求是与公平的态度，尽量使用客观性的语言，对所有的观点和解决方法进行陈述。中立性的原则为各种客观观点提供了表达的平台，是企业联盟知识库建设必须坚持的重要原则。

（5）系统性原则。任何知识单元之间都具有一定的联系，企业联盟知识库的建设应根据知识单元之间的联系进行编辑加工。企业联盟知识的系统性要求知识库的建设必须遵循系统性原则，共享牵涉到共享各方的共同参与，保持联盟内各成员企业之间的知识库内容具有相应的系统性，才能便于协调各方利益。

（6）发展性原则。随着企业间合作的加强，企业联盟的知识资源体系也在不断增长，它是一个不断成长着的有机体，因此企业联盟的知识库建设应该遵循发展性原则，有计划、有重点地发展和建设相应的知识库。关于某一问题的解答有可能会被不同的成员企业进行编辑与完善，知识库就是在这样的加工过程中不断发展和完善的。

2. 知识资源的采集

企业联盟知识库的建设首先要确定管理的知识。在任何一个企业或企业联盟体内会存在着各种各样的知识，知识库建设必须明确需要管理的知识类型与范围，并非每个方面的知识都需要去进行加工整理。企业联盟知识库建设的知识资源来源主要有两方面：一是把企业及企业联盟已有的知识进行提炼加工，在它们日常的业务运行过程中，会产生各种各样的规章制度、工作文档、总结报告等；二是在已有的知识资源积累基础上进行知识创新，而这一过程也要对已有的知识进行分析，甚至进行知识的再加工和创造。

企业联盟知识库的内部资源采集主要通过内部成员企业的提交与存储来实现，主要有三种方式：①成员企业自主存储模式，是指企业联盟内部的成员企业自主提交相关的知识条目并自动进行存档，将自己的相关知识资源提交至本企业（但保证其他成员企业可以互操作）或联盟体共同的知识库建设平台上。在知识库的建设初期，为了扩大知识库的覆盖范围和容量，这应是一种较为普遍而理想的资源采集模式。但在任意一个企业联盟内，成员企业之间的知识共享都不可能是完全而充分的，知识共享与知识保护经常同时存在，成员企业总会担心自己的知识成果在被共享利用后会面临知识产权风险而对自身构成威胁，因此这就需要企业联盟制定相应的激励措施，并通过加强宣传、推广应用等方式来增强成员企业的共享意愿。如果成员企业都认识到并实践这一模式，成员企业之间的知识共享将会变得越来越活跃，这将使联盟知识库资源得到极大的充实。②强制成员企业存储模式，在企业间的知识共享过程中，强制成员企业存储本身的部分知识资源也是非常有必要的。因为企业联盟是一个利益共生组织，知识共享需要各成员企业的主动参与，为避免成员企业出现只想共享知识而不贡献知识的现象，可利用知识产权许可协议，对成员企业的一些知识成果采取强制性存储方式，以使其知识资源能在相关制度和知识产权协议的框架内提供给其他成员企业利用。相较于自主存储模式，强制存储模式具有一定的强制性和约束性，这时应考虑到成员企业的知识产权保护措施，使知识共享利用在合理的范围之内，如有可能的话，应进行一定的利益补偿。强制存储只有尊重成员企业的知识共享意愿，才会持续进行，否则不要说知识共享，连企业联盟间的关系也会受到相应的影响。③协议代存储模式，对于企业联盟成立后所产生的某些共有知识，通常可以采用协议代存储模式。为提高工作效率，这时不需要每个成员企业存储相关知识资源，可以委托联盟体内的某些成员企业或成立专门的组织机构来负责相关知识资源的存储。这样能够在一定程度上减少重复建设，减少成员企业知识库的资源管理与维护成本，也有利于对所存储的知识资源数量、属性和质量进行控制。但在采用这种存储方式时，需要所有的成员企业同意并签订相关协议，避免发生日后的知识产权纠纷。

衡量知识库资源采集的标准主要有两条：一是知识库的内容数量，任何缺乏内容的知识库都是无法吸引使用者的，内容的多少往往影响访问量，在知识库正式运行之前，首先要保证一定的内容基础，要保证最常见的一些问题先放入知识库，太少会让大家从一开始就对知识库失去兴趣，而且知识资源的采集是一个持续的过程，需要激励成员企业自主地或采取一定措施强制成员企业持续地向知识库内添加新的内容，这样知识库内容才会增加和持续更新；二是知识库的覆盖面，知识库的建设应确定相应的覆盖范围，应尽量覆盖企业联盟正常运行当中所需要的各个知识点，保证成员企业总可以在知识库中找到自己需要的相关知识。

3. 知识库的质量控制

资源采集只是企业联盟知识库建设的首要环节。对于采集而来的知识资源，需要对它的可靠性、权威性、价值大小等进行一定的判断，需要利用一定的分类和加工标准进行组织整理，需要对其管理维护和应用范围进行权限限定等。知识库的质量控制主要体现在内容审查、加工整理、管理与维护等方面。

（1）知识库内容的审查。在知识库建设的资源采集过程中，已有一定的原则和要求限定。但提交到知识库的资源在内容质量上并没有一个明确的控制标准。为了防止因冗杂和错误的知识资源影响到知识交流和共享利用，有必要对知识库内容进行审查。首先要从形式上进行内容审查，主要是从知识条目的内容是否属于收录的范围、是否与已有条目重复等方面着手。其次是对内容质量方面进行审查，也就是要对知识条目内容的可靠性、权威性、价值大小等进行一定的判断。可靠性判断是非常重要的，知识库中错误的知识内容可能会影响成员企业的共享兴趣和决策，可靠性可从知识的来源、所记载内容的真实与否等方面进行考察；权威性影响了成员企业对知识共享内容的选择，权威性一般可从知识创造者的资历、经验、合作关系等方面进行考察；知识条目内容的价值大小一般是很难确定的，因为知识的价值往往只有在应用和解决实际问题的过程中才会体现出来，但也可以在综合考察知识的可靠性和权威性等基础上，从成员企业的利用评价中进行判断。

（2）知识库内容的加工整理。知识库建设的目的是为了方便检索利用和有效保存。在企业联盟的合作与日常运行中产生出来的知识通常是零散而不系统的，如企业联盟内的一些论坛与虚拟社区中产出的知识等。需要对审查后的知识库内容进行分类与标注，这需要考虑知识库条目的数量、质量及其知识条目之间的关联，才能系统管理与揭示知识库内容，尽量用多维属性的标签标注出来以方便检索利用，从而使有价值的知识资源能得到长期保存与保护。知识库内容的加工整理首先要规范分类。知识库系统中对于知识的加工整理方式主要有：一是根据内容主题划分，对一定主题范围内的知识内容进行聚合分析，通过自然语言等进行描述，以提高知识内容的加工整理效率，方便查找利用；一是根据学科进行分类，能较好地揭示相关和相邻学科知识之间的关系。当然，在很多时候，也是多重标准的综合运用。知识库内容按一定标准分类之后，需要根据使用者的习惯、内容标准等进行描述和整合。在描述过程中，目前广泛应用的元数据方法能对资源内容进行准确有效的标引，能科学揭示资源的内容特征。如在企业联盟合作业务过程中产生的知识，可根据相关知识产生的背景、过程、与已有解决方案的关联等进行全面分析揭示。这样使用者在检索时能充分了解相关知识内容，整个操作过程更加方便快捷。这样，通过对知识库的知识内容进行合理化分类与内容揭示，可建立科学合理的知识导航系统，能对知识的大类及其分支进行合理规划，简单明了的知识大类下还可设置细而全的分支小类，提供多层次知识检索和浏览功能，帮助使用者快速准确地找到所需资源；还可实现相关知识内容的横向和纵向整合，不仅能整合本知识条目相关的各种知识资源系统，还可整合与知识条目相关的各种交流与共享过程，如知识检索、知识内容的全文获取与传递、相关协作交流服务等。

（3）知识库内容的管理与维护。创建知识库平台是一种劳动密集型的任务，但只需创建一次就够了，更多的时间则用来搜集资源、维护资源集，特别是更新知识条目记录，防止记录出错。一个过时的知识描述与资源著录信息几乎对任何人都没有任何意义，而且可能会误导使用者。联想集团张后启先生曾经说过：一个知识库和一个垃圾库之间只有一步之遥；这一步往往就取决于知识库内容的管理和维护。❶ 因此，分配足够的人力来进行知识库的日常维护工作是非常重要的，这些工作主要是：追踪知识库中的资源和记录中目前的可用性与链接问题；确保及时更新知识内容的描述，确保所使用的描述仍然能够充分反映知识库的实际内容；确保相关知识条目内容的完整性与准确性；确保对知识库的质量进行定期评价，定期淘汰质量不高的知识条目；确保知识库内容的持续积累与增长，使知识的创造与业务流程更好地结合起来等。知识库内容的管理与维护并不是企业联盟内某个成员企业或某个人的事情，在此过程中，需要调动所有成员企业参与的积极性。

4. 应具有的功能模块

企业联盟知识库中的知识构成是以满足成员企业学习和交流的需要，以有效实现知识创新为前提的。因此，企业联盟知识库应有以下功能模块，如图 6 - 1 所示：

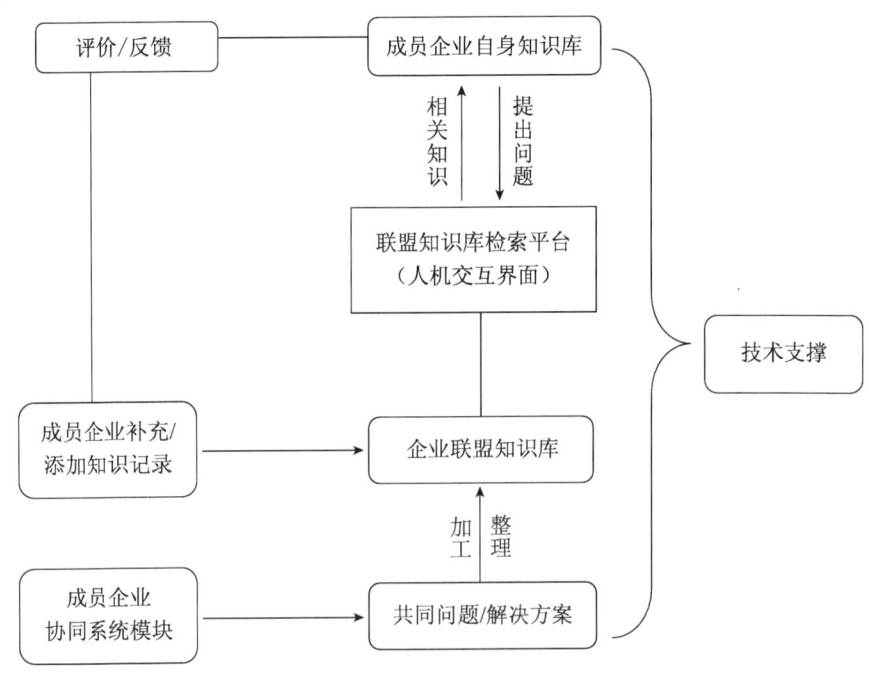

图 6 - 1　企业联盟知识库功能模块示意图

---

❶ 张俊玲．机构知识库建设中存在的问题及对策［J］．湖湘论坛，2007（3）：60 - 61.

（1）成员企业协同系统模块。企业组建联盟后，会面临共同的问题，并会在成员企业间协同解决问题。成员企业间的协同合作是联盟知识库建设的基础，因此应该将联盟系统中各成员企业的知识基础、技术专家、研究特长、研发优势等按一定的编排方式进行组织。成员企业内的技术专家是解答共同问题的重要保证，成员企业协同系统其实就是在相应的合作协议下各成员企业技术领域专家的协同工作。

（2）共同问题/解决方案加工整理模块。对于成员企业协同解决的共同问题，会生成相应的工作文档，企业联盟内应有专门机构或专人负责相关文档的整理与保存工作，每条工作文档记录都应该包括标题、问题、答案、时间、分类、完成人等信息。这样，对共同问题/解决方案进行加工整理后，就成为企业联盟知识库的基础。

（3）联盟知识库检索平台（人机交互界面）。知识库检索平台应包括以下栏目：标题框、提问补充框、检索知识显示框、相关知识的补充链接框等。其中标题框是成员企业可以运用简明扼要的语言描述问题的地方，问题在此处不宜冗长赘述，简明即可；提问补充框是对问题进行详细描述的地方，是对标题框中内容的一种补充说明，以便进一步明晰成员企业需求；检索知识显示框是根据问题所能检索到的相关知识的呈现方式；相关知识的补充链接框是成员企业在根据相关问题进行检索时，系统会提供问题解决方案的其他相关知识补充，以方便成员企业修改检索式，获得更完善的知识内容。

（4）成员企业提问/获取知识模块。成员企业在面临要解决的问题时，首先会在自身的知识库中进行检索。如果自身不能解决相关问题，就会寻求联盟知识库的帮助。如果能直接获得相关问题的解决方案，成员企业就会对于与自身知识结构相关的知识进行学习吸收。如果在检索过程中成员企业无法直接获得相关问题的解决方案，往往会修改检索式，以期能获得与问题相关的其他知识。

（5）成员企业评价/反馈模块。成员企业在使用知识库检索系统时，往往会根据问题的收集情况、问题的解决情况、系统的易用性等进行评价，并通过一定的途径进行意见反馈。成员企业的满意度是衡量此系统质量的重要标准。我们可以根据它们的反馈意见对系统进行优化和完善。

（6）成员企业补充/添加知识记录。企业联盟的知识库是不断修改完善的。如果成员企业在检索过程中无法检索到相关问题，或检索的解决方案不完整时，知识库会根据自身的实际情况探索相关问题的解决措施，或者会把这一问题提交给联盟内的其他成员一起解决。因此在问题的解决过程中，成员企业应及时地补充/添加相关知识记录。

（7）技术支撑。知识库的建设离不开技术支撑。先进技术也是提高知识库的利用率，促进成员企业间知识共享的前提。技术支撑主要涉及知识库的建立和维护、提问的标准化、知识检索方式、知识相关度分析、实施咨询技术、效果评测等提供相应的技术支撑。当然在知识库的实际运行过程中，虽然整个系统是基于计算机和互联网等技术而建立的，但也不能排除成员企业间相关员工的参与和共同工作。

5. 知识库功能的实现

企业联盟知识库的建设是一个涉及到诸多领域的系统性课题。如在建设项目论证阶段，需要考虑到法律法规、政策制度、资金支持等外部因素；在知识库的开发与建设阶段，需要涉及软件开发与二次开发、元数据和互操作技术、数据库建设与维护等技术要素，以及资源采集、管理与利用等管理要素；在知识库的运行阶段，需要顾及到企业联盟、各成员企业和联盟外部环境在内的各方利益因素等，这样才能较好地实现知识库功能。

6.1.3 企业联盟知识库的共享利用

建设企业联盟知识库不只是为了单纯地保存企业及联盟体内的知识成果，还要通过各种方式，促进知识库中所保存的知识成果能得以共享利用，因为知识只有被共享利用才能更好地发挥作用。

1. 影响知识库共享利用的原因分析

在企业及其联盟的知识管理中，很多知识库纷纷得以建立。但是在实践中，很多知识库并没有发挥它们的应有作用，对企业及联盟知识管理的效果也不明显。总的来说，存在着以下原因：①知识内容的零散性。很多知识库中的知识内容几乎是企业联盟工作文档的集合，没有较好的分类体系将其中的内容组织起来，知识内容的系统性不强，甚至是不完整的，零散性的知识内容对企业及联盟的问题解决起不到应有的作用。②知识内容的过时。知识库建立以后更需要维护更新，才能更好地发挥其应有的作用。很多知识库建立以后，没有对过时的知识内容进行更新与补充，而知识的效益和作用发挥却是有时效性的。如果成员企业在检索时不能获取最新的技术或解决方案，便会降低对联盟知识库的依赖，这样知识库的效果就会大打折扣。③知识库建设与业务流程的脱节。很多企业知识是在相关业务流程中产生的，企业联盟知识库的建设不能只是相关资料的堆积，而应根据具体的业务流程采集整理相关知识。如果知识库内容与具体的业务流程是无关而分离的，其对成员企业的影响是非常有限的。④忽视需求分析。虽然企业联盟知识库的建设无法兼顾到每个成员企业的需求，但应根据联盟成员的共同需求来建设。在企业联盟的合作过程中，需要分析各企业有哪些知识，这些知识该如何表达和传递。如果只是一味地强调联盟知识库建设，希望成员企业大量汲取知识，却没有调查成员企业真正需要什么样的合作和知识；或者希望成员企业大量贡献知识，却没有通过相应机制解决联盟内成员企业的相关利益关系，这样只会让知识库建设难以为继。

2. 企业联盟知识库共享利用方式的选择

在基于企业联盟的知识共享过程中，会涉及到专家知识、流程知识、客户知识等共享客体，而这些共享客体可能分别被存放入各企业的知识库中、与联盟合作项目相关的共有知识库中。因此，企业联盟知识库共享利用的主要方式有两种类型：成员企业自身特色知识库建设与分布式共享、盟主企业主导的知识库建设与集中式共享。

（1）成员企业自身特色知识库建设与分布式共享。每个成员企业在其自身的长期发展过程中，可能已经有一定的知识积累，形成了自身的特色知识与知识优势。如果成员企业已经建立了较好的知识库，可根据企业的知识资源体系和经营特色分别建立相应的知识库，然后根据联盟协议要求为其他成员企业所共享利用。根据企业联盟的知识共享目标，成员企业可主动或者被强制要求把企业与联盟经营过程中相关的一些问题、解决方案、案例、经验等存入自身的知识库，方便自身和其他成员企业直接查询、检索甚至调用，充分利用已有的知识成果，减少不必要的重复劳动。如三星公司 1996 年自行开发的知识管理系统，其中第一步就是整理建立知识库，其被称为"不枯竭的知识泉水"，在不到五年的时间里就有 18.2 万多条知识条目，它也很重视知识库的维护与更新，有些员工们不愿意看到自己的东西被系统删除，但知识主管会定期更新淘汰过期和无效的知识，以保证知识的有效性和价值。❶ 三

---

❶ 张昌荣. 明星企业的知识管理［J］. 企业改革与管理，2008（10）：24-25.

星公司在其发展过程中，曾经与很多企业建立了联盟关系，如三星与 IBM 不仅共享了大量的专利知识，一些积累在其知识库中的解决方案、案例、经验等知识也是其联盟伙伴共享的重要知识内容。

（2）盟主企业主导的知识库建设与集中式共享。对于企业联盟的相关协议、合作文档及共同创新所产生的共有知识，以盟主企业为主导进行知识库建设与集中式共享也是一种有效的方式。当然，有些企业联盟通过技术转让、交易、合同等形式促进联盟内部的知识共享，对于这种共有知识，也可以采用这种建设与共享方式，促进各成员企业私有知识的公共化转化与共享。而且目前企业联盟内的合作，很多是以项目方式开展的，建立项目知识库能够有效地保存项目合作过程中所产生的相关知识，如各种经验、诀窍、模式、备选的技术方案以及各种用于支持项目决策的知识等，是成员企业知识共享成功的基础。如中国移动广东有限公司在与相关供应链企业进行知识共享时，基于维基建立了采购项目知识库，其中包括电信运营商已有的或潜在的供应商们特色产品的性能、价格和不同产品的横向比较指标值、产品售后交流信息、与采购相关的政府监管政策和前沿技术产品、国外电信发展状况和行业统计数据、运营商和供应商共同开发满足市场需求的产品信息等。基于维基平台，中国移动广东有限公司为盟主企业建立了相应的知识库，其他供应链联盟中的成员企业可以补充知识库内容，有效地共享电信产品采购与供应中的相关知识，提高了合作效率。❶

3. 提高企业联盟知识库利用率的对策

企业联盟知识库建立以后，要提高其利用率，应从以下方面着手：

（1）促进相关知识库间的互操作。企业及其联盟体内可能建立了不同类型的知识库，保证知识库系统间的互相调用是提高其利用率的主要手段之一。互操作技术的基本原理就是将具有不同数据结构和数据格式的知识库系统集成在一起共同工作，实现众多相互独立的知识库之间的数据和操作的自由交流。如 IT 界认为互操作性是指能跨越不同的专有系统传送信息，从而使人们在公司的任何部位都能把它们提取出来的能力；如在《计算机辞典》中，互操作被定义为两个或多个系统交换信息并相互使用已交换信息的能力，也就

---

❶ 孙炼．运营商集采管理中的"维基论"［EB/OL］．http：//it.sohu.com/20090324/n262972161.shtml.

是指一个系统处理另一系统发送信息的能力，它是衡量软件质量的一个重要指标。❶ 根据对标准的采用情况来看，主要有三种互操作实现方式：即基于协议标准的互操作方式、基于非标准的互操作方式和混合方式。第一种是基于协议标准的互操作方式，是最早应用的互操作途径，也是目前使用最为广泛的一种异构知识库解决方案，就是在共同遵守的标准协议来约束分布环境下各个异构知识库进行知识表达、交换和处理的方法。如果严格按照达成一致的标准（如 Z39.50 协议、元数据标准）来建立知识库，就可以实现互操作；第二种是基于非标准的互操作方式，又有两种主要实现途径，即基于中间件的互操作和基于外部中介的互操作，其中中间件（Middleware）通常指位于操作系统（包括基本的通信协议）和分布式应用系统（通过网络进行访问）之间的软件层，它能够方便地实现分布式软件模块之间的交互，如 CORBA 是一种比较好的基于对象解决的中间件技术，能支持异构分布计算环境下的互操作性；而外部中介（Mediation）为实现互操作提供了一条途径，它利用一个中介层为每种知识库提供一个通用的数据模型和查询界面，使用包装层隐藏各种数据源之间的异构性。第三种是混合方法，即将标准方法和非标准方法相结合，以便实现两种方法的优势互补，方便企业及联盟体内不同知识库的互相调用。

（2）加强对成员企业内员工的管理、培训与指导。一个知识库如果只有创建者提交知识资源，而无法让企业员工通过一定的方式快捷方便地获取知识库的内容资源，那么该知识库就失去了其本来的意义，其功能只是相当于一个资料保存库，无法达到共享利用的目的。知识库的开放性和知识共享性并不意味着其无需权限控制，因为知识库不可能实行绝对的自由开放。知识库应该对用户设置合理的权限，对于用户的权责进行明确规范，对于新用户的注册认证做好审核工作。在合理的权限内提供相应的利用指导与培训，知识库在发布应用之前，应该让所有的联盟企业员工知道有相关知识库的存在，知道通过利用相关知识库所能解决的问题等，如有机会，应进行专门的应用培训，也可在知识库检索界面设置相应的自助帮助和常见问题解答等，都能提高知识库的利用率。

（3）知识库服务功能的创新。知识库检索界面应提供查询、浏览、检索

---

❶　高刚毅. GIS 互操作研究［J］. 计算机应用研究，2005（2）：90－92，95.

等基本功能，可根据利用需求来扩展检索途径和方式。面对浩瀚的知识记录，知识库检索途径的选择也关系到检索效率的高低。作为一个新的知识库系统，应该提供多途径的检索，以方便不同企业的员工使用。需要提供标题检索、主题检索、关键词检索、分类号检索、号码检索、组配检索等多种检索方式。除了这些基本的检索功能外，还应创新其他服务功能。如可以根据某些具有特定需求的服务对象，开展基于订阅、推荐或关联阅读的个性化推送服务，有条件的话还应该增加"知识热点"链接，将热点知识主动推送到企业员工面前，将知识库由被动服务转为主动服务；可以通过知识社区等形式聚合相关领域的员工开展交流与讨论等，促进成员企业员工之间的互动交流。

4. 以创新为目的提高知识库的利用率

联盟内的成员企业间不只要共享已有的知识成果，往往还要共同进行知识创新。而在知识创新过程中，往往会激发企业员工的需求。创新需要相应的知识基础和原料，而联盟知识库存储和积累了相关的知识原料。如果企业员工能够检索到相关背景的知识资源，无疑会提高他们的利用兴趣，这样成员企业及其员工可在已有的知识基础上有效地进行知识创新。

6.2 企业联盟隐性知识的挖掘与共享

相对于以知识库等方式进行的显性知识共享，企业联盟隐性知识分布得更广泛，表现得更模糊，需要进行知识挖掘才能更好地实现共享，其共享实现途径主要有三大类。

6.2.1 隐性知识与企业联盟知识共享

1. 隐性知识是企业联盟知识共享的主要客体与难点

企业联盟知识共享的客体对象就是各种各样的知识，包括了隐性知识和显性知识。其中隐性知识是企业联盟知识共享的重要组成部分，往往比显性知识更完善，更具有价值。正如知识连线有限责任企业首席执行官荣·杨（Ron Yang）所说：显性知识可以说是"冰山"的尖端，隐性知识则是隐藏在"冰山"上底部的大部分；隐性知识是智力资本，是给大树提供营养的树根，显性知识不过是树的果实。❶ 隐性知识是企业联盟知识共享的主要客体，占有

---

❶ 郭强，施琴芬. 企业隐性知识显性化的外部机理和技术模式［J］. 自然辩证法研究，2004（4）：69－72.

重要而关键的地位，而且隐性知识可以通过一定的方式转化为显性知识，隐性知识也能以社会化方式在企业联盟间进行共享。

隐性知识自身存在着模糊性、情境嵌入性、难以表达等固有属性，再加上企业联盟成员的组织机构、文化、基础设施、异质性等制约了彼此间的知识共享，这使得企业联盟内的隐性知识共享变得重要而又难以实现。显性知识的管理与共享相对要容易得多，如可以通过文件方式进行传递共享，可通过知识库方式进行检索、调用与共享等。而隐性知识本身难以表达和交流，它不只存在于员工的头脑中，甚至深藏在企业的运营管理和相关工作流程中。成员企业间的知识共享除了要促进不同企业间的员工进行交流与学习外，还要求在成员企业的合作过程中，员工要深入对方企业的实践活动中，以获取和理解对方企业的业务流程、文化、价值观与信念等隐性知识。因此，成员企业之间的隐性知识共享，需要建立在成员企业之间的长期合作和深入交流基础之上。

2. 企业联盟知识共享有利于隐性知识的开发与增值

企业联盟知识共享可以使各成员企业内存在的隐性知识不断地被激发、认识甚至表达出来。对于个人而言，企业员工在完成自身的工作岗位任务过程中，一般运用存在于自身头脑中的某些隐性知识即可；可一旦面临着成员企业间的合作任务时，企业员工不仅要学习对方企业的一些知识，而且还要与对方员工一起寻找完成任务的最佳方案，而这一过程也就是员工头脑中的隐性知识不断地被激发、认识、表达的过程，也是隐性知识的增值过程。对于企业而言，员工隐性知识的增长不仅可以增加企业的隐性知识积累，而且能将对方企业的知识进行内化与转化，进一步加快自身员工的培养。对于企业联盟而言，知识共享要求各成员企业能贡献自身的一些特色知识，要求成员企业间能进行较好的沟通、交流与学习，甚至要求增加合作机会以能够较好地进行创新，所以在这一共享过程中，个人、企业、企业联盟层次的知识在不断循环与深化，企业联盟内的隐性知识正因为成员企业之间的合作而不断地得以开发增值，呈现出知识增长的螺旋。

6.2.2 企业联盟的隐性知识分布

知识分布通常指不同时间内产生的知识以不同的载体形式沉淀积累在不同主体上的现象。从知识共享主体的角度来分析，可供企业联盟共享利用的隐性知识分布情况如下：

1. 企业员工

从理论上分析，人的大脑是隐性知识的主要载体。企业员工作为隐性知识的主要载体，其个人拥有的隐性知识包括自身的专业知识、经验、思维方法、操作技巧与诀窍、对行业的洞察力、商业判断力、个人思想和价值观等。企业员工的隐性知识是高度个人化的知识，是员工个人长期积累、学习与创造的结果，它不易被表达和模仿，深深植根于员工个人的学习与工作经历中，已形成了其特有的心智模式。企业员工的隐性知识对企业及其联盟的知识共享都具有重要意义。如梁启华在《基于心理契约的企业默会知识管理》一书中曾引用德尔菲集团的研究结论：有42%的组织知识来源于员工的头脑，即个体的隐性知识，其余的则来自于数据库、文件或文献、电子文档等。❶ 当掌握一定隐性知识的个人离开企业时，他的隐性知识除非已经显性化并已在企业存档，否则可能流失，这将影响到企业知识结构的完善。

2. 团队

在企业联盟内，可能存在着各种各样的团队，有单一成员企业之间的，也有跨企业的。但不管哪种类型的团队，都有共同的兴趣和目标，都是由具有一定心智模式的个体成员所组成的，团队内个体成员之间的互动、沟通、交流、学习、模仿与感悟，会形成一定的只可意会不可言传的团队隐性知识，可能表现为团队的作风、协作流程、信任氛围、经验积累、一定的思想和价值观等。

3. 成员企业

成员企业的隐性知识是在个体和团体隐性知识的基础上形成的，但在长期的发展过程中，已经超过了个体和团体的隐性知识之和，是个体和团体隐性知识的融合和创新，反之又促进了个体和团体隐性知识的增长。企业的隐性知识可能表现为企业惯例、企业文化、企业价值体系等，其中企业惯例包含了企业内不同个体和团体的组合关系、工作流程、协作方法等；企业文化体现为企业的文化氛围、信任关系、企业形象等，是隐性知识的大宝库；企业价值体系包含了企业内员工的共同理念、共同愿景、共同使命等，是内化于企业中更深层次的隐性知识。

---

❶ 梁启华. 基于心理契约的企业默会知识管理 ［M］. 北京：经济管理出版社，2008：5.

4. 企业联盟

企业联盟的隐性知识建立在成员企业隐性知识的基础之上，是成员企业在合作过程中通过不断探索、磨合、实践和完善而形成的，可能表现为联盟经验、联盟文化、联盟价值体系等，主要包括各成员企业原有的知识结构、成员企业之间知识整合与学习而形成的新隐性知识、成员企业之间合作而产生的新隐性知识等。所以企业联盟的隐性知识不可能是各成员企业隐性知识的简单相加，而是各成员企业之间相互联系、相互影响、相互作用的结果，它组成了一个知识共享的大系统，实现了 $1+1>2$ 的知识增值优势，这也是企业联盟得以形成的主要原因。

5. 外界环境中的共享主体

企业联盟作为一种新型的组织形态，除了充分利用内部的隐性知识之外，还可能利用政府、高校、科研机构、其他企业或企业联盟的外部隐性知识，所以企业联盟的隐性知识除了分布在企业员工、团队、成员企业和企业联盟内部外，还可能分布在企业联盟外界环境内的一些知识共享主体之中。

6.2.3　企业联盟隐性知识挖掘

知识挖掘作为一种新的信息处理技术，受到了多学科领域研究者的关注，还出现了"知识抽取"、"知识发现"、"智能数据分析"等提法和不同的定义，它支持知识完成从隐性知识到显性知识的转换，揭示隐含于其中的规律并进一步将之模型化为先进而有效的方法。

企业联盟的隐性知识共享是较难进行的，为提高其共享效率，需要通过一定的方式进行知识挖掘，使广泛分布的企业联盟隐性知识得以认识、表达和呈现出来，方便共享利用，实现知识增值。

按照与企业联盟业务流程的关系，隐性知识通常又分为两大类：技能类隐性知识和信念类隐性知识。技能类隐性知识与业务流程直接相关，一般是员工和企业在长期实践过程中积累形成的，包括一些技术诀窍、问题解决方案和最佳实践等；信念类隐性知识和业务流程间接相关，一般是企业或企业联盟在发展和合作过程中形成的，包括信念、观念、文化、价值观、心智模式等。技能类隐性知识是主体已经认识到的、有意说明但却无法言说或说不清楚的那部分隐性知识；信念类隐性知识是主体难以认识到但却不知不觉中受其影响的那部分隐性知识。由于两类隐性知识产生的原因、存在形式和特点不同，可以采用不同的知识挖掘方法。

1. 技能类隐性知识的挖掘

技能类隐性知识并非是永远的隐性知识，有些技能在一出现时也是隐性知识，可能经过长期的模仿、实践、学习、反思，最后可以显性化成技术文档、技术模型、专业俚语等。技能类隐性知识挖掘的关键是要帮助已经认识到相关知识存在的主体能较好地进行表达、转化与共享。可以采用以下主要方法：

（1）自我总结法。应引导掌握了相关技能的企业员工通过工作总结实现隐性知识转化，总结工作当中存在的问题，分析问题产生的原因、技术产生与改进的理由等，这样技能类隐性知识就可能被转化成相应的文档或工作记录。如果企业及其联盟建立了相应的知识库，还可以把这些实践总结进行整理后补充放入知识库中。

（2）流程分析法。技能类隐性知识与业务流程是直接相关的，可以根据相关的业务流程梳理出技能类隐性知识的流程图，固化每个技术操作阶段的活动，根据每个活动中的输入文档、参考文档、输出文档等模拟设计出相应的技术操作程序，如松下公司家用面包机的开发研究就是程序开发人员在观察和相互切磋的基础上，把专业面包师难以表达的有关揉面的隐性知识转化成明确的指令，从而增加到机器的控制程序当中。

（3）问题描述法。人有时掌握了相应的知识和技能，但很多时候并不清楚自己掌握的知识的多少及其应用价值等，如一般掌握了相关技能的企业员工都能较好地完成自身的工作任务，但却只知道重复自身的工作，如果经常有人提及他工作相关的问题，往往会促进其拥有的技能类隐性知识的转化，因为在解答问题的过程中需要总结与反思自身的工作和技能，这一思考过程往往是产生更好解决方案的过程。如有必要，还可把问题和解决方案及时进行储存。

（4）演示、讨论与学习法。对于确实难以转化的技能类隐性知识，或者是已经进行了部分转换但其他企业员工还是难以理解和学习的相关隐性知识，可以让掌握了此技能的员工演示自身的工作，通过大家讨论和学习，共同促进技能类隐性知识进行转化和共享。

（5）其他方法。除了以上分析的四种方法外，技能类隐性知识的挖掘还有其他的方法，如交流法、观察法、体验法、仿真法、评价法等，甚至是以上多种方法的综合运用。

2. 信念类隐性知识的挖掘

信念类隐性知识经常在不知不觉中对主体产生了相应影响，但主体一般难以认识到这部分知识的存在。信念类隐性知识的挖掘相对来说更复杂些，在显性化转化之前还要激发主体的意识，使相应的知识主体能认识到相应的隐性知识及其价值，并愿意为其知识挖掘付出努力。如可以采用以下主要方法：

（1）意识激发法。意识通常指人对客观现实的自觉反映，它在社会实践活动中产生，是心理发展的高级阶段，有自觉性和能动性两个显著特征。如果知识主体对所存在和应用的知识意识不强，信念类隐性知识对员工、团队、企业和企业联盟的影响便相对有限，更谈不上被认知和利用。意识激发的主要措施是改变知识主体的知识结构，并能通过相应的实践，使知识主体能理解、认同相应的信念。意识激发法就是要通过意识的激发提高主体对信念类隐性知识的敏感度，使知识主体较好地捕捉、分析、判断、认知、显性化表达、共享应用相应的隐性知识。

（2）认知训练法。它是指从现代认知心理学的观点来分析，知识主体对信念类隐性知识的认知过程就是知识的加工过程，即对本身所存在而且产生了一定影响的知识进行输入、检测、加工、存贮、输出和反馈的过程。认知训练法就是要训练知识主体对信念类隐性知识的感觉和知觉，以企业员工为例，感觉训练就是要充分发挥人的视觉、嗅觉、味觉、触觉等感觉器官的作用，训练人脑对作用于感觉器官的信念类隐性知识的个别属性的直接反映；知觉训练则是在感觉训练基础上，训练个体对相关信念类隐性知识的整体属性的综合反映。

（3）系统分析法。企业及其联盟组织对信念类隐性知识进行系统分析和统一梳理，包括对其进行分类、抽象出关键知识点内容、确定现在的知识管理方式、确定是否可以显性化、明确显性化的优先级别、建设隐性知识管理工具等手段。通过系统分析，对优先级比较高的信念类隐性知识可进行显性化转化。

（4）人际化方法。对于确实难以转化的信念类隐性知识，只能通过人际间的互动交流进行挖掘，当信念类隐性知识被更广泛的主体所接触时，其能够共享的范围更广泛，对信念类隐性知识进行反馈、评价、修正的主体便越来越多，这也是对信念类隐性知识进行挖掘的一种较好方法。

（5）其他方法。除了以上分析的方法外，信念类隐性知识的挖掘还有其他的方法，如协作体验法、对比实验法等，有时也是以上多种方法的综合运用。

6.2.4　企业联盟隐性知识共享

企业联盟隐性知识共享的途径较多，总结起来，主要有在交流中实现企业联盟隐性知识共享、通过"干中学"实现企业联盟隐性知识共享、通过"用中学"实现企业联盟隐性知识共享三大类。

1. 在交流中实现企业联盟隐性知识共享

交流是指人们借助于符号系统传播信息、交换知识的过程，是知识共享的前提，也是实现企业联盟隐性知识共享的主要途径之一。隐性知识的共享需要反复交流、模仿和反馈，只有通过联盟双方长期的沟通和交流才能实现。目前在企业联盟的隐性知识共享过程中，也出现了多种交流方式，甚至是多种交流方式的综合运用。

（1）面对面的交流。面对面的交流可以促进各成员企业的领导和员工进行深度会谈，同时通过肢体等非语言的辅助方式来相互学习和模仿，从而实现隐性知识的共享。如 Daven Port 曾指出：经理们 2/3 的信息和知识来自于面对面的会议和交谈，只有 1/3 的来自文件❶。面对面的交流促进成员企业间的合作和人际关系的发展，而且隐性知识的提供方和需求方可以一起探求隐性知识转化和共享的方法，通过对话和讨论激发新的想法，形成新的集体智慧，更有利于提高隐性知识的共享效率，增加企业联盟内的隐性知识。但面对面的交流范围较小，在很多情况下，这种隐性知识的共享一般只在企业联盟内有一定合作关系和业务往来的个人之间进行，如任务团队、实践小组、高层领导、同行技术人员等。

（2）通过互联网进行的交流。随着互联网技术的发展，成员企业间面对面的交流机会越来越少，新的交流工具和平台不断出现，大大提高了交流效率，甚至避免了面对面交流时可能出现的尴尬场面。目前应用较广泛的主要有知识社区、博客群、微博、维基和知识问答平台等。第一，知识社区。知识社区指按照企业联盟内的技术领域、合作项目或其他主题在网络上建立论

---

❶　付彦. 知识共享型组织结构［M］. 北京：经济管理出版社，2008：156.

坛、讨论区、专栏、留言板、聊天室、公布栏等，让成员企业内的员工选择特定的领域，与具有相同兴趣和专业领域的其他企业员工不断地互动与交流，进而实现隐性知识的充分共享。知识社区内的成员有些是实名的，也有些是匿名的，可能是企业员工，也有可能是以个人名义注册的成员企业等。在知识社区里，协作学习是较常见的，而且成员之间可以进行讨论、交流、互助，共同探讨问题的解决方案等，这也进一步加强了人们的彼此信任度和成就感，可以引发社区成员共享更多隐性知识的意愿，甚至形成良性循环。但知识社区内的交流也要采取相应的激励措施，定期进行相关内容的梳理、整合与反馈，才会更好地提高社区成员交流的积极性和知识共享效率。第二，博客群。企业员工可以通过博客迅速便捷地发布自己的经验与技巧等，并可及时与他人进行交流。企业联盟内的成员企业可以借助博客展示自身的文化和形象，促进企业间的交流。发表博文没有字数限制，成员企业和企业员工能够利用博客较全面地展示自身的知识特色。如果能够把企业联盟内的成员企业和员工建立的博客整合起来，能更好地展示企业联盟的知识优势，促进成员企业间的隐性知识共享。但博客群的管理比较困难，特别是一些关键岗位的知识会涉及到企业的知识产权保护问题，因此博客群在企业联盟内的推广还是有一定的难度。第三，微博。微博是一种通过关注机制分享简短实时信息的广播式社交网络平台，在企业联盟内的隐性知识共享中更快捷方便，应用范围更广。相对于强调版面设置的博客来说，微博内容只是由简单的只言片语组成，对使用者的技术要求门槛较低，在语言的编排组织上没有博客的要求高，有些还与手机等媒体进行了整合，通过彼此间的关注与被关注，成员企业间的最新知识可及时地传递给对方，企业内员工的问题、反馈等也可及时得到响应。第四，维基（Wiki）。它是一种可多人写作、浏览、修改、编辑、补充的知识共享工具，每个人都可以发表自己的意见，或者对共同的主题进行扩展和探讨。它在企业内部知识共享中有较多的应用，很多著名的大型企业如雅虎、诺基亚、摩托罗拉等都曾采用维基技术创建企业知识库，并利用其进行项目协作和隐性知识的挖掘等。企业内部的维基应用也可以扩展到企业联盟，促进企业联盟内的隐性知识挖掘与共享。第五，知识问答平台。知识问答平台其实也是开放式的隐性知识共享平台，如百度知道上有很多企业及其合作伙伴在此进行隐性知识的共享，其中当成员企业或企业内的员工提问后，所有人都可以回答，然而比较专业和权威的回答通常是由企业内的相关知识专家来提供。如果产生了最佳答案并且被采纳，相关问题就会关闭，同时回答者也会得到奖励，这更有利于调动成员企业及其员工的知识贡献和共享的积极性。

（3）正式交流。大多数情报学家把知识交流是否借助于正式文献信息服务系统作为划分正式和非正式知识交流的标准。他们把通过正式文献服务系统进行知识交流的过程称为正式交流，也称为"间接交流"；把知识生产者和知识利用者个人的行为特征，即不经过正式文献信息服务就直接完成的交流称为非正式知识交流，也称为"直接交流"。针对情报学家的这一划分，我们认为企业联盟内的正式交流是指企业联盟组织有意组织并安排的一些知识交流活动，其可借助于企业联盟内外的一些文献服务系统，有些则不必借助于相应的文献服务系统就可以开展。正式交流的形式主要有：成员企业间的高层会谈、成员企业间的访问参观、企业联盟内的专业化交流会、面向联盟成员的演讲和讨论等，正式的交流可以加强成员企业间的合作关系，促进彼此间的知识尤其是隐性知识的共享。如同专业领域交流会，它针对企业联盟内的一些共同问题，经常会定期或不定期地举行相关会议，一般都有一定的连续性，这样在联盟知识共享目标的要求下，成员企业内的专家会进行深入的研讨与交流，通过相互合作，深入理解对方企业的文化与价值理念，通过相互学习，共同寻找问题的最佳解决方案。

（4）非正式交流。相对于企业联盟内的正式知识交流形式，我们认为非正式的交流是成员企业内的领导或员工自发组织的知识交流形式，并不需要企业联盟或其成员企业的刻意安排。在企业的合作与联盟过程中，除了正式交流以外，往往还存在着很多非正式交流方式，如联盟内存在的非正式人际网络、成员企业间的专家之间建立的私人关系及其业务之外的书信往来等。因为气氛轻松，非正式交流更易于增进员工之间的信任感与亲切感，形成真诚的相互尊重关系。尽管交流的部分知识与企业联盟的知识共享目标没有更多的相关性，但彼此间的交流促进了各种知识包括隐性知识的传播，有利于形成一种共同的文化氛围，从而有利于双方员工达成共识。如日本企业联盟内的员工很重视下班时间的相处，下班后会在同事之间的聚会、聚餐、品茶等活动中边休息边交流工作心得，从而实现隐性知识的共享和联盟隐性知识的增值。

随着现代信息技术的发展和企业联盟内交流方式的增多，正式交流和非正式交流的界限正变得越来越模糊，面对面的交流与通过互联网进行的交流也在不断交融。如成员企业高层领导之间的交流，既能面对面的交流，也能通过互联网进行的文档共享与邮件交流，既有为推进联盟共享目标实现的正式交流，也有来自私人关系基础上的非正式交流。

2. 通过"干中学"实现企业联盟隐性知识共享

在"干中学"中，知识的提供者往往通过亲身实践来传授相关知识，也就是通常所说的"言传身教"；知识的需求者则通过与知识提供者的接触、合作、共同的情境体验来观察、揣摩、感悟、模仿、学习其中所蕴含的"只可意会不可言传"的知识。当然，在"干中学"的过程中，知识的提供者和知识的需求者有时具有双重身份，既提供知识，也接受和学习知识。在企业联盟的隐性知识共享过程中，"干中学"主要有以下几种实现途径：

（1）师徒制式的"干中学"。师徒制式的"干中学"因为操作简单，责任明确，效果也较明显，应用比较广泛。如为了让企业招聘的新员工尽快进入角色，缩短适应期，通常会为其安排相应的师傅进行直接的指导；在企业联盟中也有所应用，如为了使成员企业的员工能尽快熟悉对方的业务流程，对方企业也要安排专门的人员来负责指导。在实际的工作过程中，师傅以口传手授为主要形式传授相关的技能和方法，起着演示、指导、修正的作用，而学徒则在工作中观察、揣摩、感悟、模仿、学习师傅的操作技巧和方法，并需要亲自操作，反复练习，才能较好地掌握全部工艺。在这一学习过程中，有些操作技巧和方法是师傅本人也不明了和不能表达的，学徒在模仿与操作的同时会提出问题引发思考，也有会犯错与不断地被修正。

（2）人员派遣。员工是企业隐性知识的主要载体、传递者和创造者，派遣专业技术人员或专门管理人员去联盟伙伴那里更有利于加快隐性知识的转移、学习、共享、应用与创新。如有些成员企业之间进行了设备转让，为了让购买方更好地掌握设备的操作原理和技巧，转让方通常会派遣相关技术人员去对方企业进行技术指导，这往往会比购买方员工单纯地学习操作说明书更有效果。有些人员派遣是根据项目进展的需要而决定的，项目任务一旦完成，被派遣人员就会回到原来的企业；而有些人员的派遣则是长期性的。如丰田每年大约会向其供应商伙伴派遣员工，其中许多是永久性的，这些人员利用从丰田所学的技术、人事与管理方面的相关知识来协助供应商进行更有效的经营管理，同时也能较好地了解供应商的发展前景和存在问题；有时为了满足供应商的知识需求，丰田会在整个组织范围内搜寻并派遣合适的人员去供应商企业那里。

（3）人员互换。在企业联盟的运行中，成员企业所拥有的知识包括隐性知识往往是不同的，知识的应用方式与影响也有明显的差异。有些企业联盟为了加快成员企业之间的隐性知识转化与共享，克服隐性知识所具有的组织性与情境嵌入性等特点，会通过成员企业间的人员互换来促进彼此之间的隐性知识共享。在一定岗位上学习、掌握、积累了一定知识的企业员工可通过人员的互换，将相关知识带给对方企业，甚至帮助和培训对方企业的部分员工快速地掌握与学习相关知识。通过人员互换后，不同成员企业的员工不仅可以将自身企业的相关知识带入对方企业，也可从对方企业学习到更多的隐性知识，而这些知识往往是相关合作文档、知识库等所不能提供的。因此，成员企业之间的人员互换能有效地促进彼此之间的隐性知识共享。

（4）跨企业的团队成员协同工作。根据一定的合作任务，企业联盟通过组建跨企业的团队并协同工作，以"干中学"方式实现企业联盟隐性知识共享。在跨企业的团队中会有不同成员企业之间的技术专家或普通员工的搭配组合，为配合完成合作任务，他们需要协同工作，处在团队不同位置上的人员要发挥自身的知识优势，通过相互交流与实践来共享更多的知识；而在这样的共同工作环境中，隐性知识的共享不完全来自团队成员的主动贡献和相互学习，有些是在潜移默化中相互影响从而实现了共享和应用。

3. 通过"用中学"实现企业联盟隐性知识共享

当企业联盟内的知识包括隐性知识附着在一定的知识产品、系统软件、设备等上面时，为了更好地挖掘和学习附着在其上的隐性知识，有时通过"用中学"途径更有利于企业联盟内的隐性知识共享。其具体表现为：

（1）跨企业的知识培训。如果企业联盟内新开发了一定的知识产品，如知识库，各成员企业除了能共享其中的显性知识外，也会共享其中的相关隐性知识。为了让各成员企业内的员工更好地了解该产品，掌握知识库的检索技巧，提高知识库的利用率，往往会进行相应的培训，而这个过程也是隐性知识的共享过程。跨企业的知识培训能为成员企业提供一个相互学习与交流的机会，能增进成员企业内员工之间的交流与信任。在共同接受培训的过程中，不同企业的员工会有产品使用的不同体验，可提出不同的问题，可寻找更好的学习与操作方法，这也是一个共同学习与提高的过程，在相互影响相互作用的学习氛围中，会有集体思想的碰撞而产生新的知识，从而形成知识共享的良性循环。在培训过程中，还应考虑不同企业在知识利用水平上的差异和成员企业的不同知识结构与学习能力等因素。为提高知识培训效果，组织者应做好相应的准备和纪要，培训者应该把相应的培训课件和其他资料保存到知识库中方便共享。

（2）专家咨询和指导。跨企业的知识培训面向的对象比较广泛，知识共享目标比较明确，组织起来比较容易，但由于受培训者的知识利用水平参差不齐，效果不是很好。为了克服跨企业知识培训自身固有的弊端，专家咨询和指导是通过"用中学"途径促进企业联盟隐性知识共享的又一选择。专家往往是企业中掌握了某些核心知识的成员之一，专家咨询和指导往往更有针对性。如可针对知识库等产品应用过程中存在的一些问题，设立专家热线，由专家根据具体问题进行口头传授，或者与其他成员中的专家一起共同对某一问题进行探讨。在这一过程中，专家本身的隐性知识不断地被挖掘，企业员工也能得到较好的指导。

（3）各企业员工之间的互助学习形式。企业联盟内的员工在利用知识库等知识产品时，有些员工比较容易掌握其中的检索知识和技巧，有些员工则学得比较晚比较慢等，这些有着共同任务的企业员工可利用企业联盟内的某些非正式人际网络等途径进行互助学习，相互解答产品利用过程中所碰到的问题。在互助与学习的过程中，各企业员工一般都是积极的学习者（而在前面所分析的两种方式中，企业员工中还有部分的被动学习者），这不仅有利于企业员工之间隐性知识的转移与共享，也有利于各企业员工根据自己在企业中所学习和掌握的知识，共同进行知识创新。为更好地保证各成员企业员工之间互助学习的效果，企业联盟应倡导自主、信任、尊重、宽松、创新的环境，成员企业应支持并鼓励其员工通过这样的方式与其联盟伙伴企业中的员工进行知识共享。

6.3　企业联盟知识共享网络的构建及其演化

基于企业联盟的知识共享不只是单纯知识库的建设与操作、隐性知识的挖掘与共享，是企业联盟内外的各种知识交错在一起所形成的知识共享网络，由技术网络、知识资源网络、人际关系网络构成，并根据企业联盟知识共享活动的开展而不断演化，反过来促进基于企业联盟的知识共享向高层次发展。

6.3.1 知识网络概述❶

只要有相互关联的知识存在，就会有知识网络的存在，知识网络是一种客观的存在。有些客观存在的知识网络并没有引起人们的重视和利用，有些则因为人们的知识共享需求而不断地被开发与扩展。

1. 知识网络出现的原因

世界上的每个人之间都存在着千丝万缕的联系。20世纪60年代，美国社会心理学家米尔格伦（Stanley Milgram）提出"六度分割（Six Degrees of Separation）"理论。他认为，只要通过六个人，你就能够与任何一个陌生个体建立联系。唯物辩证法认为事物是普遍联系的，客观事物都是相互联系而不是孤立存在的。看似无关的任何事物之间都存在着某种联系，只是有的联系是直接的，有的联系是间接的，有的联系是显性的，有的联系是潜在的，而且相互之间联系的强弱大小不同。事物之间存在的联系，称为关联或关系。任何事物之间的关联不仅仅是单一的和单向的简单关系，而是一个复杂的和多向的网络关系。有时这种关联很强也很近，可是有时这种关联非常微弱且异常遥远，即使我们意识到对方的存在，但听不见对方的挣扎呼喊，就算听到也无法理解和进行有意义的沟通。事物之间的关联有强有弱，称为关联强度；范围有大有小，称为关联网罗度（或广度）。

如果我们把人与人之间的联系通过图形来描述，必然会形成一张无边无际且复杂的人际关系网络，任何人都是网络中的一个节点。如果我们把人际关系网络中的节点换成知识单元，以任何一种知识单元为节点，从任何一个知识节点向四周延伸，历时或跨越空间扩展，都会得到不同类型的知识网络。知识网络反映的是知识单元之间的关系网络，是知识单元之间的时空变化关系和逻辑结构关系。在任何一个知识网络中都有相应的知识单元和知识关联，如专利、论文、发明人、作者、学科、主题词、关键词等知识单元都可能是知识网络中的节点。知识关联是指知识单元之间存在的各种联系的总和，两个知识单元可通过一个或多个节点和链接建立相关关系，通常用节点间的距离或连线的粗细来表示知识单元之间关系的强度。知识单元之间的关联也存在着直接而显现的关联和隐含而潜在的关联，这些关联构成了复杂的知识

---

❶ 文庭孝等. 知识网络及其测度研究［J］. 图书馆，2009（1）：1-6.

网络。

2. 知识网络的产生与发展

最早给予知识网络以直接关注的是企业管理界。据报道，国外关于"知识网络"的概念最早是由瑞典工业界提出的，对其研究多集中在实际构建方面，同时也对知识网络的经济、市场结构模型进行了大量分析和研究。它主要有两种认识：一种是知识网络的经济学模型，其认为知识网络是进行科学知识生产和传播的机构和活动；另一种是知识网络的市场结构模型，其认为企业是知识网络的节点，它通过 R&D 活动扩大其知识存储量。

1996 年，经济合作与发展组织在题为"以知识为基础的经济"的报告中提出了知识网络问题，认为知识经济像重视知识的创造那样注重信息和知识的扩散与使用。企业和国家经济成功的决定因素在于搜集和利用知识的效率。战略性的诀窍和能力相互作用而发展，它们在子系统和网络中得到共享。经济变成了网络体系，并由变化速率和学习速率的加速度所推动。它所创立的是一个网络社会，在此社会中，接触和介入知识的机会和能力决定了个人和企业的社会经济地位，需要有新的指标来捕捉创新过程，分析知识在经济的关键参与者和机构中分配的情况。1999 年，美国国家科学基金会（NSF）在关于知识网络的一个课题中明确阐述了知识网络是一个社会网络，该网络能提供知识、信息的利用等。

在情报学和信息管理领域，对知识网络的研究始于对文献关系网络的研究。在计算机和信息科学领域，对知识网络的研究更是引人注目。如关于数据库、知识库、知识仓库、知识挖掘、知识发现、搜索引擎、网络链接关系、语义网络等方面的研究，都广泛涉及知识网络，并且研究领域和应用范围在不断拓展，正在同其他学科领域的研究结构进行交叉、渗透和融合。与此同时，社会学、教育学和心理学等学科领域也都开展了有关知识网络的研究，如人际关系网络、专家网络、概念地图、概念网络等。由此，知识网络开始引起了人们的广泛关注，在知识组织、知识检索、知识挖掘、知识共享等领域得到广泛应用。

3. 知识网络的类型

从知识网络的起源来看，其大概可以分为五大类：①在管理学界和企业知识管理中，知识网络主要是针对企业内部及企业外部知识的创造、利用与传播。有时也指企业知识联盟、专家知识网络和资源网络。因此，知识网络被界定为：一批人、资源和它们之间的关系，为了知识的积累和利用，通过知识创造、知识转移，促进新知识的利用。②在信息管理、情报学、文献计量学和科学计量学等研究领域，知识网络主要是针对科学研究活动中知识的组织、存储、检索与利用。所以，知识网络被认为是知识节点、知识结构与知识关系的总和。从科学论文的网络到认识地图、引文网络、知识地图、知识图谱等都是知识网络的不同类型。③在计算机科学和人工智能等研究领域，知识网络通常是语义网络、概念网络、神经网络和知网等概念的统称，反映知识和概念之间的逻辑关系，被广泛应用于数据信息可视化、知识挖掘、知识工程、知识表示、自然语言理解等众多领域。④在教育心理学领域，知识网络被视为一种学习中的记忆方法或工具。教育学与心理认知学专家认为，我们学过的知识可以分两大类：一类是陈述性知识；一类是程序性知识。这两类知识紧密联系，共同组成了人们头脑中的知识网络。以知识为内容的神经网络称为知识网络，它是各种知识在脑内系统化的储存方式。学习就是一个逐步建构和不断完善知识系统网络的过程，学习的直接目的就是获得知识系统网络图，也被称为概念网络或概念地图。⑤在社会学领域，知识网络被认为是一种普遍存在的人际关系网络。人与人之间存在着各种复杂的社会关系，这些社会关系构成了人际关系网络。通过各种人际关系网络（如友谊网络、信任网络、工作网络和咨询网络等），人们可以广泛地获取、交换或交流所需的物质、能源、信息、知识和情报等。

知识网络的类型划分方式还有很多。根据构成知识网络的节点形态可以分为三种情形，即人、企业等知识主体之间的网络、知识与人之间的网络和知识与知识之间的网络；根据知识网络的层次可以分为宏观知识网络和微观知识网络；根据知识网络的开放程度可以分为封闭式知识网络和开放式知识网络；根据知识网络的表现形式可以分为树形结构网络、星状结构网络、辐射结构网络、环形结构网络、综合或混合结构网络、单向关系网络、多向交叉复合关系网络等；根据知识节点之间的关系来看，会形成不同的知识网络，常见的如文献知识网络、人际知识网络、企业知识网络、联盟知识网络等。

6.3.2 企业联盟知识共享网络构建

企业联盟整体竞争力的提升过程其实可以说是成员企业间通过合作促进彼此间的知识共享过程，由各成员企业构成的联盟知识网络其实也是一个知识共享网络。

大连理工大学的王众托院士认为知识网络不同于一般的网络，应该有三个层次：第一个层次是技术网络，即无处不在的网络的技术层面；第二个层次是知识资源网络，知识资源本身也存在内在的联系，知识内部也形成一个网络；第三个层次是人际关系网络，因为知识是被人创造的，被人利用的；技术网络、知识资源网络和人际关系网络这三个层次之间存在着错综复杂的关系，三个网络之间存在一种特定的关系，是一个复杂的超网络，即网络的网络❶。由此推及到企业联盟知识共享网络的构建，我们认为其中也同样存在着技术网络、知识资源网络和人际关系网络这三个层次，它们正如人体的骨架、血肉、经络一样，相互联系，相互影响，相互作用。

1. 技术网络

技术网络是企业联盟知识共享网络的支撑条件，包括构成技术网络的基础设施、计算机应用软件和相关标准等，是在一系列技术应用与技术集成基础上形成的，表现为企业联盟内部的技术网络或基于互联网的技术网络，具体包括计算机技术、通讯网络技术、企业知识门户、企业联盟知识交换与共享平台架构技术、数据安全技术等支撑技术；企业联盟知识的采集与加工技术、语音识别技术、自动标引技术、分类和翻译技术、知识挖掘技术、知识存储与保存技术、元数据技术、知识库技术、知识链接技术、互操作技术、智能推拉技术、Web 服务与共享技术、网格技术、云计算技术、可视化技术等应用技术。技术网络在一定程度上是开放的、交互的、动态发展的，应具有良好的兼容、互操作、调用、组合、可扩展等特征。技术的发展日新月异，在企业联盟知识共享网络的构建中会用到多种先进技术，因而涉及技术的选择与应用问题。究竟采用哪种技术，将直接影响到企业联盟的知识管理与共享效率。

如中国同方数据公司与国内一些出版企业、高校、研究机构等结成联盟，开发和得以广泛应用的中国知识基础设施（China National Knowledge Infrastructure，以下简称 CNKI）应用与集成了多种先进技术，如数据库制作与发布平台技术、互联网信息与知识采集系统技术、知识共享网格技术等，通过引文链接技术、知识单元语义检索技术等，将知识资源、出版者、作者、用户等联系起来，构建联盟知识共享网络。

---

❶　王众托. 无处不在的网络社会中的知识网络 [J]. 信息系统学报，2007（1）：1–7.

2. 知识资源网络

企业联盟内存在着各种各样的知识资源，构成知识资源的基本因素即知识单元之间总存在着或强、或弱、或直接、或间接、或显性、或潜在的关联，所形成的知识资源网络是企业联盟知识共享网络的基础与内容体系。企业联盟知识资源网络需具有以下功能：

（1）知识资源的发现与采集。企业联盟中的知识资源一般广泛分布在不同的企业中，以不同的文献载体存在，表现为不同的形式，如规章制度、技术方案、会议录、报告等。这就要求联盟知识网络能够识别企业联盟中广泛分散的知识资源，能够发现企业联盟外界环境中存在的与联盟知识需求密切相关的知识资源，能够有效地采集，有时表现为一定主题的原始文献的聚集，以及与之相关的二次、三次信息资源等。

（2）知识资源挖掘。主要是指根据企业联盟及其成员企业的需求，对大量已积累的知识资源进行分析，通过定性定量的增值处理来发现隐含在不同文献形式中的知识，揭示其中的规律，挖掘出与学科相关的知识、专业细化的知识、面向产品的知识以及与所需知识相关的知识等。

（3）知识资源组织。在知识资源采集和挖掘的基础上，利用分类与主题方法，通过智能检索、数据挖掘、数据仓库等技术，对相关知识资源进行分类、标注、精简、提取、存贮等，以对知识的本质以及知识之间的关系进行有序地揭示，按照一定的结构序化为可检索利用的知识库等。知识资源组织是有效控制与传递知识、提高知识利用率的重要手段。

（4）知识资源开发。在知识组织的基础上，根据企业联盟及其成员企业的要求，针对其具体的用途和目标，对采集所需的各种层次和范围的知识资源进行深层次加工，寻求知识单元间的内在联系，通过智力劳动形成具有独特价值的知识方案和产品。如数据库、知识库、智能工具、应用软件等。

（5）知识提供。根据企业联盟及其成员企业的特定要求，可为其提供所需的专利文献、会议记录、学术论文等；可直接提供其所需要的知识单元及其组合；在更高要求下，可能还要根据所要解决的问题，经过对相关知识资源的综合分析，直接提供解决问题的参考方案等。

如以 CNKI 为主的联盟知识共享网络所依托的资源主要有 CNKI 自身的知识资源、互联网信息资源和用户已有数据库等。其《中国知识资源总库》的内容包括了期刊、报纸、博硕士论文、会议论文、专利等源数据库，及企业、医院、基础教育、城市建设等专业知识仓库等。如从 CNKI 数据库的作者库中，可以得到描述、评价、管理我国各学科专业研究队伍的专业知识；从期刊和博硕士论文的引文数据库中，可以得到知识内容相关的知识、学科相关的知识、成果评价的知识、核心期刊的知识等；由全文文献的智能化聚类，可以得到专业细化、面向课题的知识等。

3. 人际关系网络

在任何一个人际关系网络的构成中，其中的每个人都是网络中的一个节点，每两个人之间都存在一定的关系，并形成一定的联系。企业员工是知识的创造者、传递者、加工者和利用者，大量的隐性知识都存在于员工大脑中。每个企业员工都有自身的个人人际关系网络，每个成员企业都有一定的企业内部人际关系网络，成员企业之间又会构成联盟共有的人际关系网络，甚至还在企业联盟及其外界环境之间还可能存在着一定人际关系网络等，其模型如图 6 - 2 所示。正因为有这些错综复杂的人际关系网络的存在，技术网络和知识资源网络才能有机地结合起来，形成完整的企业联盟知识共享网络。

如王文爽和韩正彪描述了北京 CC 咨询公司及其联盟的人际关系网络状况，其中的咨询公司于 1993 年创建，是我国从业历史最长的民营咨询机构之一，已成为专业的战略与管理综合性咨询机构，形成了以"战略咨询"为核心，"管理咨询"、"信息化咨询"为两翼的咨询业务结构，拥有多种不同教育背景和从业经历的咨询师团队，为客户提供全面的咨询服务；在其发展过程中十分注重人际网络关系的拓展和知识的管理，不仅与国内外许多企业家、技术专家、行业学者、经济学家建立了很好的联系，而且自主开发了具有自身特色的知识管理平台，为人际网络关系的拓展和知识共享提供了坚实的基础；与该公司建立了联盟关系的组织主要有五大类，包括搜狐、华伟讯等大中型民营企业，博大国盛、造纸七厂等大中型国有企业，天一众合、中材先进等高成长性中小企业，北京市国资委、安徽省科技厅等政府机构，北京市社科院、全国工商联等公共管理组织等；该咨询公司内部的人际关系网络从职能部门来进行分析的话，主要包括所领导（所长、副所长等）、企业咨询部（经理、副经理等）、区域咨询部（经理、副经理等）、产业咨询部（经理、副经理等）、科技管理部（经理、副经理等）、合作拓展部（经理、副经理等）、知识管理部（经理、副经理等）、综合管理部（经理、副经理等）、财务管理部（经理、副经理等）；由于该公司为咨询公司，业务的开展有时候是以项目组为单位进行的，企业内部应该为每一个项目负责人甚至其他员工个人建立个人人际关系网络库；由于各种人际关系网络的推动，该咨询公司与其联盟伙伴较成功地进行了知识共享❶。

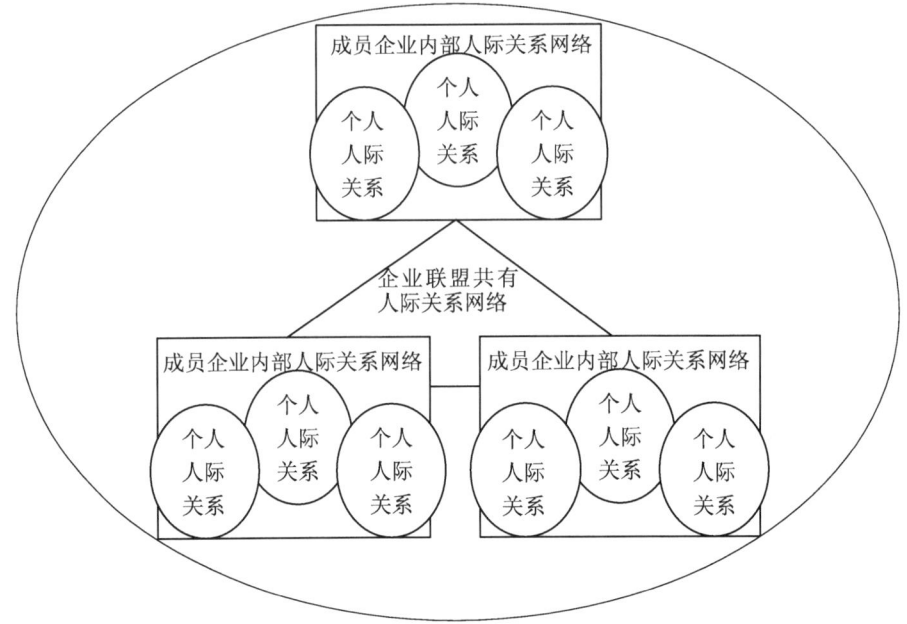

图6-2　企业联盟知识共享网络中的人际关系网络

6.3.3　企业联盟知识共享网络的演化

企业联盟知识共享网络根据企业联盟知识共享活动的开展而不断地演化，导致知识共享的范围、数量、质量、能力等都会随之发生相应的变化，并反过来促进基于企业联盟的知识共享向高层次发展。

1. 企业联盟知识共享网络的演化基础

企业联盟知识共享网络不断演化的基础是知识共享网络的相对稳定性和开放性等。

一是知识共享网络的相对稳定性。成员企业之间的联盟关系有些是长期的，有些则是短暂性的，而从知识共享效率的影响因素来看，一般联盟关系发展得越长久，成员企业之间的关系越紧密，其成员企业之间的知识共享更

---

❶　王文爽，韩正彪. 企业竞争情报人际网络关系模型的构建及应用 [J]. 情报资料工作，2012（5）：30 - 35.

深入更有效。虽然企业联盟知识共享网络的三个层次都会随着联盟关系的发展而变化，但是知识共享活动的进行必须建立在相对稳定的联盟关系及合作基础上，不管这种企业联盟关系发展的时间长短。知识共享网络只有具有相对稳定性，各成员企业才能更好地了解联盟伙伴的知识，才能更好地开展知识交换实现互补，才有可能进行更高层次的知识创新。

二是知识共享网络的开放性。企业联盟与外界环境之间总会存在一定的联系，可以向外界环境供应知识，也有可能从外界环境中获取自身所需的知识。企业联盟知识共享网络的开放性是指企业联盟能与外界环境之间进行知识共享的能力。此外，知识共享网络的开放性也包括对未来技术网络、知识资源网络和人际关系网络扩展的适应能力。因为网络技术发展很快，必然应避免因新技术发展而带来的滞后现象，能适应技术发展所带来的变化。企业联盟及其成员企业的知识资源网络和人际关系网络也会因为合作的深入而不断得以拓展，会呈现出一定的扩张性。

2. 企业联盟知识共享网络的演化机理

企业联盟知识共享网络的演化机理可用三维模型进行简单的分析，表现为沿空间维的协同共生现象和沿时间维的动态调节现象、沿知识共享能力维的集成优化现象（其模型如图 6 - 3 所示）。

（1）沿空间维的协同共生现象。樊治平等曾以"知识协同"、"knowledge collaboration"、"knowledge synergy"作为主题词在国内外的几大著名检索系统中进行检索，发现较早提出知识协同概念的是《Knowledge Management》杂志前任主编 Karlenzig，他将知识协同定义为：它是一种组织战略方法，可以动态集结内部和外部系统、商业过程、技术和关系（社区、客户、伙伴、供应商），以最大化商业绩效[1]。在企业联盟知识共享网络内，同样存在知识协同现象，如成员企业为完成共同的合作任务，会互相贡献和吸收对方的知识，会表现为共同学习、协同作战、共同研究等。共享网络内的知识协同往往涉及到不同成员企业的多个业务部门，在垂直和水平方向上进行知识流的优化整合，要求参与知识协同的网络节点能利用联盟内的某些技术网络进行协作，能快速了解并获取对方的知识，能及时响应其他节点的需求，各业务部门能

---

[1]　樊治平等. 知识协同的发展及研究展望［J］. 科学学与科学技术管理，2007（11）：85 - 91.

互相配合高效地完成合作任务，实现知识创新目标。

知识共享网络内的协同，能减少成员企业知识交换与共享的时滞，大幅降低知识共享成本，减少不同成员企业的业务冲突，避免知识创造的重复，使知识共享和知识创造的价值实现最大化。知识管理正迈向以知识协同为标志的新的发展阶段，企业通过"协同"方式进行知识创新，能够弥补知识缺口，有效解决知识情景嵌入和路径依赖的问题，消除"知识孤岛"，并可获得多主体、多目标、多任务间的知识协同效应。成员企业间在协同过程中，会出现知识的整合、思想的碰撞和思维的激发，这也是所有参与成员互利共赢的表现，我们认为这就是知识共享网络的共生现象。

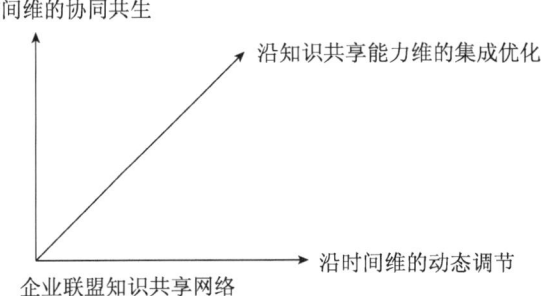

图 6-3 企业联盟知识共享网络的演化模型

（2）沿时间维的动态调节现象。一方面，随着成员企业之间的合作和知识共享活动的开展，企业联盟知识共享网络下的技术、人力和知识资源都能根据需要进行相应的调节，成员企业之间会有技术交换、专利技术交叉授权、知识库的相互调用、人员互换、专家派遣等活动，这一过程其实也是联盟内部的技术网络、知识资源网络和人际关系网络之间的相互影响和相互作用，呈现出相应的动态调节现象。如果成员企业为了自身的某种利益，不顾联盟长远的发展和联盟的知识共享目标，而对自身的技术进行过度的保护、对自身的知识资源突然大量删减、对自身的员工进行大量的招聘或解雇等，都会严重破坏联盟内部的知识共享网络，而不是所谓的"动态调节"。另一方面，任何一个企业联盟都有不同的生命周期，在周期中会出现萌芽期、成长期、成熟期、衰退期等不同发展阶段。目前的企业联盟知识共享网络在任何阶段都能容纳其他新的企业或企业联盟的知识共享网络系统，或加入到其他企业或企业联盟的知识共享网络系统中去。企业联盟在发展过程中总会有新的合作伙伴不断地加入，也总有一些联盟伙伴因为各种原因而退出已有的联盟，合作伙伴的加入或退出，必然会引起成员企业之间的技术网络、知识资源网络和人际关系网络的调整。当然，这种动态调整是渐进的，是以保持企业联盟知识共享网络的相对稳定性为基础的，合作伙伴的加入或退出应该有相应的联盟合作条约进行约束，不可能是随意性的，应该要考虑到联盟的整体利益与其他合作伙伴的意愿。

（3）沿知识共享能力维的集成优化现象。《现代汉语词典》将集成的基本含义解释为汇聚之意；我国广为流传的"集大成"之说，将集成界定为事物中好的方面的因素集合，它可以促使达到整体最佳的效果；而在英文中，"集成"的英文术语为 Integration，它来自于 Integer 这一词根，Integer 来自于拉丁语的词根 in（内部）和 tangere（联系），集成具有内部相互联系、融合为一个整体或一体化的含义。集成有多种称谓，如"整合"、"一体"、"综合"等。在我国，现代"集成"思想的倡导者应是著名的科学家钱学森等人，他们提出用定性定量相结合的综合集成方法来处理开放的复杂巨系统。从一般意义上讲，集成是指一个整体的各部分之间能彼此有机地和协调地工作，以发挥整体效益，达到整体优化之目的，即"整体大于部分之和"。所以，集成不仅仅是集成要素的简单加和，而是指通过集成主体有意识、有选择地对集成要素进行优化与整合，从而实现整体的功能倍增或功能优化，经过这种有目的的比较选择，使得要素能够以一种充分发挥各集成要素优势的方式结合在一起，并最终实现整体优势以及整体优化的目标。

企业联盟知识共享网络空间维的协同共生和时间维的动态调节不是完全分离的，有时会同时进行演化或交织在一起进行演化，经过不断的相互作用，把联盟体内的相关知识单元集成为一个有机的不可分割的整体。在集成的过程中，各知识单元要进行优势互补和动态组合，联盟伙伴的知识具有择优连接性，知识关联的越多，越容易被连接，只有当知识单元经过主动的优化与选择搭配，相互之间以最合理的结构形式结合在一起，才能形成一个由适宜知识单元组成的、优势互补的有机体，才能被称为集成。这本质是一种竞争性的互补关系，即围绕着企业联盟的知识共享目标，各成员企业根据自身的知识优势，通过竞争冲突，不断寻找、选择自身的最优功能点，在此基础上进行各种知识单元间的互补匹配。这样，来自不同企业、不同载体的各种知识单元经集成后，有利于优胜劣汰，形成共享网络内的知识融合；同时，集成是含有人的创造性思维在内的动态过程，各成员企业的知识优势在互补和融合的过程中，经过人的创造性思维加工可能表现出知识创造的螺旋，能更有效地提升联盟知识共享网络的能力。

6.4 企业联盟知识地图的构建及应用

如果能将企业联盟内的知识共享网络用图形或图像显示出来，就形成了一张完整的知识地图，据此可以清晰地了解整个知识共享网络的结构，并由此透视知识共享网络背后企业与知识活动者间的关联。知识地图就像是作战地图，有助于企业联盟的知识管理和共享利用。

6.4.1 知识地图概述

为了能更好地促进企业联盟知识地图的构建与应用，我们从知识地图的概念、产生与发展进行分析。

1. 知识地图的概念

知识地图具有广泛的适用性和应用背景，目前称谓没有完全统一，表现形式多种多样，有认知地图、概念地图、思维导图、专利地图、专家地图等交替使用情况。如有学者认为，广义的知识地图是描述企业内部知识源、知识资产、知识结构、知识应用以及知识发展过程的图形化工具；狭义的知识地图一般认为和概念地图类似。❶ 也有学者提出早期的知识图谱（Mapping Knowledge Domain）、概念图（Concept Map）、主题图（Topic Map）和基于流程（Process – based）的知识地图均属于显性知识地图的范畴，而目前有些机构中显示姓名、专长、单位、联系方式的专家库，只是隐性知识地图的雏形，仅仅是建立隐性知识地图的基础，还不完整，只有在此基础上标明其社会网络关系等信息，才是真正意义上的隐性知识地图，并认为对于前者有较多的研究，对于后者还比较缺乏。❷

在知识地图的研究过程当中，还没有公认的和普遍接受的定义。一般认为，知识地图就是一种利用可视化方法实现知识管理的重要工具，具有简单而直观地揭示知识分布情况、描述知识单元之间的关系、辅助进行知识利用

---

❶ 马费成，都金星. 概念地图在知识表示和知识评价中的应用（I）——概念地图的基本内涵 [J]. 中国图书馆学报，2006（3）：5 – 9.

❷ 吴才唤. 知识地图研究进展：从显性知识地图到隐性知识地图 [J]. 图书情报知识，2012（6）：94 – 100.

等功能。如有的学者主要从揭示知识分布功能出发，认为企业知识地图本质上就是企业知识资源的总分布图，一幅好的企业知识地图不仅需要清楚揭示企业内部、外部相关知识资源的分布及知识节点间的相互关联，还要建立知识与人、人与人之间的联系❶。有的学者主要从描述知识单元之间的关系出发，认为知识地图描述了组织知识资源及其载体，可视化地显示其中的知识内容及其相互关系，它促使不同背景下的使用者在各个具体层面上进行有效地交流和学习知识，在这样的地图中包括的知识项目有文本、图表、模型和数字等，能对组织内部知识的来源、信息流、限制和终止进行描述并帮助理解知识存储和动态之间的关系。❷ 有的学者则主要从知识地图的作用进行分析，认为其能辅助进行知识利用，是使用户找到其寻求的答案的导航系统❸，能让人们清楚知道他们处在知识体系当中的什么位置，并指引他们找到所需知识的正确路径，知识地图的形态可以多种多样，但不管它是一张真正的地图，还是一个结构巧妙的数据库，都只是提供知识利用的线索，并不包含全部的知识。

2. 知识地图的产生与发展

作为知识管理工具的知识地图思想来源于英国著名情报学家布鲁克斯（B. C. Brookes）认识地图的启发。布鲁克斯（B·C·Brooks）在 1980 年发表了一组论文，首次提出了他关于知识网络的天才构想，即"认识地图（Cognitive maps）"的概念。他认为目前图书情报工作者利用分类法和索引法对文献的标引分类都不是组织知识，而是组织文献。按这种方式建立起来的系统只能向用户提供文献线索，用户通过这一线索获得原始文献，还需花大量的时间阅读分析才能获得所需要的那部分知识内容或情报。因此他提出按"认识地图"来组织知识。"认识地图"就是分析文献中的逻辑内容，找出人们进行创造和思考的相互影响和联系的结点，按知识的逻辑结构找出人们思维相互影响的连接点，像地图一样把它们直观标示出来，展现知识的有机结构。知识地图是利用构造地图的方法将各类知识资源中的事物关联起来，使之成为

---

❶　陈立娜. 知识管理中企业知识地图的绘制 [J]. 图书情报工作，2003（8）：58 - 60，71.

❷　VAIL III, EDMOND F. Knowledge mapping: getting started with knowledgemanagement [J]. Information Systems Management, 1999 (4): 1 - 8.

❸　DUFFY J. Knowledge exchange at GlaxoWellcome [J]. The Information Management Journal, 2000 (3): 64 - 67.

一个知识网络图。因此，知识地图的研究者首先在组织或数据库中寻找知识点，发现其中的关联，并为各类关联建立连接，以形成知识网络图，同时标以知识的流动和转移方向，就绘成了知识地图。早在 20 世纪 70 年代美国国家科学基金会就出版了关于科学基金地理分布的报告，并论述了科技分布对地区经济的影响。由此，科学研究地理学、高技术地理学作为经济地理学的分支在 20 世纪 80 年代得到发展。美国捷运公司最早的知识地图是一张展示知识资源地理分布的美国地图，这就是知识地图的雏形。之后，带有索引号或用其他方式表示层次关系的表格和文件，以及用来表示信息资源与各部门或人员之间关系的信息资源管理表和信息资源地理分布图，都可以说是知识地图的不同形式。随着信息技术的迅速发展，知识地图进入了电子时代，在互联网上普遍使用的超文本链接和应用链接就是知识地图的简单形式。这时，很多绘制知识地图的工具也应运而生，如 LotusNotes、IBM 的 KnowledgeX 和微软的 Visio 等，它们都是基于数据库来绘制知识地图，这有利于知识地图的动态更新和扩展，突破了局限于描述知识地理分布的知识地图界限，并逐渐演化为涵义与内容更加广泛的知识图谱。知识地图反映的是知识资源之间静态的二维关系，而知识图谱则体现了知识之间存在的多重复杂动态关联。著名德国科学计量学家赫尔德若·克里奇默（Kildnm Kretschmer）关于科学合作的三维空间模型研究，极大推动了科学知识图谱的发展。2001 年，纽曼（Newman）开始应用社会网络分析方法（Socia lnetwork Analysis）构建科学家之间的科学合作网络，将作者（或论文、机构、期刊）引证关系网络、合作关系网络等作为一种科学界广泛存在的社会网络来进行研究，并反映其相互关系、特征和规律。知识地图的出现和兴起，一方面是以图形表达方式揭示科学知识及其活动规律的产物，同时也是以图像可视化地展现知识结构关系与演进规律的结果。❶

6.4.2 企业联盟知识地图的构建

企业联盟知识地图应能有效地揭示成员企业之间的知识分布情况，能方便企业员工较好地进行知识检索和利用。我们需要对企业联盟的知识体系进行整体分析和集成管理，探讨企业联盟知识地图的构建原则、步骤和方法等，以解决企业联盟知识的分散分布与集中揭示的矛盾。

---

❶ 文庭孝等. 知识网络及其测度研究 [J]. 图书馆，2009（1）：1-6.

1. 企业联盟知识地图的构建原则

企业联盟知识地图的构建应遵循以下原则：

（1）实用性原则。这是指知识地图是否能有效地揭示知识在成员企业之间的分布情况和企业联盟的管理情况，能否方便地解决实际问题，适应成员企业间知识共享的要求。

（2）动态性原则。由于知识的产生是动态的，绘制知识地图的同时，新的知识也会不断产生，因此在绘制时要注意保持其具有相应的可扩充性，对知识地图的控制不能过于严格，应设计成灵活的分布式输入和输出结构，以能较好地反映知识的不断增长和更新。

（3）平衡性原则。一方面，联盟知识地图的构建应兼顾到各成员企业的需求，知识地图虽能揭示成员企业的知识分布，促进彼此间的共享，但共享范围越大，风险也会相应增加，因此应对所揭示的整个联盟知识体系进行分级设权的制度设计，尤其是对企业核心知识，更要设定相应的权限，通过权限设定尽量规避由共享带来的风险；另一方面，联盟知识地图的构建应兼顾到显性知识和隐性知识管理的平衡，对显性知识的揭示往往较容易，而对隐性知识的揭示则要建立在对企业人力资源状况的分析基础之上，隐性知识在不同的知识主体之间很难传播和扩散，更难以管理，需要最大限度地挖掘员工的隐性知识。

（4）可操作性原则。知识地图中包含的信息数量以及知识链接的建立应以用户需求为导向。一方面，要注重知识地图内知识和索引的完备性，尽量有效满足成员企业之间的知识管理与共享需求；另一方面，知识地图也要充分考虑企业员工的使用习惯，强调知识揭示的清晰化，其拥有的可理解、有用性、可用性强等特点，能够使知识地图的使用者拥有良好的体验。举一个例子，即使一张知识地图非常好也容易学习，但使用者并不一定愿意去使用它，这就要考虑其有没有很好地适应使用者的需求，因此知识地图的导航标识应清晰明了，操作界面应简洁友好。

2. 企业联盟知识地图的构建步骤

关于知识地图的构建步骤，《国内外知识地图研究进展》一文中将其总结为三步构建法、四步构建法、五步构建法、六步构建法、七步构建法等。关于具体的构建步骤，也是众说纷纭，如有的将其总结为知识的识别与组织、知识分级、建立联系、展现知识地图这四个步骤；有的将其总结为收集知识、知识处理、知识轮廓和知识串珠这四个步骤；王曰芬等认为应包括定义组织中的知识、用元知识描述知识、提取知识并确定位置、建立知识链接并形成知识网络、确定知识地图的有效性这五个步骤；陈强等则认为构建知识地图的具体算法流程包括知识的识别与组织、知识分级、建立联系、展现、新知识的更新与维护等五个步骤。❶

企业联盟知识地图是联盟知识资源的存量、结构、功能、类型、特征、知识存储地点、存储方式、知识单元间关系、知识查询入口与路径等的综合。我们认为企业联盟知识地图的构建，应基于联盟知识共享网络进行知识的识别与分解、知识的关联与组织、知识的呈现与可视化、知识地图的更新与维护等。

（1）知识的识别与分解。知识识别是构建知识地图的基础性工作，是从已有的联盟共有知识网络中识别出经常在使用的各种知识的表现形式及其来源等，同时也识别出其中的关键性知识，了解联盟内所缺乏的知识。其中有些知识分布在知识网络的相关文档、知识库中；有些知识只与相关的专家或相关的业务流程相联系起来进行分析。有些知识的使用频率高；有些知识的使用率很低，但却是确实存在而且需要保留的知识。有些知识是联盟成员所共同拥有的，要找出其中的联系和不同，避免重复；有些知识是某个成员企业所特有的，要分析其所能共享的可能与方式等。

知识分解是根据知识的相关属性特征进行全面分析的过程，包括对知识的内容分析和外部特征分析，以明确知识存储地点、存储方式、相关知识间的关系、知识的创建时间及作者或责任人等，使已有的知识内容更加具体化及形象化。通过知识分解，形成相应的知识单元，可对各知识单元依据其特点予以不同的权重标记，以形成尽可能多的检索点，能确定和突出关键知识；因为每种知识的侧重点是不同的，其在某一系统内的作用和重要性也是有差别的。

（2）知识的关联与组织。知识关联就是要寻找相关知识单元间的关系，以更好地把分解后的知识单元组织起来。常见的知识单元间关系有等价关系、类属关系、结构关系、先后顺序关系、拓扑关系、因果关系、条件关系、相似关系、依赖关系、逻辑关系、评价关系等。如可把某些知识按照产生的时间顺序来进行关联分析，按照产生的空间与地点关系来进行关联分析，按照知识的创造者、加工者、拥有者等依赖关系来进行关联分析等。

---

❶ 司莉，陈欢欢. 国内外知识地图研究进展 [J]. 图书馆杂志，2008（8）：13－17.

　　知识组织就是要以一定的方式揭示知识单元间的关联关系。知识组织常用的方法有分类法和主题法。分类法就是按照一定的标准将有某种关联关系的知识串起来，知识分类标准要能够覆盖联盟所有的知识，类别设置应以实际需要为准，不宜过多，冗余的知识类别将给知识地图的使用和维护带来不必要的负担；合理科学的知识分类能使联盟知识变得更加有序化，便于管理。主题法是按照知识的内容来组织知识的方法，能根据联盟知识共享的需求把广泛分散的知识按照相应的主题内容进行组织，但主题法不适合于大量知识的组织。且随着语义检索技术的不断应用与发展，在企业联盟的知识地图构建过程中，可根据不同的需求采用分类法和主题法相结合的方式进行知识组织。

　　（3）知识的呈现与可视化。知识的呈现与可视化过程也是知识地图的形成过程。从理论上分析，联盟知识地图应是联盟知识共享网络的缩影，并可以从不同角度进行呈现。企业联盟目前使用的知识地图一般都是一种静态的一维或二维的知识地图，大多以图表的形式（如知识分布一览表等）来描述知识共享网络，这样对任何企业而言，都只可能拥有一张完全相同的知识地图。随着计算机技术和图形处理技术的发展，借助于现代技术实现知识地图的可视化呈现也被广泛应用，可交互的三维知识地图不断增多，不但可以生动地呈现知识在联盟整体知识体系中的层次、位置、存储方式及关联关系，而且可根据联盟知识共享的不同需求进行调整，呈现其中关键部分的知识等。

　　（4）知识地图的更新与维护。企业联盟的知识共享网络是动态发展的有机体，反映知识共享网络的知识地图也需要不断更新与维护。在知识地图构建完成后，需要根据企业员工在利用过程中所提出的反馈信息，及时调整知识地图的呈现方式，在反复测评中改进和完善知识地图。另外，随着企业联盟合作业务的发展和外界环境的变化，成员对知识的需求也在不断变化和发展，因此要及时了解成员企业的知识需求和联盟的知识缺口，不断充实和调整知识内容，改进知识网络，促进知识创新，保持知识地图的动态更新。

　　3. 企业联盟知识地图的构建方法

　　根据不同的分类标准，知识地图被划分为不同的类型。如《国内外知识地图研究进展》一文中根据知识形态、对象、功能、需求、呈现方式、知识属性和范围、功能和应用等标准对其进行了类型划分的总结。《专利地图主要种类及表现形式》将专利地图划分为排行地图、比例地图、趋势地图、分布地图、进出地图、引文图、关联图、组合地图等不同种类，并有条形图、柱状图、饼图、圆环图、折线图、气泡图、雷达图、矩阵图等不同的表现形式❶。《我国汽车制造业知识地图的构建》一文认为汽车企业的知识地图主要有仿真型、树图型和异型图三种，其中仿真型知识地图是指将知识数据嵌入载体之后构成的知识地图，在这种知识地图上，人们可以清晰地根据地理和人员等不同载体所在的方位，方便地找到知识数据；树图型知识地图是以知识本身的相互关系为基础联系的知识地图，能够清晰地体现出知识本身的上下级和相互关系；异型图是一种在知识层次与知识分布关系上定位的知识地图，能将知识管理抽象成两个维度，分别在知识的显性和隐性以及知识在群体、个人、组织之间进行定位❷。另外，还有专门研究某类知识地图构建方法的成果，如《V型知识地图在企业知识管理中的应用研究》专门分析了以问题为中心的V型知识地图模型的构建方法❸；《试论专家型隐性知识地图的构建》专门分析了专家隐性知识地图的构建方法❹；专利《一种基于维基百科构建概念型知识地图的方法》提出利用本发明构建的知识地图不仅可以适用于多个领域，而且其中的知识信息可以和维基百科一起更新，同时知识源的获取容易，知识信息全面，采用可扩展标记语言对知识节点信息进行描述，因此可扩展性强并且可以在多平台上使用❺。

我们认为，基于企业联盟的知识地图构建是非常复杂的，因为企业联盟内的知识有不同的存在方式和表现形式，合作业务需要成员企业间的知识共享与管理协调。因此，可以结合成员企业知识地图和项目知识地图进行构建，实现企业联盟知识地图集的动态调用和组合（其模型如图6-4所示）。

一方面，企业联盟知识广泛分布在各个成员企业及其企业员工当中，每个企业又有不同的知识管理方式；每个成员企业都有各自擅长的核心能力和业务，有自己的长期知识积累、知识资源优势、人力资源优势等；每个成员企业在参与联盟的过程中要贡献知识或吸收其他成员伙伴的知识，但也要保

❶ 殷媛媛. 专利地图主要种类及表现形式 [J]. 竞争情报, 2009（秋季刊）: 45-57.

❷ 蒋国瑞, 李阳. 我国汽车制造业知识地图的构建 [J]. 商业时代, 2007（1）: 88-89.

❸ 乐庆玲. V型知识地图在企业知识管理中的应用研究 [J]. 情报理论与实践, 2007（5）: 638-641.

❹ 秦铁辉, 汪琼. 试论专家型隐性知识地图的构建 [J]. 国家图书馆学刊, 2007（2）: 58-62.

❺ 金海, 等. 一种基于维基百科构建概念型知识地图的方法 [P]: 中国, 201210006157. 2012-07-25.

护自身的核心知识，联盟体内不可能实现全部知识的高效共享。所以，应要求各成员企业摸清自己的家底，有效地绘制出自身的专门知识地图，以此作为成员企业间开展知识共享的依据。

另一方面，企业联盟共有知识的创造与管理通常与一些合作项目是密切相关的，合作项目的开展需要在考虑每个成员企业的知识积累和知识基础上进行任务的分配，合作进程需要描述相关知识的内容、使用时间、原因、结果等，需要描述和存储不同合作阶段所产生的新知识，根据知识地图可以找到不同合作业务流程的特点与要求、可供借鉴的经验以及失败的教训等。随着企业联盟的发展，不同的企业知识地图和项目知识地图会形成联盟知识地图集，通过联盟知识地图集的动态调用和组合，可以帮助成员企业快速发现自己所需要的知识类型及来源，也可以帮助联盟确定需要开展哪些合作项目，可能开展哪些合作项目等。

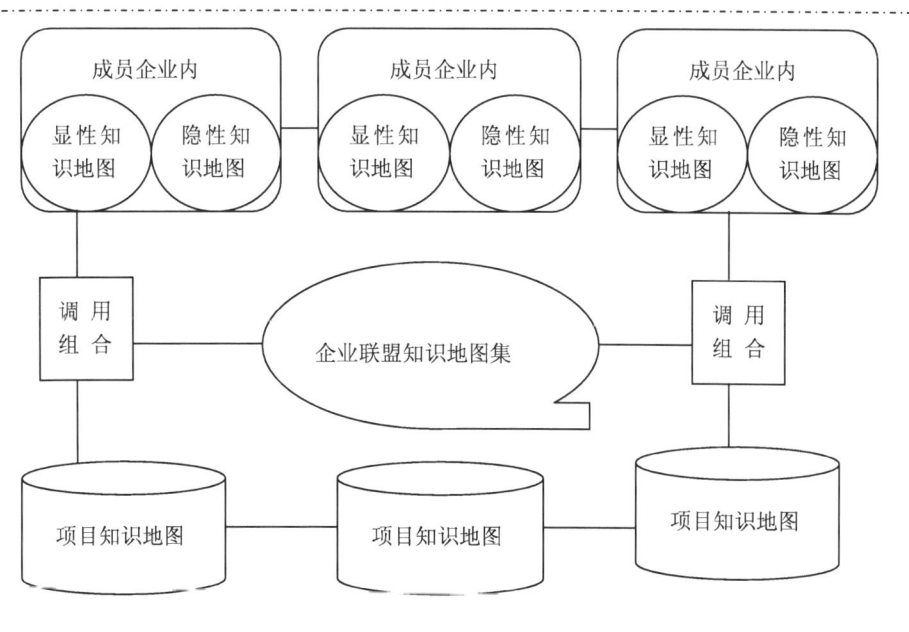

图 6—4　企业联盟知识地图的构建模型

6.4.3　企业联盟知识地图的应用

在对企业知识地图的应用分析中，由于目前专利地图可依赖于相应的检索系统和分析工具进行绘制，相对要方便很多；再加上企业专利知识是企业知识的核心组成部分，在对专利及其相关知识进行分析的基础上可以形成各种专利地图，主要包括专利管理图、专利技术图和专利权利图；其中专利管理图主要服务于专利技术竞争状况与市场机会等经营管理活动之中，如各国专利占有比例图、专利布局图等；专利技术图主要用于专利技术演化与研发分析、企业专利平均年龄图、专利侵权风险规避设计等，如专利技术功效矩阵图、专利技术分布图等；专利权利图主要用于权利范围的界定，明确专利研发和产业化空间，如专利范围构成要件图、专利范围要点图等❶。目前专利地图的应用范围越来越广，如肖沪卫在《专利地图方法与应用》一书中剖析了专利地图在专利战略、技术研发、竞争情报、企业并购、技术预见和技术路线图制定等方面的应用。

对于企业联盟的知识共享而言，知识地图对企业联盟知识共享的影响主要表现在以下几个方面：

1. 指导企业联盟选择合适的合作伙伴

合作伙伴的选择是企业联盟成功与否的关键，也是企业联盟知识共享的前提。企业可以通过知识地图分析自身的知识基础和知识特色，发现自身发展所需要的知识缺口和应补充的知识范围。同样的，企业对于自身所需要补充的知识，可利用知识地图工具来确定所需知识的来源和分布情况，这是确定潜在合作伙伴的基础。如果知识的需求方和知识的供应方都有合作与共享意愿，知识地图还可指导企业对潜在合作伙伴的知识进行分析和筛选，这是选择合适合作伙伴的关键。我国企业在与国外一些企业进行技术联盟的过程中，有些在联盟之前缺乏相应的知识地图指导，既不清楚自身的知识基础和知识需求，也不了解合作伙伴的技术和知识价值，因此我国有些企业曾经为了一些已经公开或已经失效的专利技术付出了巨大的代价。

2. 指导企业联盟制定知识共享战略

知识地图是企业联盟知识共享战略制定的基础和依据，便于对各成员企业的知识基础进行比较分析。通过知识地图，可以清晰了解整个联盟知识共享网络的结构，可以更好把握各成员企业的知识特色，可以识别企业间的知识关联，以帮助确定可以在哪些领域开展合作，确定有哪些技术可实施转让或交叉许可，还有哪些方式可以促进彼此的知识共享等。如 MPEG－2 联盟和

---

❶ 肖国华等．专利地图设计制作及影响因素分析［J］．情报理论与实践，2007（3）：372－377.

TD – SCDMA 联盟等，曾对内实行交叉许可（免费共享），对外实行成员单独许可或联盟统一打包许可；这样对企业联盟而言，就是要在传统的专利地图分析基础上，运用专利地图进行联盟内部资源、专利构成和成员技术关联的分析，并绘制图表（主要是专利技术图）反映这种关系，从而确定专利产出结构以及资源配置结构，制定联盟伙伴的知识共享战略❶。

3. 协助企业联盟进行知识共享预警

在企业联盟的知识共享过程中，成员企业之间的知识共享总存在着一定的风险，在合作的过程中，也同样存在着竞争。为保持联盟的长期发展，成员企业之间都会进行相应的监测，尽量减少甚至避免知识共享过程中的机会主义和搭便车现象。在合作过程中，应通过知识地图，及时反映企业及联盟的知识结构调整情况，避免企业之间出现不必要的利益争端，减少内部的知识产权纠纷等。另一方面，企业联盟作为一个整体，除了要对内部的知识共享活动进行预警外，还要防范外部风险，避免侵权现象的出现，保障成员企业因知识共享而出现互惠共赢局面。

4. 实现企业联盟知识导航与搜索

知识导航与搜索是知识地图最根本的功能，通过对广泛分散在成员企业中的知识有效地进行揭示，对知识单元和知识关联进行切实表述，形成相应的导航图，能方便需要的企业和企业员工找到自身所需要的知识，能发现不同企业所拥有的知识之间的关联关系，促进企业间知识的有效共享与利用。而且知识地图一般采用了较好的图表显示方式，能帮助使用者简单明了地发现知识与搜索知识。

5. 专利地图在微软与互动设计公司联盟及知识共享中的应用❷

我们于 2013 年 7 月 22 日通过 http：//app. innography. com 平台进行检索时发现微软公司（Microsoft Corporation）当前的专利总数有 113699 件，其中有效专利 70687 件，失效专利 43012 件。从微软公司的专利布局来看，主要是在美国、日本和德国，其近五年的专利申请数分别是：2013 年 9365 件（由于

---

❶ 王珊珊，田金信. 基于专利地图的 R&D 联盟专利战略制定方法研究［J］. 科学学研究，2010（6）：846 – 852.

❷ 叶广海. Innography——高端专利分析工具. 2013 年 7 月在湘潭大学举行的第二届高校专利信息检索分析与应用高级培训班课件（根据课件与作业整理）.

检索时间为 7 月 22 日，还不能反映一年的情况），2012 年 17233 件，2011 年 13564 件，2010 年 13364 件，2009 年 4253 件。

而互动设计公司（Perceptive Pixel，简称 PPI）公司是 2006 年才创立的，是一家小型的触摸屏技术公司，Jeff Han 教授既是 PPI 公司的创始者，也是公司的研发主力，PPI 当时拥有 91 件专利，其中高强度专利（专利强度≥3）有 38 件，其研发技术点是受抑全内反射（受抑全内反射与电容式、电阻式、散射照明式等一样，均可实现多点触控）、多点触控输入和信号等。再检索受抑全内反射多点触控技术领域研发能力，我们发现 PPI 公司已成为受抑全内反射多点触控技术领域的行业领跑者。

从 PPI 公司引证专利权人分析，PPI 公司与微软公司的专利都和苹果公司之间存在直接的引证关系，如图 6 - 5 所示。

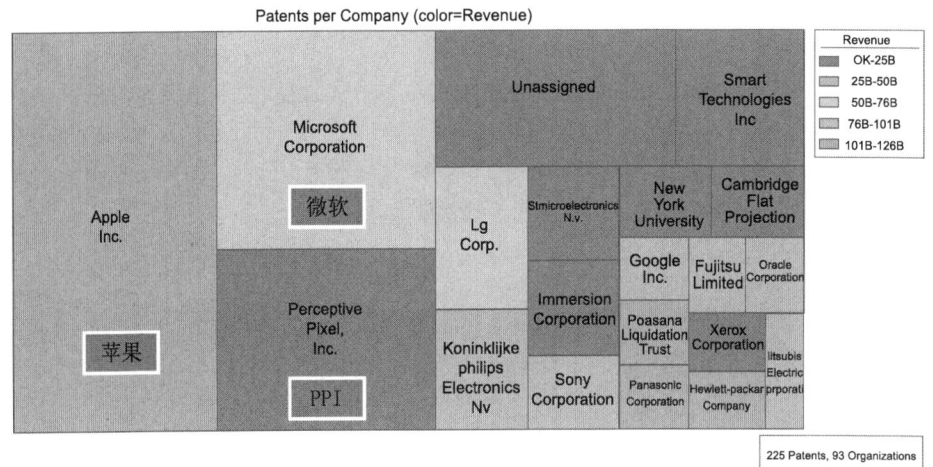

图 6 - 5　PPI 公司引证专利权人分析

微软公司虽然拥有很多的专利，但非常需要在受抑全内反射多点触控等技术领域的知识，如果微软公司直接加强受抑全内反射多点触控技术领域的研发，也难以在短期内取得技术突破，因为 PPI 公司已成为该行业领跑者。微软公司经过比较分析，发现与 PPI 公司联盟非常合适，可以弥补自身的技术不足，避免了微软和 PPI 公司双方将来可能的火拼，同时提升了自身的竞争力，可以更好地与苹果等竞争对手对抗。2013 年 7 月 10 日，微软首席执行官鲍尔默（Steve Ballmer）在数字世界合作伙伴大会（Digital Worldwide Partner Conference）上宣布，微软公司已与 PPI 公司结成一体联盟，PPI 公司的相关技术专利可被微软共享和利用。

第7章　基于企业联盟的知识共享冲突及其协调

　　企业联盟为成员企业带来大量机遇的同时，也隐含着各种各样的冲突，冲突的存在造成了企业联盟的不稳定性和风险。如 Harrigan 对 880 个企业联盟进行了调查，结果显示只有 40% 的联盟合作时间超过 4 年，15% 的联盟合作时间超过 10 年。[❶]

　　企业联盟在知识共享过程中存在各种冲突，其中既有不同知识共享主体之间的冲突，又有共享主体围绕客体而产生的冲突，主要涉及到知识的保护、所有权、收益权、处置权等。目前关于知识共享冲突的研究，较多的是从知识共享与知识产权保护（知识专有权）冲突的角度来分析的。我们认为，基于企业联盟的知识共享既有联盟内部的知识共享活动，也有企业联盟与外界环境之间的知识共享活动，知识共享冲突同样存在于企业联盟的内外部知识共享过程中；但促进联盟内部的知识共享是企业联盟形成和知识共享的主要目的，联盟内的各个成员伙伴又是相对独立的经济实体，因此基于企业联盟的知识共享冲突主要发生在联盟内的不同利益主体之间，主要表现为企业联盟内不同成员伙伴之间的利益冲突。

7.1　企业联盟体内的知识共享冲突及其协调[❷]

　　在企业联盟的内部知识共享过程中，总存在着各种各样的冲突，并有不同的表现形式，下面试图分析其共享冲突产生的原因和协调对策等。

7.1.1　知识共享冲突的主要表现

　　在企业联盟体内知识共享的实际运行过程中，情况往往是非常复杂的，

---

❶ 姜劲等. 战略联盟的冲突问题研究 [J]. 数学的实践与认识, 2007 (6): 54 – 58.
❷ 周永红等. 联盟企业间知识共享冲突及协调对策探讨 [J]. 情报理论与实践, 2011 (10): 62 – 64, 84.

不同知识共享主体之间的冲突，再加上不同共享主体围绕客体而产生的冲突往往会交织在一起，导致了共享冲突的广泛存在。

我们假设企业联盟内所有成员伙伴对某一方面知识都有共享的需求，那么各个成员企业所拥有的可共享知识的多少、共享意愿的大小及联盟内共享机制的调节作用是影响联盟知识共享效率的最主要因素。为方便说明，下面以 A 代表拥有相关可共享知识的企业（有两种可能情况：A1 代表拥有相关可共享知识且具有共享意愿的企业；A2 代表拥有相关可共享知识但不具有共享意愿的企业）；以 B 代表非拥有相关可共享知识的企业。在这里，暂不考虑共享机制的调节作用等其他影响因素，只从各个企业所拥有的可共享知识的多少及其共享意愿的大小来看，企业联盟成员伙伴间的知识共享冲突就可能出现以下情况：

- A 与 A 之间主要表现为因知识贡献的不均衡、联盟内知识控制权的争夺、知识保密、知识保护而引发的共享冲突；
- A 与 B 之间主要表现为因知识控制、知识专有、知识垄断、"机会主义"、"搭便车"而引发的共享冲突；
- B 与 B 之间主要表现为因为争取知识共享优先权而引发的冲突；
- A1 与 A2 主要表现为知识保密、知识保护与知识共享之间的冲突；
- A1 与 B 主要表现为因知识控制、"机会主义"、"搭便车"而引发的共享冲突；
- A2 与 B 主要表现为知识专有、知识垄断与知识共享之间的冲突。

根据以上的假设分析来看，企业联盟体内知识共享冲突的主要表现可以概括为：知识专有与知识垄断引发的共享冲突、知识泄密与知识滥用引发的共享冲突、知识保护与知识共享不充分引发的共享冲突、知识控制与共享优先权引发的共享冲突等。

1. 知识专有与知识垄断引发的共享冲突

企业知识往往是某一企业在长期发展过程中所积累和形成的，企业专有知识也是企业的一种无形财产，国际上和国内的相关知识产权法律保护规范都规定未经知识产权人许可，任何单位和个人都不得利用其专利和版权作品当中所涉及到的知识，否则会造成侵权。而且企业专有知识的存在往往依赖于特定的背景和组织环境，特别是隐性知识，它无法通过正式的、系统的语言来描述表达，是造成企业间知识共享困难和失败的原因之一。因此，企业知识的专有性与知识共享本身就是有冲突的。

另外，企业知识的专有性还可能上升为知识垄断冲突。企业专有知识是构成企业竞争优势的源泉，有些成员企业为了垄断产品市场或某一领域内的技术，往往不希望共享自身的专有知识，甚至可能采取一些超过知识专有权保护规定的范畴。特别是当有相同领域知识的企业结成联盟时，其垄断优势更加明显，对社会知识共享影响更大，如专利联盟一直以来都是世界各国反垄断审查的重点对象。

2. 知识泄密与知识滥用引发的共享冲突

在企业联盟内，成员企业一方面希望从其他企业中获得知识与信息，另一方面又担心自己核心知识的泄密。如果处理不好这种相互矛盾的关系，企业很可能会被迫脱离联盟，甚至还有可能失去自己长期积累的经验和专有知识。而企业联盟内的知识提供方与知识接受方之间由于知识基础与经验背景等总有一定的差异，在企业联盟的知识共享过程中，有时会破坏知识原有的内容，增加知识泄密风险。伴随着知识泄密存在的冲突，很容易出现知识的滥用。成员伙伴的机会主义行为及搭便车行为，导致知识共享可能违背知识拥有者的意愿，侵犯知识拥有者的权利，如成员企业以不正当手段获取相关知识，或以不在合理和允许使用的范围内过度利用知识等都是滥用知识的表现。

在我国企业与国外企业联盟进行知识共享的过程中，由知识泄密与知识滥用引发的冲突更加明显，由此带来的有些损失非常巨大。如国内许多中医药企业、研发机构在和外国企业联盟与合作的过程中，我国企业大多需要国外企业提供制造工艺和技术方面的知识，但在合作与知识共享过程中，不少国内科技工作者不注意保护自己的知识产权，有些中医药领域的核心知识就因此泄密给外方企业；外国企业再采用知识滥用手段，往往在国际专利领域抢先申请中国企业科技工作者的相关发明创造，如六神丸、牛黄救心丸等典型例子告诉国人，"洋中药"目前正大肆入侵国内市场，并引发了知识共享冲突的恶性循环。

3. 知识保护与知识共享不充分引发的共享冲突

企业联盟能增进成员企业之间的知识共享，但企业联盟内成员企业间的竞争关系同样存在。成员企业为了维护自身利益，常常会对其专有知识进行保护；但出于联盟合作与知识共享的共同目的，又不得不对自身的知识进行有选择性共享，把既不影响自身利益又可能促进彼此间合作的知识共享给成员企业。另外，由于企业联盟中总会存在一定的机会主义及搭便车行为，使得企业需要考虑对其专有知识尤其是核心知识进行保护。保护知识的过程对成员企业来说，也是一个不断形成冲突和冲突解决的循环过程。

在企业联盟的知识共享过程中，让成员企业完全共享自身的专有知识是不切实际的。但如果企业对其专有知识尤其是核心知识等进行过度保护，在共享过程中就会经常出现知识共享不充分现象，有时甚至会导致企业联盟的失败。另外，知识本身的特性，如知识的专有性和复杂性等特点会导致知识难以被模仿和学习，出现知识共享不充分现象。

4. 知识控制与共享优先权引发的共享冲突

在企业联盟内，各个成员企业之间的竞争关系直接影响到企业是否能在联盟体内尽可能地体现自身价值，以掌握对联盟更大的控制权。一般来说，企业共享出去的知识越多，其他需要这些知识的企业对本企业的依赖性也会越来越大，该企业凭借这种依赖在联盟中就会有更大的控制力，从而有利于其在联盟中体现自身价值，提升自身形象。所以在拥有相关可共享知识的成员企业之间，以及拥有相关可共享知识的企业与非拥有相关可共享知识的企业之间都会存在这种知识控制权的冲突。

而由于知识的非对称性，企业联盟内非拥有相关可共享知识的成员企业都希望能够尽快尽早地共享更多知识，以提升自身在联盟内的影响力。企业联盟在进行知识共享安排时，成员企业之间的知识共享优先权冲突也因此而产生。

7.1.2 知识共享冲突的主要原因

知识共享冲突直接影响着企业联盟内的知识交流与共享状况。企业联盟体内知识共享冲突的根本原因是成员企业间的利益冲突，另外还有一些其他原因，如联盟中成员企业拥有知识的不对称性、合作预期目标的不可知性、企业联盟的动态性、外部环境的影响及知识本身的特性等。

1. 成员企业之间的利益冲突

在知识共享过程中，各个相对独立的企业之间的利益冲突是引发企业联盟知识共享冲突的根本原因，主要表现在共享成本的分担、收益分配、共享补偿等方面。企业联盟内的各成员企业间是一种既合作又竞争的伙伴关系，各个成员企业之间具有相互依赖、相互合作的关系，成员企业不仅提供适合于联盟的知识，而且对彼此知识的适应性需求也促进了联盟企业间的知识共享。同时，企业联盟内的各个成员企业之间也存在着竞争关系。在知识共享的过程中，竞争促使每个成员企业要不断地学习对方的知识，并不断地把相关知识内化为企业自身的知识；同时成员企业也会根据自身对知识的理解和自身的知识条件进行不断整合，甚至在知识共享基础上进行知识创新。这样，竞争的存在必然影响企业共享知识的积极性，导致有的企业甚至会实行知识保密、知识保护或知识垄断等举措，这样就会导致企业联盟知识共享冲突的产生。

2. 成员企业拥有知识的不对称性

成员企业拥有知识的不对称性是知识共享产生的前提，也是引发共享冲突的原因。因为拥有较多知识优势的企业在知识共享后往往会失去一些竞争优势和控制能力，如果成员企业因为知识共享已经威胁到自身在联盟内的竞争地位，可能会阻碍或消极地进行知识共享，这会增加彼此间沟通与合作的困难，知识共享冲突的升级甚至会危及到联盟本身的稳定性。如一些企业联盟内的成员企业在合作与知识共享过程中，为了缩短知识学习时间，干脆直接挖走一些掌握着企业核心知识的技术人员，其直接影响就是知识共享冲突的升级甚至是联盟的解体。

3. 合作预期目标的不可知性

企业联盟在知识共享过程中，虽然会制定知识共享目标并努力围绕着目标来进行相应的知识共享活动，但在实践过程中总有一些不可预料的因素。如果成员企业对合作预期目标的期望过高，一旦达不到既定目标，极可能会影响共享主体的积极性。在这一过程中，如果成员企业能够进一步沟通交流，则会减少冲突；如果是互相抱怨，不再积极进行共享，只会越来越偏离企业联盟知识共享目标，知识共享冲突也只会不断升级。

4. 企业联盟的动态性

企业之间的联盟关系是动态发展的，一般会由于合作的深入而达到巩固和发展，但期间也有成员企业经常由于合作的失败而退出联盟，企业联盟的动态性直接影响着成员企业之间的知识共享活动。加之成员企业各自的管理方式与文化传统有所不同，彼此之间的合作关系和知识共享又跨越了企业边界，知识共享因此而变得更加复杂，其冲突的可能性也大大增加。因此，企业之间在合作过程中，必须不断地监控联盟关系，分析合作与知识共享的目标，以减少成员企业之间的知识共享冲突。

5. 外部环境的影响

基于企业联盟的知识共享虽然主要发生在联盟内部，但外部环境对企业联盟及其成员企业的影响也是非常大的。如由于受国内相对薄弱的知识产权保护环境影响，目前还有很多企业根本不了解或熟悉国际知识产权的运作规则，运用知识产权手段来保护参与市场竞争尤其是国际市场竞争的准备和经验明显不足，所面临的知识产权风险尤为突出。我国企业在一些国际性的联盟中，往往只能共享国外企业的一些非核心技术知识，有时甚至是已经失效的专利技术等。如据相关调查显示，在我国企业在与国外企业联盟和知识共享的过程中，有37%的企业不明确协议中相关的知识产权条款应包括哪些内容，34%的企业不了解该如何确定成果所有权，22%的企业不知道经济利益的分配比例等❶。

6. 知识本身的特性

知识本身是非常复杂的，特别是深深根植于成员企业之中的知识是在企业长期发展过程中逐步形成的，在这方面的知识共享需要企业文化、人才结构等多方面的变革与影响。如南希·狄克逊（（Nancy M. Dixon）曾分析指出：汽车制造商通用公司和丰田公司曾组建了联盟，在加利福尼亚建立了一家名为"新联合汽车制造公司（New United Motor Manufacturing Incorporation，UMMI)"的合资企业共同生产汽车，其目的是要将丰田在日本的知识资源带入通用；UMMI在美国建成并投产之后，通用汽车从其他工厂带来了成百人的研究团队，希望把UMMI的知识转移给通用，但大多没有成功。其中的一个主要原因就是由知识本身的特性造成的，因为为了利用这些知识，接受工厂的每个部门和单位都需要获得新知识，同时也必须学习各业务单位间的关系。即使在每个业务单位内的知识都是非常明晰的，但各业单位之间的关系知识可能很大程度上仍是隐性的，要实现全部知识共享显然是很困难的❷。

---

❶ 李颖等. 联盟合作中知识共享风险及防范策略研究 [J]. 图书情报工作，2010 (4)：117－120.

❷ 南希·狄克逊. 共有知识：企业知识共享的方法与案例 [M]. 王书贵，沈群红，译. 北京：人民邮电出版社，2002：30.

7.1.3　知识共享冲突的协调对策

成员企业间的知识共享冲突是经常存在，冲突的有效控制和协调促进了联盟企业对于和谐关系的追求。为减少和控制企业联盟内成员企业间的知识共享冲突，保障企业联盟知识共享目标的实现，维护企业联盟的正常运转及持续发展等，需在分析知识共享产生原因的基础上，采取一定的对策进行协调。

1. 加强企业联盟内知识共享冲突的防范

企业联盟内的知识共享虽然是广泛存在的，但为了保持联盟的稳定发展，很多冲突都只是以潜在形式存在的，只有等冲突升级到一定程度时，才需要采取对策进行协调。因此，要防患于未然，要提前分析与控制企业联盟知识共享过程中可能产生的冲突。

如数字电视机顶盒开发项目，这是个基于知识共享与技术交流的合作项目，由负责设计机顶盒的 A 公司、负责机顶盒点播和接受视频点播节目的嵌入式软件模块设计的 B 公司以及提供解码芯片、完成以太双向组件设计的 C 公司共同合作开发。在这个知识共享项目中，就采取了一系列防范措施：对于技术知识泄露可能引发的冲突，联盟成员采取的措施就是要提高中高层管理人员的知识保护意识，制定相应的奖惩措施以激发员工进行知识保护的积极性；联盟中的成员企业是经过慎重选择的，都是较高信誉度的企业，因为信誉是企业合作的保证，良好的信任有助于降低合作与知识共享过程中的冲突；为防范联盟内部知识共享不充分所可能引发的冲突，联盟成员企业采取的措施主要是建立有利于共享的信任机制、制定合理的契约及合同，以保障知识共享的正常运转和秩序，同时在加强联盟成员之间沟通的基础上，联盟成员合作方要公开技术源代码，实现对知识共享的形式化和模块化，以降低知识的模糊性，使共享的技术知识更容易被理解和吸收，提高知识共享的效果。❶

2. 保证各成员企业自愿平等地参与知识共享及冲突的解决

知识共享冲突的解决需要建立在共享主体自愿基础之上。自愿通常指各行为主体按照自己的自由意愿做出相关选择。成员企业自愿参与知识共享及

---

❶　马亚男．知识联盟之间技术知识共享的风险控制［M］．北京：中国经济出版社，2008：190－206．

冲突的解决，是企业主观意愿和主观行为的自觉表现，意味着企业能积极参与知识共享及冲突的解决，而不是依靠联盟的规定或其他约定被动地参与，这样有利于调动联盟内各成员企业知识共享的积极性和主观能动性。只有共享主体能够自由地表达自己的共享意愿，并拥有对自己的共享行为和共享策略进行选择的自由，才能保证共享的顺利开展。如果单纯依靠联盟约定或其他强制力量是难以调动共享主体积极性的，知识共享活动难以真正开展起来；一旦有共享冲突的话，协调也根本不可能取得效果。

成员企业平等参与知识共享主要涉及到企业的责任、权利与收益问题，即参加联盟的各个成员企业，不论大小与规模，都应履行平等的义务，承担相应的责任，享有平等的权利，获取相应的收益，只有权责分明的联盟才能有秩序地运营下去，否则整个联盟就像一盘散沙一样，无法达到联盟的初衷，更不用说企业间的知识共享问题。在知识共享过程中，联盟各方应该力求减少甚至避免产生冲突，即使某一具体环节产生了冲突，应鼓励冲突方以联盟的整体利益和联盟关系的发展为重，在平等基础上达成各方都比较满意的共享意向或解决方案，避免发生因企业实力差异或信息不对称而产生的必须全盘接受或全盘拒绝的极端情况。

3. 以信任机制保证成员企业间知识共享的顺利进行

良好的信任可以促进企业间的合作及知识共享。企业之间的合作关系实际上是一种对未来行为的承诺，这种承诺既可以是公开的，也可以是隐含的。只有各成员企业间互相信任，恪守合作规则和知识共享协议，才能有效地进行知识共享。同时，参与知识共享主体之间的相互信任程度会显著地影响知识共享的收益。有效的信任机制可以降低共享环境的复杂性和决策风险，保证联盟知识共享的持续发展。

但在企业联盟刚建立或加入新合作伙伴时，往往难以做出完整的合作规定，而信任的培养也需要一定时间的考验，成员企业间要经历一个由不信任到信任的过程。在这个过程中，双方都要有一定的投入才能获得对方的信任。要建立良好的信任关系，需要成员个体、企业联盟的多方努力。首先，成员个体应加强自我约束，加强自身企业文化建设，树立诚信和自我约束意识，同时要以一种坦率和开放的态度积极参与知识共享。其次，企业联盟应建立明确的声誉评判机制，主要着眼于企业联盟的长期发展，通过它对企业联盟各成员企业的内部行为进行判断与评价。如果某成员严格遵守联盟知识共享协议，积极参与共享，并且对其他成员企业提供的知识真实有效，那么它就能在联盟内部获得较高的信誉评价，其他成员企业也更愿意与其合作，其在企业联盟中的地位和控制权也将会得到相应提高，反之则会招致其他成员企业的抵制，甚至被迫退出联盟。

4. 在互惠基础上协调成员企业各方利益

程焕文在《信息资源共享》一书中引用美国图书馆学家肯特（Allen Kent）的观点，认为资源共享最确切的意义是指互惠，而不单是指资源交换与互补等。对于企业联盟知识共享而言，同样也需要在互惠基础上协调企业联盟知识共享各方的利益，尽量使联盟内的成员企业之间实行多赢格局，使共享主体能切实感受到共享带来的好处和不进行共享的危害。

企业联盟不同于一体化管理的单一企业，成员企业之间仍然是各自相对独立的企业实体，各企业都有自己的利益考虑，其利益目标往往与联盟的总体目标或其他企业的利益不可能完全一致。企业联盟内的知识共享一直强调要兼顾公平与效率，只有强调公平，才会让各共享主体真正能够实现互惠共享，提高他们进行知识共享的积极性和主动性；同时又要强调效率，才会增加企业联盟体内的知识总量，让互惠共享能够持续进行下去。具体来讲，联盟应对成员企业的共享成本分摊、共享风险分担、共享收益分配及个体利益补偿等问题进行协调。首先，合理的共享成本分摊问题应与企业的个体实力相匹配，如核心企业或通过共享能获取更大收益的企业应承担更多的共享成本。在共享成本分摊的具体设计与运行中，应考虑到企业规模、市场份额、资金能力、技术水平、学习能力和企业的知识结构等，应对各企业用于共享的知识进行科学评估，并根据评估结果设计合理的成本分摊办法等。其次，企业也会顾及到知识共享可能带来的风险。知识共享风险主要体现为核心知识泄露、知识产权风险和人才流失等。因此，要明确每个成员企业所贡献的知识在整个共享体系中的位置和角色，以确定成员企业参与共享的真实风险程度；企业联盟应做好针对企业个体的知识产权保护，消除成员企业对自己私有知识可能被其他合作伙伴窃取或恶意利用的顾虑。最后，企业联盟进行知识共享的最大动力来源于通过知识共享与创新所带来的收益问题。共享收益的分配应依据共享成本分摊比例与共享风险分担比例来确定，同时还要结合企业个体的学习能力和联盟合作程度，参考成员企业在实际的共享合作过程中的表现和任务完成情况等因素。在共享收益的分配过程中，当然不能采取平均主义的做法，对于在联盟知识共享中付出较多的企业，还应有适度的利益补偿，以调动成员企业参与联盟知识共享的积极性。互惠要求在知识共享过程中兼顾公平与效率，各共享主体只有能获得与其投入相适应的回报，才能维持乃至增加他们继续参与知识共享的信心和投入。

5. 引入第三方机构协调企业联盟内的知识共享冲突

企业联盟内的成员企业在知识共享过程中经常会遇到一些涉及到企业核心利益的冲突。此时冲突各方必然选择兼顾自身核心利益的策略，一般针锋相对的策略选择很难使冲突得到有效解决。这时就需要非利益相关者的某个第三方机构以"局外人"视角来协调冲突。由于第三方与知识共享的冲突方并无直接利害关系，因此更能客观和准确地判断和分析问题，为冲突的解决提供更加客观合理的分析和判断。

协调冲突的第三方一般由企业联盟外的专业仲裁机构进行操作。仲裁机构首先需要掌握冲突各方的相关资料，了解冲突的详细细节，并通过相关法律政策制度或市场规则进行调解。企业一旦选择了通过专业仲裁机构进行调解，就必须接受仲裁结果。另外，协调冲突的第三方也有可能是同一企业联盟内的第三方企业，或企业联盟外的第三方企业。当然这种第三方企业应是与冲突各方都有较好的合作与信任关系、没有利益冲突的企业。这样，当联盟内有关企业产生了针锋相对的利益冲突时，第三方企业就可以利用自身与冲突各方的合作与信任基础，作为非利益相关者的第三方参与冲突的协调与解决。

6. 以激励机制调动成员企业知识共享的积极性

在企业联盟的知识共享过程中，冲突总是不可避免的。当企业联盟内的各成员企业间有一定的摩擦或隔阂时，各成员企业通常不会为了企业的短期利益而丧失已经建立的联盟关系。因此，可通过激励机制调动成员企业知识共享的积极性，尽量使冲突最少化。

促进成员企业间知识共享的激励主要是通过利益协调的形式实现，即如果某一合作方在联盟的知识共享中提供了更多更有用的知识，或者更好地履行了其所应承担的知识共享义务，那么它就能享受到更多的利益分配。除了利益分配的激励外，还可通过让企业在联盟体内尽可能地体现自身价值，提高其在整个联盟中的地位，掌握对联盟更大的控制权等手段进行激励。地位的提高与控制权的提升又可使企业尽可能多地贡献相关知识，以此形成良性循环，这有利于联盟知识共享的持续健康进行。

当然，在运用激励机制的过程当中，还要注意降低联盟共享成本或有效遏制某些成员企业的机会主义等行为。有效的知识共享激励机制首先应该帮助那些本质上不具有共享意愿的企业选择共享策略，还应该帮助整个联盟的知识共享成本降低到能够促使参与共享的企业调整共享策略以适应整个联盟的知识共享目标。如果能够有效遏制机会主义行为，使企业联盟的所有成员企业不会因为来自于其他合作伙伴的机会主义风险而采取保守甚至不共享的策略，也能对成员企业的知识共享意愿及策略起到一定的激励作用。

7. 以知识创新促进企业联盟知识共享的可持续发展

知识创新是知识共享的目的。在企业联盟的知识共享过程中，还要保证新知识的不断产生，避免因为成员企业过度共享知识而造成"公共地悲剧"现象。企业通过与联盟中的成员企业共享技术开发和研究成果等知识，以此来不断实现企业知识创新的目的。只有通过企业间的知识共享不断地促进联盟内企业的知识创新，才能确保整个联盟关系得以长期维系和不断发展。

但企业联盟的知识创新不是一蹴而就的，需要建立在长期的知识共享基础之上，需要对共享过程中现有和潜的在冲突进行沟通和交流。成员企业间的知识共享过程也是彼此互相学习、模仿、创新的过程。从企业家的个人学习和自我评价来看，学习与模仿产生了积极作用，它有助于提高个人的控制能力，寻求更好的冲突协调途径。[1] 在成员企业间的冲突协调管理过程中，虽然企业之间的竞争仍是主要的影响因素，但彼此的学习模仿也有助于加强合作企业间的联系，增强凝聚力，有利于联盟知识创新。这时即使有冲突，在学习与模仿的过程中，参加者也会寻求不同的途径来解决冲突。在协力解决冲突的过程中，各成员企业要兼顾冲突各方的利益，以利益协调为核心，以知识创新为目标，加强企业之间的沟通以增进彼此的信任度，培养协作默契，提高合作创新效率。

7.2　企业联盟与外界环境之间的知识共享冲突及其协调

企业联盟在运行过程中，除了成员企业间进行知识共享外，还会与外界

---

❶　DANIEL ARIAS ARANDA, OSCAR BUSTINZA SANCHEZ. Entrepreneurial attitude and conflict management through business simulations [J]. Industrial Management & Data Systems, 2009 (8): 1101 – 1117.

环境（包括其他企业、企业联盟、政府、大学、研究机构、市场、用户等）进行知识共享，知识共享主体间的冲突主要表现为企业联盟与外界环境的知识共享主体之间因知识专有、知识垄断、知识滥用、知识保护等引发的知识共享冲突，下面简单地分析其冲突产生的原因和相关协调对策等。

7.2.1 知识共享冲突的主要表现

企业联盟与外界环境中的主体进行知识共享活动主要表现为两个方面：一是需要获取、吸收与学习外界环境中的知识；二是向外界环境提供联盟所积累和拥有的知识。因此，企业联盟与外界环境中的共享冲突主要表现在：①当企业联盟作为知识的需求主体时，其他企业、企业联盟、政府、大学、研究机构等知识拥有主体可能因为知识专有、知识垄断、知识保护等，不愿与企业联盟进行知识共享，或知识共享的不充分等而产生冲突；②当企业联盟作为知识的需求主体，而其他企业、企业联盟、政府、大学、研究机构等也可能是相同知识的需求主体，需求主体之间因争夺共享优先权也会产生冲突（如同样的国家政策或市场情况等方面的信息或知识），企业联盟与其他具有共同需求的共享主体之间必然存在一定的利益冲突；③当企业联盟作为知识的供应主体时，其他企业、企业联盟、政府、大学、研究机构等作为知识的需求主体时，企业联盟因为知识专有、知识垄断、知识保护等原因，有时也不愿或不充分共享相关知识，这时也会产生冲突；④当企业联盟作为知识的供应主体时，其他企业、企业联盟、政府、大学、研究机构等也可能是相同知识的供应主体，供应主体之间因争夺共享优先权往往也会产生冲突。

7.2.2 知识共享冲突的主要原因

在企业联盟在与外界环境的知识共享过程中，不管企业联盟作为知识的供应主体，还是知识的需求主体，利益冲突仍然是引发知识共享冲突的根本原因。比如说，在政府信息化的一些采购招标项目中，不同的企业联盟作为知识的提供主体，都可能争取知识共享优先权，希望自身能作为知识的提供者，并能获取最好的收益。

当然，除了利益冲突这一根本原因外，还有知识本身的特性、国家的政策导向、国际市场环境竞争等原因而产生知识共享冲突，这些原因有些涉及到了国家的宏观经济调控、国际关系等复杂背景，在此不展开论述。

7.2.3 知识共享冲突的协调对策

对于企业联盟与其他外界环境当中的某些主体所进行的知识共享，在制定协调对策时，应强调企业及其联盟的社会责任，避免知识垄断，促进社会知识共享。

1. 强调企业联盟的社会责任

由于知识在企业发展中所起的作用日趋重要，越来越多的企业生产和发展依赖于知识。促进企业间更好地共享和利用知识，已成为企业联盟组建的主要目的之一。知识共享能提高企业联盟的竞争优势，也能引发企业联盟与外界环境之间的利益冲突。虽然企业及其联盟以追逐利润为目的，但同时又应关注其他企业、企业联盟、政府、大学、研究机构、市场、用户等利益相关者的利益，履行相应的社会责任。在一定的时间和空间范围内，企业联盟为履行自身的社会责任有时会损害自身的利益，如可能贡献了更多的知识，却获得较少的回报；或为了响应国家政策，把一些知识共享优先权拱手让给一些更需要扶植的企业或企业联盟等。但从长远的发展来看，企业联盟能否持续地获取利润与发展机会，能否持续获得竞争优势，在于它能否很好地履行相应的社会责任；因为企业联盟与外界环境之间是相互影响相互作用的，只有履行好相应的社会责任，才会形成有利于知识共享的社会氛围，才会形成知识共享的良性循环。因此，企业联盟在与外界环境中某些主体共享知识的过程中，不管企业联盟本身作为知识的需求方还是知识的提供方，都要强调企业联盟的社会责任，才能协调各共享主体的利益。

2. 防范知识垄断

企业联盟能促进成员企业间的知识共享和知识积累，却也可能形成知识垄断，反而阻碍企业联盟与外界环境之间的知识共享，影响知识创新，甚至可能演化成激烈的知识共享冲突。如中国企业遭遇到的第一场真正意义的专利战就是因 DVD 专利联盟的知识垄断所造成的：1997 年 10 月 20 日，株式会社东芝、日本胜利株式会社、松下电器产业株式会社、株式会社日立制作所、时代华纳公司、三菱电机株式会社等一起建立了 DVD6C 专利联盟；1999 年 6 月 11 日 DVD6C 向全世界宣告提供有关 DVD 播放机、DVD – ROM、DVD 解码器及 DVD 光盘的必要专利共同许可，以期促进 DVD 相关产品在世界的普及；但令他们想不到的是中国企业的异军突起，在 DVD 的生产和销售方面都独占鳌头，在全球范围内早就出现了 20 世纪末最广阔的 DVD 播放市场，出口值已经达到每年几十亿人民币；为牵制中国企业，DVD 相关权利方针对生产及消费 DVD 大国的中国进行了一系列行动来征收专利使用费，之后的一两年中，DVD 联盟继续加大对中国厂商的压力并在世界范围内征收专利许可费；由于核心专利技术的缺失及 6C、3C 等专利联盟中外资企业的专利收费政策，一台平均价格为 500 元的 DVD 机要缴纳的各项专利费用就达到了 20 美元；在这种高额专利费用的压力下，中国国有品牌被逼停止出口，同时也造成了广东地区 OEM（贴牌生产）工厂的大量倒闭。❶ 从这个案例我们可以看出，知识垄断不仅阻碍了企业联盟与外界环境之间的知识共享，影响了知识创新，有时还会演化成激烈的知识共享冲突，影响企业之间的关系、相关市场的发展、国家的经济利益等。

3. 以促进社会知识共享为目的

有些知识是企业或企业联盟的专有知识，也是人类认识世界和改造世界的精神产物，它是在不断地继承和借鉴前人认识世界和改造世界的基础上形成的，其产生、发展、开发和利用始终离不开人类的智力劳动，应当不断地被反复利用、复制、传递、共享和创新。作为一种特别的经济组织，企业联盟不能只强调内部的利益和知识共享，而应以促进企业联盟专有知识的社会化共享与广泛利用为目的。要协调企业联盟与外界环境之间的知识共享冲突，除了要以企业联盟方式促进成员企业间的知识共享和知识积累外，还要能促进社会知识共享和国家知识创新，这也是企业和企业联盟履行社会责任的要求和体现。

---

❶ 任声策，陆铭等. 专利联盟与创新之关系的实证分析［J］. 研究与发展管理，2010（2）：48－53.

第 8 章 基于企业联盟的知识共享保障

虽然前面章节已经分析了基于企业联盟知识共享的模式与策略等内容，但基于企业联盟的知识共享是一个复杂的系统工程，为了尽量减少或消除知识共享冲突，需要有完善的保障措施来保障企业联盟内外知识共享活动的顺利开展。《中国知识管理标准体系（GB/T23703）》提出了"知识管理框架模型"，认为一个企业实施知识管理与共享所需要的支撑要素主要包括技术设施、组织文化、组织结构与制度。一般认为技术设施就是构建一些知识社区或知识共享平台，但这些技术设施本身并不能促进知识共享，只能提供相应的条件和便利，而且基于企业联盟的知识共享主要是联盟体内的知识管理与共享问题，企业联盟这种组织形式是由相对独立的企业或其他机构所组成的，我们把支持知识共享的技术平台、可存放于平台上供共享的知识资源、面向企业联盟的知识共享服务模式等称为服务保障。因此，基于企业联盟的知识共享的持续发展，除了需要建立知识库、挖掘隐性知识、建立知识共享网络、构建知识地图等共享策略外，还需要相应的制度保障、组织结构保障、文化保障、服务保障等。

8.1 企业联盟知识共享的制度保障

通过制定与完善企业联盟知识共享的相关制度，可以规范知识共享程序，明确参与者的权利与义务，增加知识共享行为的透明度。制度保障决定了企业联盟的合作方式，有了制度保障才可能分析一定合作制度下的组织结构保障、文化保障、服务保障等。企业联盟知识共享的制度主要包括相应的合作管理制度、知识管理标准、显性知识共享协议、人力资源合作与共享协议等。

8.1.1 企业联盟的合作管理制度

合作是维系企业联盟发展及其知识共享成功的灵魂。合作管理的目的是要提高知识共享的活动绩效，它不仅影响到相应的制度设计，而且影响到知识共享的文化及知识共享的意愿等。企业联盟的合作管理方式决定了相应的管理制度设计，从而对企业联盟知识共享的目标、范围、实现方式、参与者的权利与义务等进行了相应规定。成员企业间的知识共享应建立在互利互惠的基础上，尽量使各个企业之间实现多赢格局，使共享主体能切实感受到共享带来的好处和不进行共享的危害。企业联盟的合作管理方式一般有单方主导式、双方或多方共管式、独立管理式等，每种管理方式都有不同的合作管理制度设计。

单方主导式通常是联盟体中的某一成员企业在管理活动中占有支配地位，其他成员企业则处于次要地位，合作各方都有一定的互补性知识，但其中一方却掌握了更多的关键知识，这时知识共享的管理一般会采取这种方式。如新浪网与传统的媒体都曾有过广泛的合作与联盟，其中包括湖南卫视、凤凰台、东方卫视、解放军日报集团等。以新浪网与东方卫视的合作联盟来看，2006 年 1 月，新浪网充分利用其"嘉宾聊天室"的品牌和内容资源，协助东方卫视打造了中国首个网络电视访谈节目《非常声音》；2006 年 3 月与 10 月，新浪网娱乐栏目充分利用其优势，协助东方卫视分别举办了全国性的选秀活动《加油！好男儿》、大型真人秀节目《舞林大会》，都引起了网民的热议，提高了东方卫视的收视率；从 2006 年 11 月新浪网与东方卫视的战略合作协议来看，新浪网享有东方卫视的独家网上播放权，并为其建立了互动社区推广其节目内容，较好地实现了彼此间的优势知识共享。单方主导式的合作管理制度设计应主要考虑以下内容：如何设计合理的知识共享目标及范围；如何激励拥有优势知识的盟主企业主动积极地将其知识与其他成员企业共享；如何协调知识共享引发的成本分担、风险控制、利益分配甚至利益补偿等问题；如何保证成员企业平等地参与联盟管理、决策、监督等，以提高各方的积极性，避免盟主企业的独断专行等行为。

双方或多方共管式则是由参与企业联盟的双方或多个合作方共担管理责任，共同参与管理活动，以此推动彼此间的知识共享，其中合作各方都有一定的特色知识，且彼此的知识都具有一定的互补性。如 2002 年 12 月，湖南广播影视集团与星空传媒集团在内容制作方面达成联盟，双方共同管理联盟，星空传媒集团利用湖南广播影视集团的制作经验，更好地实现了本地化经营；湖南广播影视集团下的娱乐频道则利用星空传媒集团的娱乐节目，并借助星空传媒集团的国际化经验，迈向了国际市场。双方或多方共管式的合作管理制度设计应主要考虑以下内容：如何确定合理的知识共享目及范围；如何保证全体成员企业都能通过联盟方式共享其所需要的知识的权利；如何激励各成员企业主动积极地将其特色知识与其他成员企业共享；如何协调和控制其中可能引起的知识共享冲突；如何保证成员企业平等地参与联盟管理与决策，主动承担其应履行的义务，避免合作中的机会主义等。

独立管理式是在企业联盟基础上再成立专门的管理机构，一般都是股权式企业联盟，共同分担一定的资金，成立新的机构来对合作活动、目标设置、政策制定、联盟策略的执行等进行管理。如 2003 年 11 月面世的《新京报》就是由光明日报报业集团和南方日报报业集团投资主办的，是中国第一张由两家党报集团结盟后主办的大型日报，《新京报》通过自身的运营与管理来促进联盟方的深层次合作，较好地推动了彼此间的知识共享。独立管理式的管理人员有些是从各成员企业中抽取出来的，也有些是招聘的企业联盟外的专门管理人员。独立管理式的合作管理制度设计应主要考虑以下内容：企业联盟知识共享的目标与范围；与各成员企业出资比例相应的管理权限及收益分配方式；各成员企业对专门管理机构策略执行情况的监督与调整建议等。

8.1.2　知识管理标准

企业联盟需要在成员企业在知识共享的基础上加强联盟共有知识的管理。知识管理是对知识、知识创造过程和知识的共享应用进行规划和管理的活动，知识管理的标准化是建设企业联盟知识库和共享平台的基础性要求，是成功实现成员企业间知识共享的前提。知识管理标准反映了知识管理的实践与认知水平，在统一概念、术语、框架、模型的基础上，标准的发布与实施能对企业及其他组织的知识管理起到引导与规范作用，提高知识管理领域的整体水平，为推动知识管理实践奠定坚实的基础。

目前，一些国家曾制定了相关的知识管理标准。如 2000 年左右，美国生产力与质量中心（American Productivity and Quality Center，APQC）就开发了知识管理模型，在模型基础上建立了知识管理实施指南，提出了知识管理的 5 个实施阶段，包括启动、策略开发、试点、推广和支持，并提出推动知识管理的 4 项支撑因素，即领导和战略、企业文化、信息技术和基础设施、管理维度的绩效评估，认为只有这 4 大因素组合在一起才有可能使知识管理显现效果；英国政府不仅制定了知识管理标准，而且大力支持该标准的贯彻实施，其中英国标准协会于 2001 年至 2005 年发布了《PAS2001—知识管理最佳实践指南》、《PD7500—知识管理词汇》、《PD 7501—实践指南　管理文化和知识管理》、《PD 7502—实践指南　知识管理评价》、《PD 7503—建筑行业引入知识管理》、《PD7504—实践指南　政府部门的知识管理》、《PD 7505—实践指南　知识管理技能和资质》、《PD 7506—实践指南　知识管理与其他功能部门和领域的关系》等，其系列标准有全面的参考书目、术语、评估问卷和优秀案例；2002 年加拿大曾发布了知识管理的白皮书，其知识管理协会于 2003 年发布了《企业知识管理的 Frid 框架》等；2004 年欧洲标准委员会发布了《欧洲知识管理最佳实践指南》（CWA14924—2004），由框架、文化、实施、评估和术语等子部分组成，是欧洲知识管理实践的归纳提炼，目的是要给企业特别是中小型企业，提供有意义和有用的指导；2005 年澳大利亚标准委员会发布了《知识管理指南》（AS 5037—2005），旨在提供知识管理的指导方针和灵活的实施框架，主要包括概念、环境和文化、经验和联系、方案和功能、促成方、评价等多个板块；2006 年德国也发布了临时国家标准《DIN PAS 1062：中小企业实施知识管理基础》和临时国家标准《DIN PAS 1063：网络环境下中小企业实施知识管理基础》等。❶

为推动中国企业的知识管理与共享进程，2011 年 1 月 14 日，中国国家质检总局、国家标准委员会正式发布了知识管理系列国家标准的第二至六部分，这五个部分与 2009 年发布的第一部分《知识管理框架》一起，构成了《知识管理》国家标准的完整框架与体系，见表 8 - 1，其目标是为组织提供通用的知识管理参考模型，其中：第一部分为"框架"部分，定义了知识管理的核心词汇，描述了知识管理的核心理论框架；第二部分为"术语"部分，从概念模型术语、过程模型术语、技术设施术语和缩略语四个方面展开介绍，编制了知识管理相关词汇的中英文对照表；第三部分为"组织文化"部分，阐述了组织文化是组织成员在探索适应外部环境和整合内部资源的过程中形成的，主要包括价值观念、行为准则、团队意识、思维方式、工作作风、心理预期和归属感等内容；第四部分为"知识活动"部分，描述了以知识资源为中心的"鉴别、创造、获取、存储、共享和应用"六个活动环节，包括概念和相关内容；第五部分为"实施指南"部分，把知识管理的实施当作项目管理来运行，为知识管理的实施提供了可借鉴的内容和一般原则；第六部分为

---

❶ 郭春侠等. 国外知识管理标准及对我国的启示［J］. 情报理论与实践，2010 (11)：39 - 43.

"评价"部分，介绍知识与知识管理相关的评价参考模型，为知识管理评价、评估和评测等工作提供借鉴。

表 8 - 1　中国知识管理标准体系（GB/T23703）

国家标准标号	国家标准名称	实施日期
GB/T　23703.2 - 2009	知识管理　第一部分：框架	2009 - 11 - 01
GB/T　23703.2 - 2010	知识管理　第二部分：术语	2011 - 08 - 01
GB/T　23703.3 - 2010	知识管理　第三部分：组织文化	2011 - 08 - 01
GB/T　23703.4 - 2010	知识管理　第四部分：知识活动	2011 - 08 - 01
GB/T　23703.5 - 2010	知识管理　第五部分：实施指南	2011 - 08 - 01
GB/T　23703.6 - 2010	知识管理　第六部分：评价	2011 - 08 - 01

企业联盟知识管理应加快与国内和国际先进标准的接轨，要在知识资源的加工、记录、检索、传递、控制、服务等各环节中实现规范化与标准化，使之实现与国内国际先进标准的接轨，要在我国企业知识管理基础上，实现成员企业间的知识共享，实现彼此知识管理系统的互操作，更好地加强联盟共有知识的管理与应用。

8.1.3　显性知识共享协议

数字网络的发展（包括联盟内部网络和互联网等）为联盟成员企业间的显性知识共享提供了便利，但知识产权保护情况却变得日益复杂。为此，有些企业联盟为平衡知识共享与版权保护之间的关系，在遵循国际上的和国内的著作权法、工业产权法等相关规定基础上，制定了具体的有针对性的知识共享规定，另外还应用了一些较灵活的协议，目前主要有知识共享协议（Creative Commons，简称 CC）、GNU 自由文档许可协议（GNU Free Documentation License，简称 GFDL）等。如维基百科（Wikipedia）一直使用 GNU 自由文档许可协议方式来促进其与其他企业或组织或个人间的知识共享，另外，它也于 2009 年 5 月开始又新增了知识共享的 CC 协议部分。另外，目前国内一些企业及其员工的博客网站较好地展示了企业的良好形象，能推进企业间的知识共享与员工互动，有些也较好地采用了知识共享协议进行授权共享。

知识共享 CC 协议兴起于美国，由 Creative Commons.org 设计并推广应用，目前已经有 70 多个国家和地区引进了该协议。"Creative Commons"的直译应为"创造共用"，此外还有"创作共用"、"创意共用"、"创意共享"、"创作共享"、"创造共享"、"知识共享"等译法。2006 年该组织正式落户中国大陆，向社会发布共享中国大陆版（CC China）2.5协议，其中对"Creative Commons"采用了"知识共享"的译法。依据中国大陆版（CC China）2.5知识共享协议规定，版权人针对受版权保护的作品可提供四种基本授权共享方式，分别为：①署名，即授权者允许他人对享有著作权的作品及演绎作品进行复制、发行、展览、表演、放映、广播或通过信息网络向公众传播，但在这些过程中必须保留对原作品的署名；②非商业性使用，即授权者允许他人对享有著作权的作品及演绎作品进行复制、发行、展览、表演、放映、广播或通过信息网络向公众传播，但仅限于非商业性目的；③禁止演绎，即授权者允许他人对作品原封不动地进行复制、发行、展览、表演、放映、广播或通过信息网络向公众传播，不得进行演绎创作；④相同方式共享，即只有在他人对演绎作品使用与原作品相同许可协议的情况下，授权者才允许他人发行其演绎作品。通过对以上四种基本授权方式的选择与搭配组合，则会产生六套核心知识共享许可协议，按照限制程度从严到松分别为：①署名—非商业使用—禁止演绎（by-nc-nd），即使用者对授权作品重新传播与共享时，要保留对原作品的署名，不能对作品做出任何形式的修改，而且不得进行商业性使用；②署名—非商业性使用—相同方式共享（by-nc-sa），即使用者可基于非商业目的对授权作品重新编排、节选或者进行再创作等，但演绎作品要保留对原作品的署名，而且要与原作品适用同一类型的许可协议；③署名—非商业性使用（by-nc），即允许使用者基于非商业目的对授权作品重新编排、节选或者进行再创作等，其中演绎作品保留对原作品的署名时，演绎作品与原作品不一定要适用同一类型的许可协议；④署名—禁止演绎（by-nd），即在保证作品完整性并保留对原作品署名时，允许使用者对授权作品基于商业或者非商业目的重新传播与共享；⑤署名—相同方式共享（by-sa），使用者可基于商业或者非商业目的对授权作品重新编排、节选或者进行再创作等，但演绎作品要保留对原作品的署名，而且要与原作品适用同一类型的许可协议；⑥署名（by），即允许使用者基于商业目的或者非商业目的对授权作品进行发行、重新编排、节选等时，要保留对原作品的署名。

GFDL协议是Richard Stallman于1985年10月建立的自由软件基金会（FSF）提出的，主要用于文字作品，另外还有GPL许可证协议（GNU General Public License）。GFDL协议的内容主要涉及原样复制、大量复制、修正、合并文档、文档合集、独立作品汇集、翻译与协议终止方面的具体规定，如其中有关"文档合集"的具体规定是：如果每份文档不论在哪些方面都遵循了协议的原样复制条件，那么用户就可以在协议下发布以该文档和其他文档制作的合集，并可以以一个单独的副本来代替合集中各文档分别使用的协议副本。

以知识共享 CC 协议为例，它在承认知识产权人如作者拥有完全产权的前提下，以一种灵活、开放的形式帮助授权人管理自己的权利，能较好地促进知识共享。首先，它增加了知识产权人如作者与他人共享知识的积极性，因为它既可以保留部分知识产权，又可以通过让渡部分权利，从而获得社会认同、自我满足感等，这对知识产权人说，有时会获得更高的经济回报。其次，它可使知识的使用者共享更多的作品及知识内容，能获得对更多相关内容的免费使用、修改和传播作品的权利等，因为相关协议规定，只要使用者遵守版权人所选择的许可协议条件，则可以复制相关作品、发行相关作品及复制品、通过信息网络传播作品（比如网络广播）、展览或表演相关作品、逐字地将原作品转换成另一种形式等。最后，它能最终促进全社会作品的传播，促进社会知识共享，这是企业及联盟履行社会责任的体现，因为协议理念是让任何创造性作品都有机会被更多人共享和再创造，共同促进人类知识作品在其生命周期内产生最大价值。❶

8.1.4　人力资源合作与共享协议

隐性知识是企业知识管理与共享的主要内容，部分隐性知识可采用相应的方式促进其显性化以进行共享，但还有相当多的隐性知识难以实现共享，因为其可能内嵌于一定的组织结构、组织文化、组织员工当中。因此，可通过人员轮换、企业间专家协作等人力资源合作与共享途径来促进企业间的隐性知识共享，这也是企业联盟实现知识共享的重要方式。如有学者曾对 38 个丰田汽车供应商进行调查，发现 11% 的供应商经理是原丰田的员工（而这一比例在丰田控股的供应商那里其至达到了 23%）。❷ 再如 2009 年，扬州市科协全面启动"百名院士专家兴百企工程"，通过建立"企业院士专家工作站服务中心"，坚持以"企业需求为导向，科技项目为纽带，技术人才为支撑，搭

---

❶　周永红．"知识共享协议"简析［J］．情报理论与实践，2009（6）：39－41.

❷　李鑫．企业间人力资源共享的形成与发展趋势初探［J］．现代财经，2010（12）：57－61.

建平台为手段，创新增效为目的"的工作原则，开展科技咨询、成果转化、技术攻关、新品研发和发展战略研究等科技服务，较好地促进了当地企业间的人力资源合作与共享。❶

企业联盟内人力资源合作与共享协议的制定应遵循一体化原则、责任与效率原则等。一体化原则来源于系统化的概念，它是指在企业联盟内的人力资源合作与共享过程中，要根据合作任务需要，充分考虑企业联盟整体的人力资源状况，并根据各成员企业的人力资源基础进行合理调配，使成员企业的需求服从企业联盟的整体需求，尽量将最合适的人安排在最合适的岗位上，避免成员企业之间互相推诿责任，同时也要避免成员企业之间对关键合作岗位的争夺等。当然这里强调的是最合适而不是最好，这需要从部分着眼，统筹兼顾企业联盟体内的人力资源，以求从全局上达到人力资源调配最优化。而责任与效率原则是指企业联盟人力资源的调配要以有利于知识共享、提高彼此间的合作效率为最终目的，人力资源合作与共享协议应明确相关岗位人员的工作责任和工作目标，辅之以各种激励手段，发挥各员工知识共享的积极性，增强成员企业之间的合作关系。

企业联盟内人力资源合作与共享协议应包括以下内容：①明确共享员工的身份和工作责任。不管是企业间的人员轮换还是企业间的专家协作，不同成员企业的员工都可能会对其他成员企业的员工产生排挤思想或敌意，有些则因为会对自己的工作或自身企业的利益造成威胁而不配合。这就要求相关协议明确共享员工的身份和工作责任，使共享员工能在原企业及在新的合作企业或团队中扮演相应的不同角色，并为其融入新的企业或团队创造较好的合作氛围，让其承担相应的协调任务，使共享员工能兼顾合作方的利益，使之都能达到相应的知识共享目标要求。②合理的薪酬变动。共享员工的薪酬变动情况将极大地影响其对工作的接受情况及认知态度，影响其知识共享的积极性。共享员工的薪酬变动情况既要考虑到原企业的工作待遇，也要根据其在新的合作企业或团队中所承担任务的不同，给予一定的激励；或在不低于其原来薪酬情况下，新的合作企业或团队再根据本身的薪酬情况另外确定相应的薪酬待遇。当然，为避免共享员工的工作惰性，也可预留部分薪酬，在合作任务完成后，按照其实际工作情况和知识共享的考核结果进行奖励。

---

❶ 扬州市科协. 共建专家工作站服务中心服务创新体系建设［J］. 企业科协，2009 (12)：14–15.

③共享员工的职业生涯发展和培训机会。应将企业间积极参与知识共享的员工的合作工作经历作为其职业生涯发展的一个重要条件。当他们在共享期结束后回到原工作岗位时，如有相应的职业生涯发展和培训机会，应承诺优先对其进行考虑等。

8.2　企业联盟知识共享的组织结构保障

企业联盟作为一种促进企业间知识共享的组织形式为知识共享提供了便利，但不同企业联盟因本身的构成、合作业务流程的重组、联盟关系的发展等因素影响了知识共享效果，较好的组织结构保障能提高成员企业间的知识共享效率。

8.2.1　企业联盟结构及其调整

结构是系统论中的一个概念，我们假设企业联盟组成了一个知识共享网络系统，企业联盟结构则是指其中的成员企业数量、类型及其相互间的关系等，企业联盟结构直接影响了知识共享的广度和深度。

1. 成员企业的数量

每个成员企业都应有自身的特色知识。一般而言，企业联盟中的成员企业数量越多，可供共享的知识也会越多。每个成员企业都有一定的自身知识缺口，获取成员企业的知识以弥补其知识缺口也是企业联盟成立的主要原因之一。一般而言，企业联盟中的成员企业数量越多，对知识共享的需求也就会越多。因此，成员企业的数量越多，可共享的知识也就越多，知识共享需求也越强烈，知识共享发生的可能性越大。但是，在实际情况中，成员企业数量越多的企业联盟，知识共享的复杂性越高，知识共享效率不一定会随着成员企业数量的增多而提高，因为每个成员企业拥有知识的多少、成员企业之间的知识的互补能力、成员企业之间的知识共享策略、成员企业之间知识共享冲突控制与协调等都可能影响彼此间知识共享的效率。

2. 成员企业类型

按照不同的标准划分，成员企业往往有不同的类型。如从成员企业的知识共享能力来看，相对于一般以制造实体产品为主的企业，以知识的生产、传播及应用服务为主的企业的知识共享能力会更强一些，如数据库企业之间的联盟合作，本身就包含了更多显性知识的交流、交换与共享。如从成员企业在价值链上的关系来看，同一价值链上的成员企业之间的知识重合度会高一些，知识互补性会弱一些，彼此共同的业务或经历更容易吸收和学习对方的知识，但双方即使结盟，竞争仍然是非常激烈的；不同价值链上的成员企业之间的依赖性会强一些，其知识的互补性也会强一些，联盟内的竞争相对来说也要少于同行企业之间的联盟，但因业务或经历的较大差异性，彼此间的知识吸收和学习面临着更多的困难。总之，企业对合作伙伴的选择主要是从自身知识和能力的互补性出发，合作者只有将各自不同的知识进行共享，才能提高企业联盟本身的知识能力，扩展企业联盟的知识资源，以联盟形式进行知识共享才更有意义。

3. 成员企业间的关系

不同成员企业间的关系，对于知识共享的影响是不同的，其中的关键就是要提高知识共享效率，防范联盟中的知识共享风险，减少知识共享冲突。成员企业间的关系与企业联盟形式密切相关，企业联盟形式主要有股权型联盟和契约型联盟，但从股权和契约的具体运用来看，又可分为合资企业、少数股权联盟、双边或多边协议联盟、单边协议联盟等。其中股权合资企业是联盟各方投入资源以形成的新企业，由各方共同运营管理，具有紧密协作的组织基础，有利于隐性知识的转移和分享，但缺点是合作中的企业更容易占有其他合作者的知识资源，因此为防止关键知识被模仿，企业联盟中各方提供的往往是其非核心性的知识。少数股权联盟则以形成一方为主，其他成员企业投入资源参股经营，企业联盟中的角色主次明显，这有利于控制机会主义行为，激励合作的多数股权方投入其核心知识，但缺点是多数股权的持有方容易利用股权优势，侵害少数股权方利益，而少数股权方的投入往往缺乏激励，没有积极合作的动力。双边或多边协议联盟是在双方或多方协议基础上形成的松散型联盟，在具体的企业联盟中，双方或多方成员企业的地位等同，企业联盟实施共同管理，这有利于隐性知识的共享，也容易激励合作方投入核心性知识，可利用标杆学习激励各参与方的主动学习，但缺点是企业联盟往往不太稳定，如果其中一方通过学习和知识共享达到了自身的目标，很容易退出联盟；如果对参与方有较高要求，如彼此知识能力在同一竞争层次上，且知识资源具有一定互补性的话，这样的联盟和知识共享会更有意义些。单边协议联盟的组织更为松散，由其中一方负责联盟的经营管理，其他方只投入相应的知识资源，各方按协议分享知识共享收益，这样的企业联盟结构简单，运行成本低，但缺点是其他成员企业的投入往往非常有限，且合作松散，缺乏应有的合作与约束机制等。

4. 企业联盟结构的调整

企业联盟内成员企业的数量、类型及相互间的关系等并不是一成不变的，企业联盟结构应随着知识共享活动的推进而不断调整。企业联盟结构的调整应注意以下问题：①以促进企业联盟知识能力的提升为中心。在一个成员数较多的企业联盟内，经常会有新成员想加入，也有一些成员伙伴想退出联盟；有些成员伙伴之间的关系有时会随着联盟的发展而有一些变化。在不影响联盟的稳定性前提下，应以促进企业联盟知识能力的提升为中心来进行适当的调整，这样才能更好地促进成员企业间的知识共享。②知识价值的最大化。知识应该随着成员企业之间知识共享范围的扩展而不断增值，在知识共享过程中，不能故意隐藏部分知识，或故意设置知识共享障碍，这样不但不利于成员企业间的知识共享，也不利于知识价值的实现。

8.2.2　企业联盟合作业务流程的重组

为提高知识共享效率，需要对企业联盟合作业务流程重组进行优化与再造，反映在组织结构上通常是组建跨企业协作团队，或联盟各方合作成立新子公司等。

1. 跨企业协作型团队

跨企业协作型团队是企业联盟合作业务流程重组的重要组织形式。围绕着企业联盟的合作任务，不同成员企业间的员工需要互动沟通、密切合作，组成各种不同的跨企业协作型团队，通过共享与协作平台，鼓励彼此间共享知识和相关经验，营造知识共享和协作的氛围。跨企业协作型团队通常有正式的和非正式的两种。

正式的跨企业协作型团队一般是在联盟组织的正式安排下形成的，不同成员企业根据合作任务要求及自身的知识基础及人力资源状况等条件，推选合适的人选，团队成员的数量基本确定，结构较稳定，团队成员有明确的合作分工。正式跨企业协作型团队的知识共享是从团体执行任务到知识形成、知识共享、知识再利用创新的一个循环过程，也是从成员企业知识到员工个人知识、团队共同知识、联盟共有知识、成员企业特有知识的不断影响和发展过程。Peter F. Druker 依据团队结构、对成员行为的要求等因素，将正式团队划分为三种类型，即棒球式团队、足球式团队和网球双打团队：在棒球式团队中，团队成员都有着绝对不可离开或替代的位置，如二垒手绝不可能跑去帮助投手，工作任务完成后再传递给下一个成员，团队成员以团队方式来行动，而不是作为一个团队来行动，如企业联盟的产品生产与装配线团队等；在足球式团队中，团队成员也都有着固定的位置，但队员均为"平行"工作，以一个团队来行动，如在日本汽车制造商的设计团队中，设计者、工程师、制造人员和营销人员都是同时围绕着一个行为目标来行动，这些团队成员往往来自不同的成员企业；在网球双打团队中，成员有一个基本的而不是固定的位置，在必要时应当能"顶替"团队成员，根据团队成员的优势和劣势进行调整，并根据比赛的变化及时变通，如不同成员企业的高级经理们所组成的团队等；团队本无所谓好坏，只要其能适应企业联盟环境和知识共享企业的需求，而从知识共享来看，后两种团队相对于第一种团队而言，应是更合理的模式。[●] 正式的跨企业协作型团队能在企业联盟和成员企业的共同推动下促进知识共享，有利于明确知识共享目标，制定知识共享计划，能促进团队成员自觉地将企业文化与联盟合作任务有机结合起来，促进联盟共享文化的形成。

非正式的跨企业协作型团队往往是在企业联盟合作框架的影响下，来自不同成员企业的员工个体根据某种共同需要或兴趣而形成的。企业员工在共同工作和交往的过程中，由于抱有共同的社会感情而可能形成一种无形的团体，具体原因主要有：为了满足友谊或感情的需求而形成的互助型团队等；为了共同目标或兴趣而结合形成的兴趣型团队等；为了共同利益而结合形成的维权型团队等；因为一定的亲缘、地理、历史和工作位置的原因等形成的亲缘关系型团队、师徒关系型团队、老乡关系型团队、同事关系型团队等。非正式的跨企业协作型团队主要有非正式网络、实践社群、非正式场所的知识共享团队等。如不同成员企业的员工间通过私人关系建立起来的人际关系网络；企业联盟内的不同企业员工在共享经验、兴趣和目标的过程中形成的实践社群；地理位置上相邻的成员企业员工在非正式场所，如休闲室、社区活动场所等进行对话与闲聊而形成的有关团队等。非正式的跨企业协作型团队虽然不是在联盟组织的正式安排下形成的，但企业联盟和成员企业都非常

● 付彦. 知识共享型组织结构 [M]. 北京：经济管理出版社，2008：145 – 149.

认同这种组织结构，甚至会为其形成和发展提供平台或相应的场所。非正式的跨企业协作型团队虽然没有明确的合作任务安排，也没有固定的人数和组织结构，但它鼓励团队成员之间的相互交往和相互影响，松散的关系更能促进彼此之间的沟通和知识交流，能在无形之中把企业的文化和相关知识带进团队。与正式团队结构采用的行政命令方式相比，通过团队内的知识共享促进成员企业间的知识共享，有时还会产生正式团队组织所无法产生的效果，特别是在隐性知识共享与创造新知识方面。企业联盟要充分认识到非正式的跨企业协作型团队的重要作用，要积极创造条件，如创建电子论坛、提供技术共享平台、引导建立各类兴趣爱好小组等，以便形成有利于知识共享的非正式的跨企业协作型团队，并通过其中的重要联系人来组织相应的活动，以推动企业联盟内成员企业之间的知识共享，绝不要试图去控制或破坏它。如有学者认为可借鉴 Facebook 的想法，企业联盟可通过建立实践社区，帮助不同企业员工进行交流；也可像维基百科一样，借鉴其非常普及的方法来推广和创造知识；在 Facebook 上，80% 的帖子是由 20% 的用户发布的，只有 1/5 的用户发表了内容，90% 的帖子基本上是由 10% 的用户发布的，实践社群中往往只有一小部分群体是知识的核心贡献者。❶ 随着非正式的跨企业协作型团队影响的扩大，企业联盟也可将其转化为正式的跨企业协作型团队，使它能更好地发展，促进企业间的知识共享。

2. 合作成立新的子公司

为促进企业联盟长期的合作和成员企业之间的知识共享，有些企业联盟通过合作业务流程重组而成立了新的子公司，如前面分析过的《第一财经日报》和《新京报》的诞生和发展都是很好的例子。另外，这种情况在其他行业中也是非常普遍的。如 1991 年成立的一汽—大众汽车有限公司也是一个较成功的例子，其中一方是中国汽车集团公司，原名第一汽车制造厂，是我国"一五"期间建立起来的第一个汽车工业基地，也可以说是中国汽车工业的诞生地；另一方是德国的大众汽车公司；一汽—大众汽车有限公司是由联盟双方共同出资建立的，项目总投资为 111.3 亿元人民币，注册资本为 37.12 亿元人民币，它于 1996 年全面投产，经过多年的发展，一汽集团不但获得了宝贵

---

❶ CARLA O'DELL, CINDY HUBERT. The New Edge in Knowledge: How Knowledge Management is Changing the Way We do Business [M]. Wiley, 2011: 12.

的资金，关键是得到了先进的制造技术和管理经验，大众汽车公司也因此拓展了市场业务，积累了宝贵的知识；尤其是其生产的捷达、奥迪等汽车在中国市场产生了较好的影响。❶

　　为更好地促进企业联盟各方的沟通与知识共享，合作成立的新子公司应注意以下问题：①相同业务流程的整合。在企业联盟的合作中，各成员企业之间可能有相同的业务功能，合作成立的新子公司的业务流程重组不能拘泥于各个成员企业原有的部门，应该按照新成立的子公司合作目标，合并各成员企业间的重复性业务功能，设计或整合业务流程，使合作业务流程得以优化。②适当扁平化的结构设计。合作成立的新子公司的组织结构设计兼顾了企业联盟各方的优势，但不能限于企业联盟规模的影响，也不能拘于各成员企业的限制和多方的领导，这容易导致知识共享流于形式。应当尽量采取灵活的扁平化结构设计，倾向于功能的横向细分和延伸，可以功能小组作为关键组织单位，以功能小组形式加强其与联盟成员企业之间的联系，这样更能充分调动各成员企业的积极性，也加速了子公司与原联盟成员之间的沟通，也有利于减少企业联盟内成员企业间的知识共享冲突。③雇佣愿意共享知识的员工。子公司的员工可能来自于原来的成员企业，也有可能重新向社会招聘。但无论如何，子公司的员工必须要了解和学习原成员企业的知识状况和业务流程，并愿意把它和其他员工进行分享。只有雇佣愿意共享知识的员工，才能把成员企业原来的知识和共享文化等优势影响到新成立的子公司，才能更好地促进联盟成员企业间的知识共享。④发展领导。子公司的员工可向社会重新招聘，但其关键岗位的领导最好来自于原来的企业，且较熟悉相应的业务流程，这样可以使原来企业的知识和文化等传统能更快地影响到新成立的子公司，避免重新学习的麻烦，可以少走一些弯路。⑤充分的授权。新成立的子公司既是企业联盟的产物，但又应相对独立，原联盟成员企业应给予其充分的授权，不能过多地控制新成立的子公司的运作，这样才能提高联盟知识的共享效果。如果没有充分的授权，新成立的子公司就容易成为成员企业之间的权利和利益争夺对象，在知识共享问题上难以真正落到实处。

8.2.3　向紧密型企业联盟发展

　　随着知识共享的深入发展，企业联盟往往会不断加深成员企业间的依赖

---

❶　刘彦龙. 中国企业战略联盟报告［M］. 北京：中国经济出版社，2008：78－79.

与信任关系，有时也逐渐向紧密型企业联盟发展。

1. 主要原因

企业联盟向紧密型关系发展的原因是多方面的，但主要有以下几方面：
①减少竞争的需要。企业联盟是在合作基础上成立的，但合作中仍然存在着
竞争。成员企业在长期的合作过程中，需要尽可能减少竞争，才会促进彼此
间的知识共享，才能认可和实现企业联盟的知识共享目标。如果不能从企业
联盟整体的发展出发，而只是注重联盟内部的竞争，企业联盟关系难以维系，
知识共享也不可能取得较好的效果。②长期合作关系的推动。企业联盟从松
散型向紧密型关系的发展，其中需要一个长期的磨合和适应时期，只有靠长
期合作关系才能推动企业联盟关系的不断发展。而且知识共享有其特殊性和
复杂性，一次性的或暂时性的知识共享对企业知识能力的发展影响不大，只
有能长期地进行基于企业联盟的知识共享，才会更好地促进彼此间的知识尤
其是隐性知识的共享，才有可能进行知识创新。但企业联盟间的合作越紧密，
损害合作方利益的可能性也越大，学习与模仿合作者知识资源的机会也越多。
因此，企业联盟长期合作关系的发展，需要防止联盟中的机会主义行为。③
企业联盟的生命周期影响。赵志泉认为，企业联盟作为市场化组织，与其他
生物体一样，都具有自己的生命周期；但与企业的生命周期相比，企业联盟
的生命周期具有动态性与短暂性等特点，即企业联盟多以目标和任务为导向，
其任务一经完成，目标一旦实现或确认不能实现，联盟就会自行消亡；但通
过对企业联盟生命周期理论的研究可以发现，联盟消亡未必是联盟的最终归
宿；为实现更紧密的合作，取得更大的经济效益，联盟成员间至少还有两种
选择："再造联盟"或实现并购。❶ 阮平南等也曾指出，企业联盟可以看成是
一些特定企业的集合，它有着一个动态的生命周期过程，其生命周期中所处
的位置由企业联盟的能力决定，然而，并非每个企业联盟都遵循形成—成长
—稳定—衰退—消亡的过程，在企业联盟的发展过程中，由于联盟环境与联
盟内各因素对企业联盟能力的综合影响，有的企业联盟在成长阶段就解体了，
也有的在稳定或衰退期进化为另一种组织合作模式。❷

---

❶　赵志泉. 战略联盟的存在机理及其生命周期管理［J］. 技术经济与管理研究，
2012（7）：80－83.

❷　阮平南，李红. 基于生命周期理论的战略联盟演化分析［J］. 武汉理工大学学报，
2010（10）：180－183.

2. 具体表现

从有利于知识共享的组织结构来看，紧密型关系的企业联盟主要有以下具体表现：

一是知识联盟的形成和发展。知识联盟是围绕知识共享、知识学习、知识传播、知识创新以及知识运用而形成的着眼于长期发展的联盟形式，多数情况下各成员企业组建知识联盟的主要目的就是在成员企业间进行知识共享，或在知识共享的基础上进行知识创造，知识联盟的整体竞争优势依赖于以知识共享和创造为核心的知识管理效率；知识在知识联盟中的高效率共享，可以使联盟内的各成员企业获得巨大的学习效应，激发成员企业的创新能力。

如以美国的联机图书馆中心 OCLC（Online Computer Library Center）为例，它是典型的知识联盟，是联盟关系不断发展的紧密型联盟。OCLC 联机图书馆中心的前身是俄亥俄大学图书馆中心（Ohio College Library Center，简称OCLC），是美国俄亥俄州的大学和学院为了图书馆共享资源和降低服务成本而于 1967 年成立的。1977 年，OCLC 在管理结构上做出了更改，并把俄亥俄大学图书馆中心改成了公司体制进行运作。1981 年，公司的法定名称才改为联机图书馆中心。它已成为当今世界上影响最大的知识联盟，可共享全球 100多个国家和地区的 57 000 多所图书馆及其他机构的资源，可通过 Google 搜索甚至共享利用其知识产品。OCLC 通过提供多元化的服务协作，促进联盟成员间进行知识共享、知识学习、知识传播，如 OCLC 主页"服务索引（Index of Services）"中列出的服务竟达 50 种之多，主要包括编目与元数据服务、OCLC第一检索服务、QuestionPoint 合作咨询服务、网上图书馆和馆际互借服务等。OCLC 联盟非常注重知识和技术创新，依靠持续的创新不断获得新的生命力。在 OCLC 发展的 40 多年里，它始终注重合作创新，重视规范化与标准化建设，寻求技术和知识创新。OCLC 平均每年投资研究与开发的费用在 1000 万美元以上。由于在研究开发上的大量投资，OCLC 始终保持走在高新技术的前列。OCLC 设有专门的研究部，其核心部门为"研究和特别项目组"，另有"研究咨询委员会"负责指导和评估研究部工作并提出新的研究方向。OCLC 一向紧抓时代脉搏，不断研发新技术和服务项目，其中包括目前一些属于学科前沿的课题。如 2005 年 9 月启动的 Wiki WorldCat（WikiD）项目，其目标是实现Open WorldCat 的用户能够通过 Wikis 向 WorldCat 添加记录，从而可使用户添加注释或评论、查看其他人的注释或评论、添加或编辑记录等。OCLC 首先通过 Open WorldCat 提供这项服务，之后已扩展到 FirstSearch 中的 WorldCat 数据库。此外，Wikis 还应用于其他专业服务，如资源共享和馆藏分析等，这已为信息专家提供一种直接的方式来影响本地或 WorldCat 编目记录中的内容。正由于 OCLC 注重科研和持续的技术创新，其发展才充满生机，联盟影响力才不断提高。❶

二是一体化企业联盟的形成和发展。企业并购或收购虽然是另外一种经济现象，但在知识共享基础上发展成为一体化联盟往往也是因为企业并购或收购而形成的，我们认为它也是企业联盟关系向紧密型发展的一种具体表现。据一位美国学者对全球 200 家企业联盟的研究，联盟平均持续时间只有 7 年，在合资企业这种主要联盟方式中，有 80% 的联盟因一方被收购而成为一体化联盟。❷ 从企业联盟的关系来看，一体化联盟更有利于知识管理与知识共享，但如果是同一行业内的强强联盟，也要防范知识垄断的形成；而且从成员企业本身的知识产权及其他权利来看，往往也会存在一定的影响，这里我们不从这个角度进行分析。

如 2010 年 2 月优酷网与土豆网虽然因版权问题结盟了，但二者之间的竞争仍然非常激烈，视频网站以优酷一家独大。一直以来，优酷网的版权购买规模都是整个行业投入最大的，它根据用户不同兴趣爱好的多种选择，购买了网络视频市场上绝大多数的电视剧、电影片库、娱乐节目、综艺节目的版权，选题不限于偶像剧、车旅题材、现实生活剧、年代剧等，国别更是跨越大陆剧、港台剧、韩剧、美剧等。如 2010 年前 9 个月，优酷网的版权成本为 5600 万元，土豆网则为 3200 万，如果减去两者都购买的 1500 万世界杯版权，优酷网版权成本为 4100 万，土豆网版权成本为 1700 万❸。即使世界杯花费同样了的内容购买成本，但优酷网的用户播放量占据领先。在结盟后的一年多时间里，双方购买独家版权的数量没有一个量级别的增长，版权价格也没有因为两家联合购买而有所稳定，依然居高不下。为了更好地促进受版权保护

❶　周永红等. OCLC 数字化信息服务发展经验分析［J］. 情报杂志，2008，27（1）：136–138，141.

❷　乔慧存. 企业联盟中的收购风险及对象选择［J］. 世界经济与政治. 1996（6）：32–33.

❸　徐洁云，刘佳. 二季报亮相　优酷拉大与土豆距离［N］. 第一财经日报. 2011–8–10. B03 版.

的知识共享，2012 年优酷网与土豆网又发展成为一体化联盟。2012 年 3 月 11 日，优酷网（NYSE：YOKU）和土豆网（Nasdaq：TUDO）签订最终协议，两家以 100% 换股的方式合并，土豆网退市，合并后的新公司命名为"优酷土豆股份有限公司（Youku Tudou Inc.）"。

8.3 企业联盟知识共享的文化保障

《中国知识管理标准体系（GB/T23703）》认为组织文化是组织成员在探索适应外界环境和整合内部资源的过程中形成的，得到组织全体成员普遍接受的文化，包括价值观念、行为准则、团队意识、思维方式、工作作风、心理预期和团体归属感等；组织文化因一贯运行良好而被认为行之有效，并且被当作感知和思考的途径传递给组织新成员；并认为基于知识的组织文化特征包括四个方面，即：信任、共享、开放与容错。

相对单一企业的文化，企业联盟文化影响到合作方式的选择、合作伙伴态度和行为等，其也是在各企业文化的相互影响甚至融合基础上形成的。参考《中国知识管理标准体系（GB/T23703）》所提出的基于知识的组织文化特征，我们认为，能促进企业联盟知识共享的文化内涵至少包括开放、信任、激励、学习、创新及以上各种文化特征的整合。

8.3.1 开放文化

1. 开放文化对企业联盟知识共享的影响

开放是与封闭相对应的，在经济全球化和经济一体化背景下，任何一家企业文化都需要与外界进行知识交换，而开放是进行知识交换与共享的基础。开放文化有利于促进企业联盟的知识共享和积累，而知识共享效果又在很大程度上取决于联盟内成员企业间的彼此开放程度。

如爱立信及其联盟伙伴间的开放文化不仅形成了技术和知识共享的良好氛围，也有利于技术创新和技术应用，这也是其企业长寿的密码之一。一般而言，持有专利对一家企业来说就意味着拥有竞争优势，但爱立信通常使用专利授权机制保证联盟成员共享相应的专利及相关技术知识，共享技术进步成果。如 2008 年爱立信与阿尔卡特、朗讯等共同为 LTE 构建了一个知识产权许可框架，并在联盟基础上赢得了全球首个 LTE 电信管理服务合同。爱立信坚持全球公认的知识产权政策制定和活动所遵循的核心原则即 FRAND 原则，FRAND 是英文 Fair（公平），Reasonable（合理），Non – Discriminatory（非歧

视）的首个字母缩写，实施 FRAND 原则的目的是在专利持有者的利益与需要
使用这些专利的企业的需求之间维持一个适当的平衡；遵循 FRAND 原则并不
意味着阻止他人使用专利，它所鼓励的是向所有市场新进入者开放专利，同
时保障专利持有人获得公平的回报，从而进一步开展新技术的研发。在开放
文化的影响下，爱立信及其联盟伙伴形成了良好的合作，成功地进行了知识
共享和技术应用，并共同创新和发展了当今全球广泛使用的许多通信技术。
2010 年爱立信在研发领域的投资超过 300 亿瑞典克朗，并持有 2.7 万项获批
专利；由于爱立信及其联盟伙伴间的开放文化影响，爱立信（中国）通信有
限公司常务副总裁赵钧陶认为，电信业的成功在很大程度上依赖于行业内的
互操作性和规模效应，如果你的运营商使用的是爱立信的基站，那你就无法
给一个使用别的厂商无线技术的运营商的用户打电话——可喜的是这样的场
景并不存在。❶ 可以说，在国际通行的知识产权准则下，正是不断地进行技术
创新和开放技术，并与业界共享技术知识，爱立信才能够在百年竞争中保持
领先地位。历史也已经一再证明，开放文化可以通过推动企业间的技术共享
和互联互通，只有保持开放，让所有人都能获得这些技术，才能取得规模效
应，实现企业、联盟成员和社会的共赢局面。

2. 企业联盟知识共享中的开放文化特征分析

企业联盟的开放文化保障并没有统一的建设标准，成员企业间都会向对
方进行一定程度的知识开放，才有可能进行知识共享，但在共享过程中，开
放的知识内容及开放程度都是有所选择的，有些知识可以完全开放共享，有
些知识只能进行部分程度上的共享，有些知识则不能进行开放共享。

企业联盟开放文化的形成是一个动态发展的过程，随着合作的深入发展，
成员企业间的开放程度也会有所调整和变化。在企业联盟的形成阶段，每个
成员企业都会根据自身的知识基础和知识需求来确定知识开放共享的范围及
程度等；随着企业联盟的发展，成员企业会在已有的知识开放共享基础上，
不断地调整自身的知识开放共享水平，并确定特定时期内成员企业间的知识
开放共享范围及程度等。

企业联盟开放文化的形成受联盟内外部多种因素的综合影响，如成员企

❶　徐勇．开放标准和技术共享　推动电信行业可持续发展［EB/OL］．［2011－04－
26］http：//www.cnii.com.cn/index/content/2011－04/26/content_ 879357. htm.

业的多少、企业联盟类型与发展、知识共享目标、知识共享经历、社会环境等都可能产生一定的影响。一般来说，联盟中的成员企业越多，越容易形成知识开放共享的氛围，因为同一个成员企业会与不同的成员企业进行知识共享，而且不同的成员企业间还会存在竞争，竞争的存在必然使得知识开放共享趋于最优化；但要形成良好的开放文化则更加困难，由于各成员企业很难在同一水平上进行知识共享，很难同时将开放水平趋于最大化。再以知识共享目标为例，企业联盟的知识共享包括以联盟内部知识共享为主的共享目标和以联盟外部知识共享为主的共享目标两种。对于此，张喜征与潘永强运用基于动态的博弈方法分析了联盟伙伴间的知识开放水平，认为以内部知识共享为主要共享目标的企业联盟，成员企业的知识共享开放水平越大则企业竞争力反而越弱，这必然导致各成员企业降低自身的知识开放水平，最终导致企业联盟形同虚设；而对于以外部知识共享为主要共享目标的企业联盟，成员企业知识共享开放水平越大企业竞争力越强，一个企业在提高自身的知识开放水平时企业竞争力将有一定幅度的提高，但同时联盟中其他企业的竞争力会有更大幅度的提高，这在企业联盟内部不存在竞争并且成员企业无道德风险时是可以接受的，即对内部无竞争、无风险的联盟知识开放水平越大则企业竞争力越强❶。总之，开放水平的确定一方面要保证自身相对于联盟外部的总体实力与相对于联盟内部的相对竞争力的均衡，另一方面要防范成员企业的机会主义行为给企业带来的巨大损失。

企业联盟开放文化保障体系包括成员企业内部的开放文化、联盟体内的开放文化、联盟体与社会的开放文化等层次。因此，首先要形成与培养企业内部的开放文化，这需要企业内的员工与员工间、团队与团队间形成良好的知识开放共享氛围，以促进企业知识的更新和积累为目标，及时地对企业知识进行相应的总结、补充、完善等。其次，企业联盟体内的成员企业间要避免知识垄断与知识的过分保护，在有效沟通的基础上形成良好的知识开放共享氛围，实现各成员企业知识价值的最大化，并促进企业联盟整体知识的更新和积累。最后，企业联盟应处理好其与自身所处社会环境中的知识共享，如果企业联盟的知识对社会有用，应主动开放共享，让更多的社会主体能共享其知识，实现企业联盟与社会知识共享的良性互动。

---

❶ 张喜征，潘永强. 知识联盟中知识共享的开放水平研究 [J]. 财经问题研究，2010 (1)：46－51.

8.3.2 信任文化

1. 信任文化对企业联盟知识共享的影响

信任文化是企业联盟关系存在和发展的基础，而且影响了成员企业间的知识共享态度和效率。企业联盟间的合作关系实际上是基于一种对未来行为的承诺，而这种承诺既可以公开规定，也可以默契达成。企业联盟内的各成员企业在参与合作的过程中，总会担心由于联盟而将企业的独有知识暴露给对方，因为企业取得竞争优势的条件之一就是拥有独有的知识，而知识共享似乎又与此相矛盾。在共享知识后，企业的所有优点或缺点都有可能暴露给其他企业。如果没有良好的信任关系，企业间一般不会轻易共享自己的独有知识，甚至会采取一些保护和防范措施，因为有时知识共享反而会对自己造成威胁，导致自身在未来的市场竞争中失去优势。而与此同时，组建联盟后成员企业间又会希望对方能毫无保留地进行合作，以使自己在联盟中获得最大效益。这就造成企业最终从自身利益出发，有保留地进行合作，导致盟友之间的信任与亲密程度降低，使联盟效果受到极大抑制，更谈不上良好的知识共享安排。成员企业间如果能形成较好的信任关系和文化，会不断推进联盟关系向更好的方向发展，有助于增加成员企业间的理解、交流和支持，并成为推动成员企业间知识共享的重要动力。一般情况下，成员企业间如果没有信任的存在，知识共享是不可能发生的；而在有些情况下，信任文化还会超过正式的合作规定和安排，能较好地促进成员企业间的知识共享。

王蔷以康宁玻璃集团公司及其联盟（Corning Glass Works）为例，分析了信任文化对联盟关系及其知识共享的影响。组建战略联盟是康宁战略决策的中心，其联盟成员包括道化学公司、西门子、德国电子集团等，其中有些联盟是关系较紧密的联盟，如康宁与道化学公司合资成立的企业等；在以康宁玻璃集团为主的战略联盟内，商业道德、长久合作和良好信任等因素在联盟关系的发展和知识共享中发挥着主要的作用，甚至超过了单纯的经济因素调节。良好的信任文化能够影响成员企业间的知识共享，促进企业及其联盟的不断高速发展。正如康宁集团的副总裁冯·卡贝尔所言：我们为使成员企业开展工作，需要投入巨大的精力，要着眼于长久的联系，必须与联盟企业伙伴维持和保持高度的接触，这样当遇到问题时，所面对的将是一些朋友、一些你所熟悉与尊敬的人，而一个仅仅希望只有5—10年合作时间的企业联盟

是不会做这样的投资。❶

2. 企业联盟知识共享中的信任文化特征分析

企业联盟知识共享中的信任文化特征主要体现在：

第一，企业联盟体内的各成员企业的信任文化表现为企业员工心理上的理解、信心与支持等，是在良好的人际关系基础上形成的。如果同一企业内的员工之间经常互相猜疑，不具有较好的信任关系，不同成员企业间的员工之间更不可能形成好的信任关系，这样的员工不可能从企业和联盟的整体利益考虑，也经常不愿意将自身的知识积极奉献出来共享，而让其学习其他员工的知识也会面临更多的障碍。

第二，企业联盟体内成员企业间的信任文化表现为企业与企业之间的理解、信心与支持等，是在心理、人际关系、组织关系基础上的发展，是一种维系一定社会关系和组织关系的纽带。例如，成员企业中高层领导间的关系对企业间的知识共享有着深刻的影响，这些领导者之间如果能建立好的人际关系和信任关系，将会非常有利于推动企业间知识共享活动。有时即使联盟企业间有一定的摩擦或隔阂，如果各方领导都不会为了企业的短期利益而丧失已经建立多年的私人关系，这时企业行动者个人间的信任关系实际上已经转化成了企业法人间的信任关系，转化成了企业间的信任关系。

第三，企业联盟体内成员企业间的信任文化作用，虽然有时可能超越经济因素，但也总会受到相关经济因素的影响。企业联盟的形成和经营活动都受到经济利益的驱动。如果成员企业间没有知识共享成本分担与共享收益分配上的考虑，信任关系的影响也会显得不那么重要了。正因为在企业间的知识共享过程中，有些企业会有较多的成本负担，但常常不能获得相应的收益分配；有些企业不愿过多地承担知识共享成本与风险，但却总希望能共享对方更多的知识，以获得较多的经济收益等。对于知识共享过程中可能存在的这些现象，成员企业间的信任关系需要考虑经济影响因素。

第四，企业联盟体内成员企业间信任文化的形成是一个长期发展的过程。企业间的信任不是自然产生的，而要经历一个由不信任到信任的过程。在这

---

❶ 王蕾. 战略联盟内部的相互信任及其建立机制 [J]. 南开管理评论，2000 (3)：13 – 17.

个过程中，双方都要有一定的投入才能获得对方的信任，这个投入的过程就是培养信任的过程。首先，联盟伙伴间要有充分的沟通与协作。应建立顺畅的沟通渠道和有效的沟通方式，例如，开展跨企业的员工技能培训，使员工之间可以面对面地进行沟通；可通过便利的网络信息技术及其他方式，提高企业行为与决策的透明度，增强彼此间的信任感，实现成员企业之间的信息传递和知识共享。

第五，企业联盟体内成员企业间的信任文化也可能成为一把双刃剑。当然，良好的信任可以促进企业间的知识共享，成员企业往往会愿意为对方提供更多更好的知识，愿意分担知识共享的成本与风险等。但也应该注意到信任有时也是一把双刃剑，不合理的信任会让成员企业不关心知识的用处和知识的应用范围，从而导致知识的无用或滥用。所以企业联盟间信任文化的形成与发展，还要避免搭便车行为和机会主义行为的发生，可建立相应的防止机会主义行为的规范机制等，以免造成不必要的损失。

8.3.3　激励文化

1. 激励文化对企业联盟知识共享的影响

从管理学角度讲，激励指通过刺激或一定的行为导向，使管理对象产生向预定目标努力的动机与行为。如果企业联盟内没有形成有效的激励文化，往往会挫伤成员企业参加共享知识的积极性，因为联盟内的成员企业看不到与其他成员企业共享知识后给自己带来的益处，有时甚至因知识共享而导致自身知识的损失和知识价值的降低。合理的激励是调动各个成员企业参与联盟知识共享和知识创新的一种重要手段。由于企业对联盟组织的贡献是不同的，所以应该根据贡献的大小来给予不同程度的奖励，让企业看到知识共享后将会带来更大的经济效益，这样既认可成员企业知识共享的价值，还可以激励其他成员企业尽最大努力贡献自身的知识。

例如，2009 年 2 月，南京林业大学竹材加工研究中心与国内 31 家知名竹制品企业，在安吉成立了中国第一个竹产业知识产权联盟——安吉南林知识产权联盟（以下简称联盟）。为了便于管理和运作，联盟下设实体性质的“安吉南林竹产业知识产权咨询有限公司”。具体运作方式是联盟为会员提供专利交叉使用、专利咨询、分析、翻译及新产品新技术的开发等。把一项专利许可授权颁发给几家企业，不仅可以利用集体力量保护知识产权，抵制国内外侵权行为，而且联盟中的成员企业还可以通过相互间专利及其相关知识的共享使彼此的技术形成互补，从而避免因重复开发而造成的浪费，提高整体竞争力。中国竹产业工业协会会长张森林以目前铺设竹地板需广泛使用的锁扣算了一笔账：因为缺乏专利，一平方米竹地板的锁扣用量平均约需付 0.8 美元的专利费，剩下的利润只有 0.5 美元左右；以销售 2 亿平方米的竹地板来计算，需付的专利费超过 10 个亿；安吉南林知识产权联盟曾进行了形象化比喻：通过联盟进行的专利及相关知识共享好像一个大锅，在这里各成员企业可以把自己的专利往里边扔，也可以把需要用的专利再盛起来。❶ 由于在知识共享过程中，已形成了相应的激励文化，让成员企业看到了共享知识后可以获得联盟成员更多的知识，也因此能带来更大的经济效益，无形之中调动了各个成员企业参与联盟知识共享和知识创新的积极性。

2. 企业联盟知识共享中的激励文化特征分析

企业联盟知识共享中的激励文化特征主要体现在：

首先，企业联盟知识共享中的激励文化应是多层面上的，既要强调精神层面的激励，又要有经济层面的激励。在中国，精神激励自古以来都是知识分子非常推崇的。为促进企业中的技术人员和科研工作者主动贡献自己的知识，要保证可以更好地表达和传播他们的思想，使他们获得更广泛的社会认同度、自我实现与满足感等。同样，对于企业联盟中的成员企业而言，要通过精神层面的激励，要强调成员企业的责任、作用、成就等，以激发成员企业主动共享知识的意愿，使成员企业能获得联盟伙伴广泛的认同，实现自我价值。相对于精神层面的激励，经济层面的激励主要依靠成本节省、利益回报等来激发企业进行知识共享。例如，在企业联盟的知识共享过程中，能对专利或其他知识提供者进行一定的成本补偿，而专利或其他知识需求者能获取相应的知识，并能带来一定的经济收益；当然，有时知识提供者并不能直接获取相应的成本补偿，但可通过专利的被引用或授权等获取另一种形式的回报。通过多层面的激励能促进企业联盟协调好各个成员企业的关系，推进企业联盟内的知识共享，较好地促进知识创新。

---

❶ 全国 31 家企业安吉抱团成立知识产权联盟［EB/OL］．［2009 - 2 - 27］http：// biz. zjol. com. cn/.

其次，企业联盟知识共享中的激励文化虽是在联盟知识共享框架下，以激励成员企业共享知识为目标的，但企业员工的知识共享行为激励同样也应引起重视。企业知识共享的主体还是隐性知识共享，激励文化应强调经济学中的人本主义理论，在企业员工中形成知识共享的强烈责任感和良好氛围。例如，可通过知识成果的明晰机制，尊重和肯定企业员工的知识劳动成果，这对于合作知识创造过程中的员工来说，效果更为明显，能尊重所有参与者的智力劳动成果，体现他们的合作价值；可通过对企业员工的知识成果进行相应的考核评价，以确定员工的知识成果价值，并以此作为奖惩的依据。如果成员企业的激励机制不能正确引导员工的知识共享行为，不能保证员工在知识共享中实现自身的价值，或给予员工晋升的承诺，或给予相应的薪级报酬等，也不可能激发员工知识共享的积极性，最终会阻碍企业知识共享的效果。

最后，企业联盟知识共享中的激励文化应是在短期激励与长期激励有机结合的基础上形成的。成员企业间的知识共享行为不可能通过一次知识交换就能实现，知识共享是一个学习与内化的长期过程。因此，应强调短期激励与长期激励的有机结合。对于成员企业来说，如果知识提供方能通过知识交换获取直接的成本补偿或利益回报，则是短期的激励；如果知识提供方共享知识后，要经过一定的时间才能获得联盟伙伴广泛的认同、自我价值实现与满足感等，则是长期激励。而在很多时候，短期激励与长期激励的作用是相辅相成的，最终体现为企业竞争力的提升。

8.3.4　学习与创新文化

1. 学习与创新文化对企业联盟知识共享的影响

学习与创新是知识共享的重要过程。企业联盟知识共享包含了成员企业间的相互学习过程，而企业知识学习过程也是对知识不断进行整合、加工、创新的过程。如果成员企业间的知识共享缺少了学习过程，那无异于企业间的知识交换活动。如果企业不能通过学习进行知识创新，也不可能提升企业自身的竞争力，那么企业知识共享只能是简单的较低层次的共享。企业联盟中的成员企业在共享知识的过程中，若只是机械地与其他企业分享已有的知识而不注重新知识的产生，不注重知识创新，就很容易造成成员企业过度共享知识，从而造成"公地悲剧"现象。因此，为了避免这种现象的发生，成员企业在知识共享的过程中，要不断培养企业全体员工的创新思维，以实现企业知识创新的目的。成员企业只有开展学习，才能将企业联盟的共有知识内部化为企业知识，才有可能创新和积累新的知识。

学习与创新既依赖于有效的知识共享，而又可以促进企业间知识共享的持续发展。企业学习是一个长期的持续过程，知识创新需要建立在长期知识积累、知识共享和学习的基础上，并不是一蹴而就的。企业对联盟共有知识的学习包括个人层面、团队层面和企业层面上的学习，但学习的最终目的却是促进企业进行知识创新。由于成员企业间的相互学习和创新需要，才能推动彼此间知识共享从低层次向高层次发展。

本书在前面"基于企业联盟的知识共享过程"一章中曾进行过相应的分析，并指出了从世界大多数企业联盟知识共享规律来看，成功的共享结果都进行了较好的学习，这样才能把联盟共有知识内化为企业特有知识，才能真正达到企业联盟知识共享和创新目标。

2. 企业联盟知识共享中的学习与创新文化特征分析

企业联盟知识共享中的学习与创新文化特征主要体现在：

首先，学习与创新文化的形成和发展需要良好的氛围。良好的氛围能在成员企业间形成对学习与创新的共同感知，能促进彼此间的相互学习，能形成对创新过程的支持、包容和鼓励，能较好地规避知识共享过程中的机会主义。学习过程需要对知识进行加工、整理并进行系统的思维，而在此基础上的创新过程则是充满不确定性的，无法准确地预料创新结果，只能进行创新引导，而且在创新过程中有时也会犯一些不可避免的错误，只有在不断试错的过程中进行总结，才可能进行反思，汲取经验，获取创新的成功。对于创新过程中的错误，只有良好的氛围才会鼓励成员企业和企业员工大胆进行创新，才能正视错误和反思修正，否则只会挫伤成员企业和企业员工的积极性，不愿承担创新过程中存在的风险。为了在企业联盟中形成有利于学习和创新的良好氛围，除了要从组织架构、硬件设施、工作场所等方面创造条件外，还要从企业联盟的知识共享体系、制度安排、员工间的人际关系等方面创造条件。

其次，隐性知识对学习与创新文化的影响更大。学习过程也是知识的内化过程，知识的吸收内化往往要与相应学习主体的知识结构相匹配，任何人或组织都不可能完全吸收或其它所能接触到的所有知识。学习过程主要是将显性知识进行隐性化转化，或通过"干中学"等方式将隐性知识进行社会化转化，不管是显性知识还是隐性知识，都只有内化为学习主体本身的隐性知识后，才可能衡量学习效果，学习主体也才可能进行创新。创新过程必须要以学习主体的隐性知识为基础，主体要根据自身的知识结构不断地学习和吸收外部的知识，并在此过程中萌发新的思想和想法。这些新的思想和想法往往是以隐性知识的形式存在的，只有当创新过程发展到一定阶段以后，新的思想和想法才可能进行显性化转化，表现为相应的设计产品、技术文档、软件程序等。因此，在学习和创新文化的形成过程中，隐性知识永远是最关键的。

8.3.5　各种文化的融合

企业联盟知识共享型文化是各个成员企业特有文化特征的相互影响甚至融合。由于各联盟成员往往来自不同的地区或国家，有着不同的合作习惯和文化背景，而各个成员企业在自身的发展过程中又形成了自身特有文化，组建企业联盟后，不可能在短时间内形成统一的联盟文化，因此，应该重视各成员企业间的文化差异，允许文化差异的存在，可采取一定措施来减少因文化差异产生的分歧，要鼓励不同企业间的员工进行接触与交流，促进不同企业特有文化间的交流与联系，并在企业联盟的合作过程中促进各成员企业文化的相互渗透、取长补短、相互交融。在此基础上，才可能围绕着企业联盟的合作目标，塑造有利于知识共享的联盟文化。

此外，企业联盟知识共享型文化也是以上分析的具有各种特征的文化的融合，其内涵至少包括了开放、信任、激励、学习与创新等。开放、信任、激励、学习与创新文化并不是相互独立，而是相互影响、相互作用的。知识共享的前提是成员企业能开放自身的知识体系，知识开放共享的基础是信任，信任能促进企业间知识的开放共享。信任虽能促进企业知识的开放共享，但共享效率的提高却还依赖于相应的激励机制。成员企业只有在有效的知识共享基础上，才可能积极地学习，并产生创新的可能。通过学习和创新的需求推动，成员企业间的知识共享不断地从较低层次向较高层次发展。在知识共享过程中，正因为各成员企业能在开放、信任、激励、学习与创新等文化特征的交互和综合影响下，才可能塑造企业联盟知识共享型文化。

8.4　企业联盟知识共享的服务保障

目前企业的知识利用呈现出了从分散利用到联合利用的趋势，企业联盟作为促进企业间知识联合利用的一种组织安排，除了要完善知识共享的制度、组织结构和文化保障外，还需要探寻基于企业联盟知识共享的服务保障问题。企业联盟知识共享的服务保障主要包括面向企业联盟需求的知识与信息资源集成、企业联盟知识共享的技术支持平台、企业联盟知识共享服务模式等。

8.4.1 面向企业联盟需求的知识与信息资源集成

企业显性知识共享的实现需要依赖于一定的知识与信息资源体系。为更好地满足基于企业联盟的知识共享需求，需要对成员企业间的知识与信息资源进行集成管理。

1. 原因

现代企业的知识与信息资源体系存在着多类型资源并存的局面。知识与信息资源的多样性首先表现在载体上，不仅包括纸质印刷品，还包括电子文献、光盘数据库、网络数据库等；不仅包括文字，还包括图像、音频、视频等不同载体、不同介质的数字化资源。其次是知识与信息资源来源的多样性，网络的便利条件和联盟关系使企业所需的知识资源不再局限于单一企业内部的资源，通过网络能共享利用其他成员伙伴的资源，或其他机构的资源，其中包括图书馆、数据库公司、教育与学术机构等。霍国庆等在《企业信息资源集成管理战略理论与案例》一书中对企业信息资源的集成管理战略进行了深入和系统的研究，认为企业信息资源集成作为一种思维和一种实践，贯穿企业信息战略制定和实施的全过程，广泛渗透在企业战略管理、业务管理和信息管理的各个层面和各个组成部分。王伟军等在《企业信息资源集成管理》一书中指出了企业信息资源集成管理的目标是要实现互补匹配、协同和谐、功能倍增或涌现效应，认为企业信息资源集成管理框架包括两个层面，即信息活动要素集成层面和企业信息活动过程集成层面。为更好地促进企业联盟显性知识共享需求，需要不同成员企业间的知识与信息资源进行全方位的整合与集成，才能保持知识体系的整体性和关联性，通过知识因子的有序化和知识关联的网状化，沟通相互隔绝的专业领域，使之成为相互渗透、相互作用的有机体，发挥知识的整体功能；才能形成具有新的组织结构和功能的资源系统。基于企业联盟的知识与信息资源集成管理不是成员企业知识与信息资源的简单的集合和链接，而是在单一企业知识与信息资源集成管理基础上，剔除冗余、重复和劣质信息，形成一个获取便捷、利用率高的新的资源体系，能把各种资源透明地、无缝地链接在一起，让来自同企业的员工都能十分方便地使用这些资源，却感觉不到他的每一步操作所调用的可能是不同企业的资源与服务系统。不同企业间的知识与信息资源只有经过集成与整合，企业的显性知识共享与利用才会便利。

2. 要求

面向企业联盟需求的知识与信息资源集成的要求具体表现在：①客观性。知识与信息资源本身是客观存在的，无论是客观世界的知识和人类通过认识客观世界而形成的主观世界的知识，都属于知识与信息资源的范畴。因此，知识与信息资源集成管理应根据知识与信息资源的本质属性进行有效整合，对整合对象、内容、方式要进行科学论证，不能拼凑，要充分反映资源的内容和资源间的内在联系，揭示其变化规律。知识与信息资源的客观性决定了人们在处理资源时必须用科学的方法去整合，有条不紊地反映不同种类资源的特殊性，揭示不同学科的差异性，从而有机地将不同类型的资源整合为一个科学有序的实体。②系统性。知识与信息资源是一个完整的机体，无论是传统的文献型资源还是网络资源，都是资源这个系统的重要组成部分。因此，必须从系统论的要求出发，客观而全面地分析知识与信息资源的特点，采取切实可行的步骤和方法对资源进行合理整合，使资源的整合符合系统性原则，发挥资源整合的整体优势。这就要求保持资源对象学科的完整性，要强调以系统整体优化为目标，将系统各要素形成有机整体，综合解决系统问题，提高系统整体功效，使资源系统功能倍增。另外，知识与信息资源本身和用户需求的多层次性，要求按多种类型、多种层次、多种方式进行多维的系统整合。③耦合性。耦合是知识与信息资源集成管理的基本特征。要通过集成管理，把原先各个独立的管理单元融合成为一个有机的不可分割的整体。来自不同学科、不同载体、不同资源类型、不同渠道的各种资源经集成后，要具有相同的组织结构和组织功能，提供统一的用户界面和共同的检索方法。集成后的数据对象间要具有统一性和有机关联性，体现资源的系统性，反映知识间的内在联系。④标准化。信息资源集成的标准化主要包括数据格式的标准化、标引与描述语言的标准化、传输协议的标准化、安全保障技术的标准化，以及数据管理软件与硬件的标准化，以保证信息资源揭示的统一，方便用户集成与共享不同资源。⑤安全性。计算机病毒、黑客、软件安全、信息垃圾、存储设备故障等方面的问题给知识与信息资源集成管理带来了极大的安全威胁。因此，在知识与信息资源的集成与整合中，应采取必要的安全保障措施来保证企业资源的安全。⑥增值性。知识与信息资源集成管理的主要目标是提高资源的利用率，实现资源增值。因此，要将各个独立的管理单元融合在一起，这样不仅能够充分发挥各个管理单元的功能，而且能使整体功能远远大于各个独立单元功能之和。企业知识与信息资源集成管理是按照知识组织体系对集成的知识及知识间的关联进行揭示和组织的，在集成过程中，由于剔除了大量重复与无用的信息，因而提高了资源的可用度。同时，还应加强对全文数据库的链接，进一步提高全文知识的含量，而且使集成后的信息资源在结构功能上的统一性便于数据和知识内容的更新和扩充，使资源得以增值。⑦发展性。一方面，知识与信息资源本身有累积效应和稳定增长的趋势，资源集成管理要强调资源系统的动态变化，使管理手段、方法和工具具有兼容性与适应性；另一方面，知识与信息资源集成与整合的技术和方法也会随着时间的推移、环境的改变和科学技术的发展而发生新变化，例如，计算机技术和信息技术的发展，使一系列新技术如搜索引擎、数据挖掘、数据仓库、机器翻译、数字图书馆等不断出现，这就要求资源整合工作必须与时俱进，充分发挥新技术在资源整合中的作用，推动资源整合工作的开展。只有通过连续、系统、动态的整合过程，知识与信息资源才能持续发挥效用。

3. 层面

根据企业联盟知识与信息资源管理体系的结构，大体可以在三个不同的层面，即表现层、应用层和数据层实现资源集成。其中：①表现层集成，主要针对信息源进行的集成，即对多样化、分布式存在的信息源，例如，数据库等提供逻辑组织和导引，可利用多种逻辑主线（如资源类型、学科主题、字顺等）把信息源接起来，方便用户快速定位到目标资源。②应用层集成，其实是依托技术平台的操作界面实现资源的集成，集成后的操作界面没有自己的资源数据库，通过统一的操作界面实现对不同资源的透明访问，这种层面的信息资源集成通常不直接改变资源对象的底层元数据，而是通过标准化的数据接口与数据源进行互操作。因此，资源对象的数据接口是否标准规范将对集成效果和持久性有很大影响。③数据层集成，它是把资源对象的元数据导入本地数据库，归并查重处理后在统一平台中发布并提供浏览、检索等服务，数据层的资源集成可以从根本上解决各种资源库之间孤立、内容交叉或异构等问题，实现资源与应用服务（尤其是个性化服务）的高度集成，而应用层的集成与表现层的集成却都只是基于信息源的集成。

4. 主要方法

从企业联盟知识与信息资源集成管理方法角度划分，主要有汇合式集成、组合式集成、重组式集成和一体化集成管理方法。其中：①汇合式资源集成方法，主要通过对各成员企业已有的分布式资源进行简单揭示，并基于信息源把具有某一属性特征的资源进行汇合，其实质是成员企业信息资源的简单相加，只是通过统一的查询界面，显示各成员企业所具有的符合检索条件的命中记录，企业员工还须逐一点击各成员企业的知识库等，自己进行查重处理，进行二次选择。②组合式资源集成方法，即对相关数据库内的数据对象去除重复信息的整合方式，提供给企业员工的不单是统一的查询界面，而且是不重复和高质量的信息，组合方式是多个企业数据库系统的有机优化组合，既要对不同数字资源系统中的信息进行综合，也要对其进行优化。③重组式资源集成方法，它主要根据一定的标准对数字资源进行分解重组，按数字资源的逻辑关系组织成立体网状、相互联系的知识资源系统。④一体化资源集成方法，它主要按照资源的各个特征（包括内容的和形式的）建立多维连接，把分布在各成员企业的资源透明地无缝地链接在一起，让用户十分方便地使用这些资源而感觉不到他的每一步操作所调用的可能是不同的资源。对于面向企业联盟需求的知识与信息资源集成而言，一体化集成方法是最理想的，但也最难实现。

8.4.2　企业联盟知识共享的技术平台

企业联盟要高效地推进知识共享，就必须完善共享技术平台，使各企业都能够方便地进行沟通与协作，从而获得自己所需要的知识，同时提供给其他企业所需知识。企业联盟知识共享的技术平台不仅能满足成员企业共享显性知识的需求，还要支持成员企业间的隐性知识共享要求，这样才能达到企业联盟知识共享和合作创新的目的。

1. 重视用户体验是知识共享技术平台构建的基本要求

面向企业联盟知识共享的技术平台的服务对象是各成员企业，但其终端用户却是各成员企业的管理者、技术人员或普通的企业员工。这些用户利用技术平台时总是带着一定的期望值。因此,技术平台构建强调以用户为中心,强调信息的清晰化、可理解性、有用性及可用性强等,使技术平台的使用者拥有良好的用户体验。

体验是人在一个特定的时间、地点和环境条件下的一种情绪或情感上的感受。用户体验是指用户在与系统交互时的感觉,关心的是用户从自己的角度如何体验交互式产品,包括可用性与情感等。可用性并不足以衡量信息构建的质量,经常遇到的情况是即使一个系统非常好用也容易学习,用户也不一定愿意去使用它。并不是因为系统不可用,而是因为系统没有很好地适应用户的需求。信息构建师的注意力应该从关注"能够使用"到关注"愿意使用"。用户通过对系统的接触,会产生相应的体验感受,而这个体验结果与之前的期望做比较,就可以得出相应的满意评价,这个判断也决定了对这个系统的好感度和使用意愿。

知识共享的技术平台构建的用户体验要素主要包括:①视觉设计,即对知识共享平台上的文本、图形类页面元素和导航元素进行视觉处理;②导航设计,即在知识共享技术平台上设计相应的导航和帮助元素;③信息设计,即在知识共享技术平台上的知识呈现要有利于用户理解和方便使用等。美国学者 Jesse James Garrett 曾提到用户体验的 5 大层面,包括外表层面、框架层面、结构层面、范围层面和战略层面。另外,邓胜利博士等指出用户体验的内容可以分为 3 个层次:功能体验,即描述个性化系统或信息资源"能否帮助用户完成任务"的属性,包括系统或信息资源可供用户获取和使用的"可用",以及对用户来说具有价值的"有用";技术体验,即描述个性化系统或信息资源"能否帮助用户高效率地完成任务"的属性,包括系统或信息资源能使用户快速完成任务的"省时",对用户来说操作简单的"省力"和花费较少的"省钱";美学体验,即描述个性化系统或信息资源"能否使用户身心愉悦地完成任务"的属性,包括系统或信息资源能给用户带来视觉享受的"好看"和听觉享受的"好听"以及满足用户心理需求的"好感"。

重视用户体验的知识共享技术平台设计需要综合运用认知科学、社会学、心理学等方法掌握用户利用信息服务的心理规律,其核心是:将以用户为中心的设计思想贯穿到服务平台系统开发的各个阶段。在设计的最初阶段,描述用户目前的现状,从中捕获用户的需求;在以用户为中心的思想指导下分析用户现状和用户需求,发掘和提取用户处理问题本质的、必要的交互信息,建立用户数据模型，根据用户数据模型进行共享平台设计；最后根据用户反馈意见来进行测试评估，以进一步修改完善共享平台的设计。

重视用户体验的技术平台构建要求具体体现在：①知识内容的组织清晰，让用户在使用的过程中有美感体验。信息构建特别强调信息结构和内容的清晰，共享平台中的资源组织系统具有良好的分类标准和明确、规范和统一的标识系统，其信息结构和内容清晰与简洁，提供给用户清楚的、易于理解的信息结构，还必须尽可能地为用户提供导航工具和帮助，让信息内容可访问，让用户明确自己的位置，知道如何获得相关的信息线索和原始文献，继而帮助人们迅速找到并获取所能解决问题的信息和知识。②服务标识准确和可理解。信息构建强调标识系统能为用户所理解，强调信息标识的规范和一致。要避免语言意义含糊、用法随意、不规范现象，避免出现词语的范围难以界定清楚等问题。技术平台的构建者需要创立一套标识系统，对使用的词汇、含义加以规范，要易于理解、易于使用，减少并尽量避免模糊和歧义。③共享技术平台可用性强。技术平台的构建利用信息构建中可用性工程的方法，通过采用知识组织、元数据创建、图形设计、导航结构、信息需求分析、有效沟通以及其他知识技术，构建可用性强的、易于操作的平台。为了提高平台的可用性，要符合用户使用信息的逻辑，提供多种检索或搜索手段，必须提供多途径的检索入口和服务帮助，让用户能通过共享平台快速方便地进行联盟知识资源的检索，并能与其他企业员工交流或协作等。

2. 技术平台的功能分析

面向企业联盟的技术平台不仅将各成员企业的知识共享系统集成到一个统一平台上，使各个系统能够实现互操作和动态集成，高效、透明地调用各成员企业可共享的信息资源；而且要根据企业联盟的合作与知识共享需求，依赖技术平台为企业员工建立各种能进行交流和协作学习的知识社区等。平台应具有以下一些基本功能：①用户权限的统一管理功能。用户权限管理包括企业级的权限管理和企业员工级的权限管理等级别。企业级的权限管理包括使用技术平台的网络地址限定，可共享资源的许可、控制和监督，保护资源拥有者的权益保护等功能。企业员工级的权限管理应在企业使用技术平台的网络地址限定范围内，通常是企业内部网络实现用户登录管理、认证管理、统计管理等功能。②信息的动态发布功能。平台除了支持企业联盟在服务平台上发布信息外，应当还支持各成员企业发布需求信息，或者自己感兴趣的信息等。③浏览、检索与调用等服务功能。平台首先要具有强大的访问控制以及浏览、检索功能，包括文本和图像分析工具以及数字化音频和视频信息的查询工具，提供全文检索、基于声音和图像的检索以及自然语言检索等多种检索方式。还应能基于技术平台提供企业或员工个人的信息定制、文档调用、决策支持、意见反馈等服务功能。④交流和协作学习功能。知识社区是非正式知识共享的一种重要方式，能为不同企业的员工提供较好的交流、讨论和协作学习空间，表现为博客群、交流 QQ 群、互动问答平台等形式，企业联盟的技术平台应完善这方面的功能。⑤业务协调与管理功能。首先，联盟知识共享的技术平台要支持联盟管理系统与各成员企业知识共享服务系统的协作，方便联盟合作业务的协调和管理。其次，联盟知识共享的技术支持平台要支持跨企业员工所创建的各种虚拟社区的管理。

3. 技术平台的构建对策

从企业联盟技术平台的构建主体来看，有不同的模式。如有些企业联盟的技术平台就借用了某一成员企业的自建平台，并在此基础上进行功能的扩展，从而为各成员企业所共同利用。如百度知道开放服务平台就是典型的例子；有些企业联盟的技术平台是由各成员企业共建并共同利用的，如一些技术联盟共同建设相应的技术共享平台，能依靠平台共同进行技术创新；有些企业联盟的技术平台是依赖于某地的产业园区公共服务平台构建的；也有些则依赖于政府支撑的某行业领域内的公共服务平台构建的。

标准化是推进企业联盟知识共享服务平台建设的基础性工作，是各个企业实现网络互连和内容共享的前提。在企业联盟顶层设计中应按照先进的企业标准甚至是公认的行业标准，来推进企业联盟知识管理系统及其共享服务平台的建设。这样，将联盟内的成员企业以虚拟网的形式连接在一起，每个企业都是网络中的一个节点，可方便企业在网络中自由沟通与协作，在合作中创造新知识。联盟知识共享的支持平台涉及到的主要技术有平台的管理技术、协作技术、网络数据安全技术、数字化信息的生成处理与存储技术、多媒体数据库技术、文本挖掘技术、知识发现技术、信息内容可视化技术、语音识别技术、自动标引、分类和翻译技术以及相关的技术标准和规范等。依靠技术支持，可方便地提供基于网络环境的服务、可靠的安全保证和平台系统的自动升级等。但很多成员企业内部基本都有自己的内联网，由于企业内联网的稳定性及成本较低等特性，也便于企业内部的交流沟通。成员企业不可能因为联盟关系的建立而又重建不同的知识管理系统，因此，还需要完善企业异构知识管理系统之间的可互操作标准体系，通过企业联盟的技术平台能将每个成员企业的内联网连接起来，适当地给予其他成员一定的访问权限，这便于成员企业间的知识交流与沟通，也可减少企业对联盟知识共享平台的抵触，尊重各企业原有的数据标准、信息系统构架和业务分工，从而保证企业联盟知识共享得以顺利进行。

企业联盟知识共享技术平台的建设并不是简单的技术问题，它是一个完整的系统工程，还涉及相应的资金分配、学习机制、管理规定和安全等问题。

4. 百度与其联盟伙伴开放共享知识的技术平台分析

百度知道开放服务平台是百度与其联盟伙伴开放共享知识的技术支持平台。由用户创造的内容是百度知道最大的价值所在，目前已经成为百度最重要的产品之一。百度知道的模式简单来说就是"用户回答用户"，也就是说，其实百度知道本身并不提供答案，而是提供一个交流平台。用户自己根据具体需求提出问题，百度知道平台通过积分奖励机制发动其他用户来解决该问题。同时，这些问题的答案又会进一步作为搜索结果，提供给其他有类似疑问的用户，达到分享知识的效果。但是有相当一部分问题都不能直接命中答案，因为其参与者在很多方面并非某一个行业的专家。这也是问答社区模式一直没有获得大跨度发展的原因。

为了突破百度单独运作这一服务的局限，百度选择了企业联盟方式，由百度提供技术支持平台，由各合作企业来共同解答问题、共享知识、扩大企业联盟的社会影响力。2010 年 6 月 24 日，百度知道开放平台正式发布，其运行机理如图 8 - 1 所示。百度知道开放平台是一个基于百度网页搜索和百度知道的开放性知识分享平台，不但可帮助合作伙伴搭建知识需求者与知识提供者之间的桥梁，而且可以促进百度与合作伙伴之间的知识共享，实现合作方、提问用户（提问入口触手可及，提问得到迅速、专业的回答）、回答用户（省却重复登录成本，随时享受助人乐趣；知识获得有效传播，建立专业权威形象）、浏览用户（更丰富的检索结果、更专业的答案来源）等多方面的共赢局面。对于百度的联盟伙伴来说，百度主要提供域名及入口、频道带宽、服务器空间等，并支持平台功能升级，联盟伙伴还可借助百度平台带来用户粘性提升、新用户的增加、知识传播等优势。在百度知道开放服务平台的官方页面展示的合作案例列表中，合作伙伴主要有教育、医疗、游戏、生活、汽车等五大类。一些行业中的领先企业都已加入其中，如新东方、游久网、51 精品、学习网、网易、金山、PPTV 等都已成为其联盟合作伙伴。

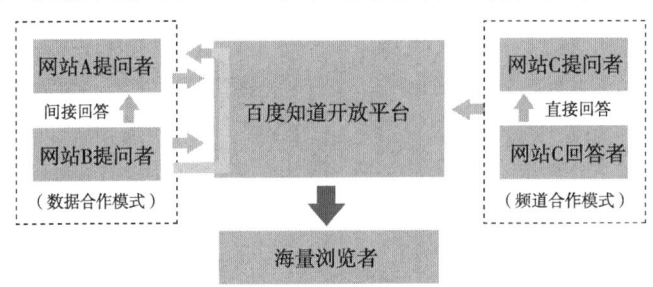

图 8-1　百度与其联盟伙伴开放共享知识的技术平台

百度与其联盟伙伴开放共享知识的技术平台主要有三种合作模式，即：①频道合作模式，其特点是由开放知道平台负责搭建知道频道，供参加联盟的成员企业使用；当其他成员企业的用户达到一定规模后，百度的知道频道可对接其他联盟伙伴的用户系统，联盟伙伴企业可采用本企业网站账号密码登录，并进行提问与回答操作等；联盟伙伴的官方网站可将知道频道加入网站导航中，吸引用户产生问答，同时指定编辑或用户担任频道管理员，进行指导频道相关的设置、发布和管理工作；成员企业联盟后积累的知识资源，经过百度知道开放平台评定具备一定的原创性，将被收录到百度知道和百度网页检索，供网民点击浏览；如精品学习网知道频道（2010 年 5 月合作上线）、和讯网知道频道（2010 年 7 月合作上线）等都采用了这种模式。②数据合作模式，其特点是开放知道平台免费提供检索提问/问题推送/数据同步接口；联盟伙伴网站将检索提问接口嵌入到本站网页中，用户在网站中遇到问题，可随时通过检索提问接口检索已解决问题或提出新问题，在知道获得回答后，平台将答案反馈给用户；联盟伙伴网站将问题推送接口嵌入到本站网页中，相关人员将看到知道平台上相关分类下产生的待解决问题，回复后，答案将同步到知道，并在显著位置标明回答来自于其联盟伙伴网站；联盟伙伴网站使用数据同步接口，将已积累的问答导入知道，展示页面将在显著位置标明该资源来自于合作网站，如 39 健康网（2010 年 8 月合作上线）等曾采用了这种模式。③频道和数据模式的结合 API 模式，兼有以上两种模式的特点，如目前好大夫在线（2010 年 5 月合作上线）采用了这种模式。❶

从众多的成功案例中可以发现，百度知道开放平台已较好地推动了百度与其联盟伙伴的知识共享，提升了整体的竞争力。如开放平台在与魔兽数据库公司结盟后，魔兽网站开放了其国内资料片，流量也迅速飙升到了原先的150%❷。如好大夫在线是目前中国领先的医疗信息和医患互动平台，通过百度知道开放平台的结盟方式，好大夫在线网站上的专业回答能够被推送至百度知道，并标明答案来自于好大夫在线平台；另一方面，网友在百度知道提出医学、医疗等问题，也会被推送到好大夫在线，由专业医生解答后同时将答案迁移至百度知道开放平台，展示给更多用户。这样最直接的结果就是提升了问答的效率，也在一定程度上拉近了医生和患者的距离，让他们的沟通更加顺畅、更加深入。好大夫在线 CEO 王航认为，好大夫在线与百度知道开放平台合作后，已将其 30000 名专业医生介绍给了全国网民，并在双方共同致力于为专家提供更好的服务方面达成共识，这样专家才乐于在互联网上回复患者的问题，把他们的观点和医疗知识展现给患者，好大夫在线每天有2000 个以上问题的推送和回答❸。

8.4.3　企业联盟知识共享服务模式

依赖于企业联盟知识共享的技术支持平台，终端用户都是不同成员企业的员工，共享服务要以企业员工为中心，同一企业的员工可以在企业内部网络上共享利用本企业的相关知识，不同成员企业员工也可在共享平台上交流、共享与利用成员企业间的相关知识。

企业联盟知识共享服务模式主要包括两种：即"交互——增值服务模式"（见图 8 - 2）和"自助——增值服务模式"（见图 8 - 3）。①在"交互——增值服务模式"中，需要有相应的服务人员，服务人员有些是企业联盟技术平

---

❶　百度知道开放服务平台［EB/OL］．［2011 - 01 - 26］．http：//www.baidu.com/search/openiknow/

❷　秦茜．百度高擎"应用"大旗开放平台博弈新一代搜索［N］.IT 时代周刊.2010（19）：81 - 82.

❸　百度知道开放平台受合作伙伴认可［EB/OL］．［2011 - 01 - 26］．http：//money.163.com/11/0126/00/6R9LU43N00253B0H.html.

台的维护人员，或专门从事企业联盟知识和信息资源集成管理与服务的专门人员，服务人员不能只单纯替需求知识的企业员工查找相关知识内容，还要与他们一起探讨获取知识的方案，协助他们快速高效地找到符合自己需求的知识内容，服务人员可以在与需求知识的企业员工交互的过程中更动态地了解他们的需求与检索意图，为他们推荐最适合的知识资源；如果在服务过程中，服务人员碰到不能解答的问题，可在共享平台上发布问题，希望具有相关领域知识的成员企业员工能提供解答；如果在交互过程中产生了新的知识，服务人员也应及时地将新的知识整理并提交到共享平台上。②在"自助——增值服务模式"中，需求知识的成员企业员工可自己利用技术平台，对企业联盟整体的信息资源进行检索、利用与评价，主动获取相关知识资源；可在自助服务过程中借助自己的专业知识更好地了解和挖掘相关领域的知识内容；也可主动与其他成员企业员工进行交互，获取帮助或相关问题的解答；也可将自身的知识进行整理并提交到平台上来共享。❶

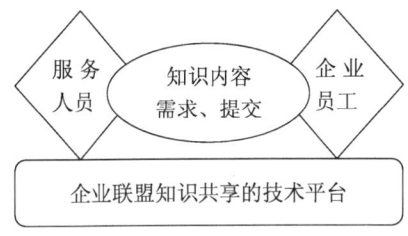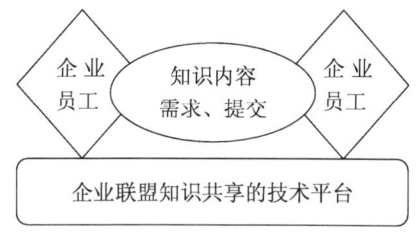

图 8 - 2　交互 - 增值服务模式　　　　图 8 - 3　自助 - 增值服务模式

以上两种服务模式都具有以下特点：①快速响应，在"交互——增值服务模式"中，对于企业员工的需求，服务人员利用共享平台能快速获取他们的需求，能与他们及时进行交互，能快速地帮助推荐合适的资源，或就相关提问进行问答征集；在"自助——增值服务模式"中，需求相关知识的企业员工能利用共享平台快速响应自身的需求。②交互性，在"交互——增值服务模式"中，交互主要体现为服务人员与知识需求者之间的交互，当然其中也包括了需求知识的企业员工与技术平台的交互、服务人员与能提供相关领域知识的成员企业员工的交互等；在"自助——增值服务模式"中，交互主

---

❶ 刘高勇，汪会玲 . Web2.0 环境下信息服务的变革 [J]. 图书情报工作，2009 (7)：39 - 42.

要体现为需求知识的企业员工与技术平台的交互，当然其中也包括了需求知识的企业员工与能提供相关领域知识的成员企业员工的交互、需求知识的企业员工与后台服务人员的交互等。③广泛参与性，在两种服务模式中，用户都不是被动地通过平台接受相关知识和信息资源，而是广泛参与到资源的管理与服务中，能对资源进行选择、整理、评价等，正因为企业员工作为用户角色的广泛参与，才有可能实现知识共享。④共享增值性，在这两种服务模式中，可共享的成员企业知识及其联盟共有知识等都要求能得到充分的共享利用，甚至可通过交互而产生新的知识，并方便服务人员或企业员工及时地将新产生的知识提交到共享平台上，有利于联盟共有知识的管理。

第9章　知识共享型企业联盟的发展

企业联盟是成员企业之间为了满足某种知识共享需求而形成的，基于企业联盟这一特殊的组织形式，为知识共享提供了较好的保障，既有效促进了企业联盟内部的知识共享，又能较好地促进企业联盟与其外界环境当中的某些主体进行知识共享。但企业联盟内部的知识共享与外部的知识共享是相互影响的，甚至在一定条件下会发生相应的转化，最终都要较好地提升企业联盟内部的知识共享能力。在知识共享的过程中，企业的知识能力会得到相应的发展；企业联盟会在知识共享的基础上进行合作创新，提高知识共享层次；企业联盟内各成员企业间的关系也会越来越紧密，呈现出一定的共生稳定性。

9.1　联盟知识共享对成员企业发展的影响

在企业联盟的发展中，成员企业之间的关系是复杂的，但通过合作和知识共享，不是最终"谁能打败谁，谁能存在"的问题，而是要最终实现共赢。中国企业的联盟伙伴不只是选择国内的企业，国际化联盟已成为重要的发展趋势。以中国企业作为企业联盟中的成员企业来看，联盟知识共享对中国企业的影响主要表现在：成员企业知识能力的成长、成员企业核心竞争力的提升、成员企业的国际化发展等方面。

9.1.1　成员企业知识能力的成长

企业联盟内的各成员企业之间既合作又竞争的关系与传统的经营理念不同，企业之间可以通过知识资源优势互补，扩展彼此的知识能力。

英国情报学家布鲁克斯（B·C·Brookes）认为，知识是由相互关系连接起来的结构，用户通过信息的获取和接受来不断改变自身的知识结构，并提出了著名的知识方程式：$K(s) + \Delta I = K(s + \Delta s)$。其中：$K(s)$ 为用户原有的知识结构，ΔI 为用户新接受的信息，$K(s + \Delta s)$ 为用户接受新信息后的知识结构。我们以此类推来分析成员企业的知识结构和知识体系，假设也存在一定的知识方程，$K(s+\Delta s)=K(s)+\Delta K$，那么 $K(s+\Delta s)$ 则是成员企业通过参与联盟并进行知识共享后，所具有的知识体系；$K(s)$ 则为成员企业参与联盟前的知识体系；ΔK 则为成员企业通过联盟后所能接受、学习和吸收的知识。成员企业知识结构的变化反映了其知识能力的成长情况。当然，成员企业在知识共享过程中，可以从成员伙伴那里获取更多的知识，但由于自身的知识结构影响，并不可能将其全部吸收。也就是说，企业可以联盟方式扩展自身的知识资源，但要转化成自身的一种知识能力，则只能吸收与自身知识结构相匹配的部分知识，并在知识利用和实践中不断实现知识能力的增长。

如 2011 年 2 月，三星电子与美国 IBM 公司结盟并正式签署了专利共享协议，IBM 和三星电子在美国登记的专利数量近几年来一直高居第一位和第二位，两家公司在半导体、通信、显示器、软件等领域均拥有多项专利。美国商业专利数据库（IFI Claims Patent Services）发布报告称，IBM 在 2012 年一共获得了 6478 项美国专利，刷新了该公司的历史最高纪录，连续第 20 年成为获得美国专利最多的公司；IBM 首席专利律师曼尼·契克特（Manny Schecter）表示，该公司 2012 年获得的美国专利中有 30% 是由非美国发明家申请的，而在 2010 年仅有 22% 的专利是由非美国发明家申请的；也就是说，IBM 的许多专利并不是自身的发明创造，而是通过联盟等方式获得的；三星电子 2012 年申请的美国专利数量也达到 5081 项，排名第二位[1]。从两家企业的专利及其相关知识共享情况来看，联盟既增加了两家企业的专利数量，也提升了各自的知识能力，能提供更符合消费者和市场需求的产品和服务。

9.1.2　成员企业核心竞争力的提升

核心竞争力是企业获得长期竞争优势的基础，而竞争优势的创造依赖于有效的知识管理和共享，盛小平主持的"基于知识管理的企业核心竞争力研究"课题组分析了知识审计、知识获取、知识创造、知识吸收、知识保护与知识应用等对企业核心竞争力的贡献[2]。企业联盟知识共享对成员企业核心竞争力的促进作用是非常明显的，王传清对此引进行了分析总结，指出其作用

---

[1]　IBM 三星去年在美获专利数最多 IBM 连续 20 年第一［EB/OL］. http：//it. sohu. com/20130111/n363084976. shtml.

[2]　盛小平. 面向企业核心竞争力的知识价值链研究［J］. 图书情报工作，2007（7）：10－13.

主要体现在可使成员企业获取互补性知识，增强企业核心竞争力；有助于企业实现规模经济和范围经济效益，扩展核心竞争力；有利于企业占领技术高地，巩固和更新核心竞争力；能使企业获取学习机会，强化核心竞争力；可降低企业投资风险，维护核心竞争力，等等；并以雷诺—日产联盟及其知识共享为对象进行了具体的分析。

日产汽车公司（简称"日产"）在经历了 20 世纪 70 年代至 80 年代的辉煌时代后，于 20 世纪 90 年代后期陷入了经营困境，如其 1999 年财政年度日产亏损额达到了 6 848 亿日元，创下了日本企业的最大亏损纪录，日产的全球市场份额由 1991 年的 6.6% 降至 4.9%，同期产量下降了 60 万辆，不含销售贷款的净负债额高达 21 000 亿日元；为重建企业竞争优势，1999 年 3 月日产与法国雷诺汽车公司（以下简称"雷诺"）结成联盟，并签订了一个全面的企业联盟合作协定，为促进双方的知识共享，采取了一系列措施，其中包括：①共同建立雷诺日产信息服务公司，它是独立运营的子公司，为雷诺与日产的经营管理提供全球范围内的知识和信息服务；②建立员工辅导项目，包括人员互换和培训计划，其中的培训计划既可增进双方最佳工作实践的交流与认识，也可以让员工了解日本和法国文化的差异并熟悉对方的工作方式；③成立专门学习小组，分析各种合作的可能，寻找和交流如何使利润最大化的途径；④成立全球联合采购中心机构，通过集中采购，以"一个声音面对供应商"为基本经营原则，共享采购知识，节省成本；⑤销售技能与渠道的支持与合作，都选择雷诺开发的用于优化销售网点枢纽的 Argos 模型，销售力量比较强的一方积极支持比较弱的另一方进行销售或生产，以减少销售成本、分摊固定成本、加强销售网络的竞争力；⑥基于知识共享的技术协同策略，即通过使用共同的组件，建立一个可供同一平台车型使用的"动力传动配件库"、工业生产流程趋同以共享生产能力，在共享平台的车型选择和生产中，可根据目标市场所处的地理位置，选择在雷诺或日产中的任何一家车厂生产，并共同开发新的共用零配件等；雷诺—日产联盟通过多种方式的知识共享，使日产获得了新生，2002 年年度利润率重新跃入全球汽车制造业最高水平，不仅维持与巩固了日产企业的核心竞争力，也为日产企业构建了新的核心竞争力。❶

❶　王传清. 基于战略联盟知识获取的企业核心竞争力建设——以日产汽车公司为例 [J]. 图书情报工作，2007 (7)：14 – 17.

9.1.3 成员企业的国际化发展

随着经济全球化和一体化趋势的日益明显，中国企业如何更好地加快国际化经营已成为十分紧迫的问题。中国企业的国际化发展有多种方式，如在国外建立子公司、收购国外企业或企业的某一业务部门、直接参与国际市场竞争、组建跨国联盟等。其中跨国联盟既能保持联盟各方的相对独立性，又具有较大的灵活性，成为中国企业进行以知识共享为目标的国际化发展的一种最主要方式。

联想集团利用组建跨国联盟共享知识方式促进了自身的发展，并成功参与了国际化市场的竞争和发展，是中国企业国际化发展的典范，其主要的跨国联盟战略及知识共享方式很多，如：①联想与日立结盟，在拓展存储领域业务的基础上进行知识共享。2004 年 5 月，联想集团和著名存储厂商日立数据系统（HDS）宣布建立战略联盟，双方宣布共同推出联合品牌产品，合力开拓存储市场，根据协议，联想成为 HDS 在中国唯一的联合品牌（Co - branding）合作伙伴和全球战略合作伙伴之一，这样联想可通过分享 HDS 全球领先的先进技术知识，进一步拓展存储领域业务。②联想与美国航空公司结盟，不但扩大了其在美国的影响力，而且较好地共享了航空公司的知识及其 Admirals Club 的客户知识。2006 年 2 月，双方签署了一项战略技术合作协议，美国航空公司在 43 个 Admirals Club 的候机室内安装联想最新的 Think Centre 台式电脑，配备 Think Vision 平板显示器，全球范围的 Admirals Club 的候机室内也提供联想 ThinkPad Z60 笔记本及 ThinkpadX 41 平板电脑，让美国航空公司 Admirals Club（旗舰俱乐部）成员在候机室能使用新型联想 PC 的服务，从而更好地提升客户在这家全球最大航空公司的全程旅行体验，联想通过联盟，可向 Admirals Club 定期提供产品和服务，而且通过与 Admirals Club 会员的直接接触，更好地获取和共享美国航空公司的知识，提升联想品牌在美国市场的影响力。③通过蓝牙联盟，参与行业标准制定，较好地共享与应用相关标准知识。蓝牙技术联盟（Bluetooth Special Interest Group）是一个全球性伞形组织，它向遵守其标准的生产商发放其品牌标志的使用许可，负责制定蓝牙技术行业标准并推广这种技术，这种技术可使笔记本或手机等设备实现无线通讯和数据传输，2006 年 10 月，联想集团取代 IBM 成为蓝牙技术标准组织理事，也是蓝牙技术联盟的第一家中国理事，也是蓝牙技术联盟中具有最高级别成员地位的八家公司之一，这进一步加强了联想在全球技术行业众多国际

老牌电脑企业中的地位。❶

9.2 企业联盟合作创新分析

在知识经济时代，创新能力已成为决定经济增长的关键因素。知识资源是创新的第一要素，企业联盟知识共享是合作创新的基础和关键，企业联盟知识共享的最终目的是为了推进知识创新，合作知识创新反过来又会推动企业联盟进一步发展，成为企业联盟知识共享的一种重要实现方式。

传统意义上的创新活动一般强调以企业为主体的自主创新活动，主要侧重于企业内部的创新层面。随着知识经济的发展和经济一体化的推进，企业创新的要求越来越高，创新风险也在不断加大，以企业联盟方式进行合作创新日益成为重要的创新模式。企业寻求的合作创新伙伴有企业，也有高校和科研机构等，目前有关合作创新的研究指出，除了企业之间的合作创新外，也有很多企业与高校和科研机构开展了多样化的合作创新活动，有些也将其称为"合作研发"等，合作创新的本质是在分工基础上的合作，在其创新过程中需要企业以外其他创新主体的积极参与。

9.2.1 企业联盟合作创新意义

企业联盟合作创新是成员企业共同参与的创新，实现共同投入、共同参与、共享成果、共担风险，其意义主要体现在四个方面：①降低创新成本。创新可以提高企业的核心竞争力，但创新需要一定的费用、技术基础和人力优势，一般企业难以独立开展某方面的创新活动时，往往会寻求联盟伙伴的帮助，在知识共享的框架下合作进行知识创新。合作创新能有效节省创新的费用和成本，通过成员企业之间的成本分担方式来实现。②提高创新效率。合作创新能共享和整合各成员企业的知识，实现成员企业间的知识优势互补。在知识经济时代，技术发展日新月异，企业单凭自身的力量进行创新往往需要较长的时间准备。而合作创新相对于单一企业的创新而言，能在短时间内实现创新所需资源的配置和优化组合，避免少走弯路，大大提高创新效率。③降低创新风险。创新结果往往是难以预见的，其中可能面临着各种各样的风险。如果单一企业进行创新，一旦存在难以把握的创新风险，对企业会造成致命性

❶ 白万纲. 联盟管控：中国企业国际化的重要手段 [EB/OL]. ［2009 - 4 - 23］. http://www. boraid. com/article/html/109/109382. asp.

的打击。因此，企业往往通过合作创新，充分发挥联盟伙伴力量对风险进行识别、分析与防范，共同面对创新风险，以减少其可能带来的危害。④促进企业联盟关系的进一步发展。现在许多企业越来越以知识为企业能力之本，企业的经营管理方式也发生了重大变化。合作创新要求创造联盟共有知识，培育联盟的知识能力从而赢得未来的竞争。可通过共同申请专利等方式来保护双方的知识产权，提高联盟伙伴参与创新的积极性。因此，合作创新对于企业联盟而言，需要在知识共享基础上进行知识创新，而合作创新能促进企业联盟关系的进一步发展，使之从低层次的知识共享进一步发展成高层次的知识共享。

9.2.2　企业联盟合作创新机理

企业联盟合作创新建立在知识共享基础之上，但又不是成员企业间知识的简单相加和堆积，而是相互影响和相互作用，并不断产生新的知识，而产生的新知识又会在成员企业间共享，推进新一轮的合作创新活动，形成合作创新的良性循环。为此，企业联盟合作创新机理可以简单地描述为：知识共享——知识整合——合作产生新知识——新知识的共享利用。对于企业联盟成功的合作创新来说，知识共享的重要性越来越明显，知识共享的程度会越来越深。

1. 成员伙伴间的知识共享

合作创新的关键在于有效的知识共享，知识能否在各个成员企业之间有效流动和充分共享是合作创新成败的关键。成员企业之间只有相互了解彼此的知识结构与特点，才能寻找合作创新的机会；成员企业之间只有进行有效的知识交流和学习，才能确定合作创新计划和进行创新的可行性分析；成员企业之间只有相互学习和吸收应用彼此的知识，才能发现自身的不足，而且随着知识共享程度的加深，合作创新项目还有调整的可能等。因此，知识共享其实是合作创新的必要过程。而且，成员企业间知识的相似性及知识共享的程度也在一定程度上影响合作创新效率，如相关研究指出：成员企业间知识的相似性有助于企业联盟的合作创新绩效达到一定的阈值；知识共享的种类与程度等是影响合作创新绩效的重要因素等❶。

❶　LUO. X. W, DENG. L N. Do birds of a feather flock higher? the effects of partner simi-larity on innovation in strategic alliances in knowledge – intensive industries ［J］. Journal of Man-agement Studies, 2009（6）：1005 – 1030.

2. 根据合作创新要求整合相关知识

创新并不是对已有知识进行简单的加工处理，而是要挖掘企业员工头脑中潜在的想法、直觉和灵感，并综合起来加以运用。为提升企业联盟内的合作创新效率，还需要根据不同的创新阶段及要求将可共享的知识进行整合，成员企业内的相关人员要进行合作，要运用一定的原理和科学方法对不同企业的不同知识内容进行组织和综合，使零散知识经过整合后能形成可直接解决问题的知识体系或解决方案。一般在合作创新的决策阶段，主要是围绕合作创新项目的确立和可行性研究来进行知识准备与共享，要整合的知识内容应包括成员企业的生产技术和经营情况、相关技术的国内外发展情况及未来趋势、本企业联盟的技术在同类技术中的地位及开发的重点和可行性、合作创新的相关政策与管理条例、合作创新的时间安排、合作创新成果的效益预测等方面的内容。在合作创新的实施阶段，需要整合的知识主要是技术和产品攻关所需要的各方面知识，要立足于解决实际问题，提供合作创新项目所需的技术资料、产品市场情况、基本原理、项目进度、计划执行情况和出现的问题等方面的内容。在合作创新的成果鉴定阶段，应整合合作创新过程中所形成的相关文档资料、国内外的相关技术分析与比较资料、国家的相关政策与管理要求等方面的内容。在合作创新成果的推广应用阶段，应分析成果的市场需求、应用条件、成果存在的问题及改进措施等，并围绕着以上内容来整合相关的知识。

3. 合作产生新知识

知识共享的目的是创新。不管是企业联盟内生型为主的知识共享目标，还是外生型为主的知识共享目标，最终都要实现联盟的知识共享利用与协同增值，是成员企业之间相互学习、合作创新与共同提高的过程。关于成员企业合作产生新知识的分析，在基于企业联盟的知识共享过程中，从竹内弘高（Hirotaka Takeuehi）和野中郁次郎（Ikujiro Nonaka）的 SECI 模型出发，分析了企业联盟知识创造的螺旋式上升过程模型。另外，还有一些学者进行了其他分析，如银路在"一体化创新过程模型"中，将创新看作是同时涉及创新过程的产生、R&D、设计、制造和市场营销的并行过程，它强调各企业之间知识与信息的联系、沟通和密切合作，打破了严格的主要创新路径连续模式，认为只有创新的各个阶段相互协调，创新目标才能达到。❶ 和金生在"知识发酵模型"中，利用仿生学的原理，揭示组织学习与知识创新的内在机理；通过对影响"知识发酵"过程各种因素的深入分析，剖析它们的作用机制，探求提高知识管理有效性的系统方法，类比生物发酵的构成要素（菌株、底物、生物酶、生物发酵环境、发酵产物等），提出知识增长的构成要素（知识基因、知识母体、知识酶、知识增长环境、更新知识等）。❷

4. 新知识在成员企业间的共享利用

成员企业合作产生的新知识是企业联盟的共有知识，首先应该在成员企业间进一步推广与应用。企业还必须对合作创造出的新知识进行消化吸收，将新知识与现有的知识体系结合起来，经过实践应用转变为自身的知识能力，使之能成为企业核心能力的组成部分，以不断更新和完善企业的知识体系，使其知识能力的发展处于良性循环之中。其次，成员企业合作产生的新知识也会成为企业联盟与外界环境之间进行知识共享的重要内容，使之在最大范围内进行传播和共享利用，使成员企业合作产生的新知识发挥更大的社会作用和效益。

9.2.3　企业联盟合作创新实践分析

在国内外企业的创新实践中，以企业联盟方式进行的合作创新因其固有的优势，正发挥着重要作用。众所周知，日本的丰田汽车等企业与其供应商曾进行合作创新，成为国内外知识共享与创新的典范；另外，日本企业与竞争对手合作创新的现象也普遍存在，如丰田与福特合作研究开发速度控制系统、与日野公司合作开发越野汽车、与德尔汽车公司共同开发电磁感应加载系统；三菱与奔驰共同研发载重小型商用车、与沃而沃共同研发新型低排放发动机等，都取得了较好的效果，产生了较好的影响。

中国企业在当前的发展中，也越来越注重合作创新。2009 年，由中国生产力学会、中国市场学会、中国企业报社和中国中央电视台经济频道《中国财经报道》发起；联合 100 多家创新型企业组建成立了"创新中国企业联盟"，并发出有关创新的倡议，将每年的 6 月 6 日作为"企业创新活动日"。

---

❶ 银路. 技术创新管理［M］. 北京：机械工业出版社，2004：30.

❷ 熊德勇，和金生. SECI 过程与知识发酵模型［J］. 研究与发展管理，2004（2）：14－18.

它通过举办"中国企业创新论坛"、"中国企业创新产品博览会"、"中国企业创新人物推选"等系列活动，不断强化企业创新意识，全面提升企业的创新能力，加快建立以企业为主体、市场为导向、产学研相结合的技术创新体系，正在为建设创新型国家做出积极贡献。如中国 3G 技术联盟中心，形成"知识基——学习积累知识——形成生产能力——建立创新能力"等 4 个阶段的多次循环往复❶，在联盟内产生了较好的创新效果。再如北京中关村地区，中关村科技园区在积极探索以产业联盟促进合作创新的发展模式，产业联盟也成为企业提升竞争力的最佳选择，成为成员企业间交流与合作的重要平台。目前，中关村已经拥有长风软件联盟、数字电视产业联盟、闪联、下一代互联网产业联盟、龙芯联盟等产业联盟，在一些产业领域内，以企业为主体，联合大学、院所、中介组织等，围绕技术标准、协同创新和产学研合作创新等，已经成为活跃在中关村的一种重要经济现象。另外，我国企业跨国联盟进行合作创新现象也越来越多。如中国企业一方面纷纷加入蓝牙技术联盟（Bluetooth SIG）、国际移动行业处理联盟（MIPI）等跨国技术标准联盟；另一方面，也积极引导外国企业加入中国企业主导的技术标准联盟，如由大唐电信、南方高科、华立、华为、联想、中兴、中国电子、中国普天等 8 家企业发起的 TD—SCDMA 产业联盟，不仅推动了从通信系统设备到终端的国内企业间的合作创新，而且还有西门子、三星、德州仪器、意法半导体等国外企业的参与和合作创新。

另外，随着技术的发展和全球经济一体化的影响，企业联盟合作一体化开放创新也成为一种重要趋势。如谷歌等互联网公司一直注重创新，谷歌的创新很大程度上源于其享有盛名的 IT 基础架构和开放式的合作创新机制，谷歌花费数十亿美元打造了一个网络平台，开发了自己的专有技术，使其他企业能够快速开发和推广自己或者合作方设计的新服务；谷歌的平台实质上就成了一个合作创新枢纽，不同的企业或终端用户都可以到这里访问，开发出融合谷歌功能特色的新型应用产品；谷歌、其他创新企业、终端用户和广告商构成了一个创新"生态系统"，他们之间的积极互动形成了对各方都有利的良性循环；在开放式合作创新机制下，谷歌获得了最有利的创新优势和知识

---

❶ 万伦来，束学康．知识联盟与技术创新：以中国 3G 技术联盟中心为例 ［J］．中国科技论坛，2004（4）：36 – 39．

积累。

9.2.4 企业联盟合作创新弊端及克服手段

持续创新已成为企业保持可持续发展的必经之路，只有持续创新才能保持甚至超前于同样注重创新的竞争对手。基于企业联盟进行的合作创新不但能节约创新成本，分散创新风险，提高创新效率，而且具有一体化企业所无法比拟的灵活性，因为合作创新可以在成员企业的优势领域间进行知识互补，实现技术及其他知识资源的快速调用与整合。但基于企业联盟的合作创新也有其弊端，主要表现在以下几个方面。

1. 成员企业间会产生合作依赖

虽然企业联盟的动机是通过知识互补、共同学习等方式，提高成员企业的知识创新能力，从而提高企业及其联盟的竞争力。但在合作创新中，如果成员企业不注重内部创新能力的培养，则永远不能学习和掌握核心技术层面的知识，最终会受制于人，难以切实提高自身的知识能力和竞争力。如中国有不少企业在同国外企业联盟进行合作创新中不但没有提高自身的能力，反而因缺乏知识保护意识而丧失了自主性创新能力，甚至威胁了中国传统产品品牌的经营；一些较严重的，还可能危及国家经济利益和安全。如 20 世纪 80 年代，中国的景泰蓝制作技术、"英雄"与"金星"不锈钢笔套的抛光技术、诸多中药制作技术、宣纸制作技术、湖南龙须草席等传统技艺和技术等，都是国内企业在与国外企业联盟与合作创新过程中泄露的，这些应该给国人以警示。

因此，成员企业在合作创新过程中，一定要避免合作依赖，合作创新的最终目标是要提高自身的自主创新能力；同时在合作创新过程中，要有一定的核心知识保护意识，掌握好知识共享与知识保护之间的平衡，争取通过合作增加自身的核心知识能力，提高自身的知识管理能力，为自主创新奠定好基础。对于国家来说，如果本国企业与国外企业结盟进行合作创新，应为其合作伙伴的选择、技术的合作等提供相应的指导性服务，为国内企业的创新起到保驾护航的作用。

2. 会产生权利纠纷影响进一步合作的发展

基于企业联盟的合作创新成果虽然是成员企业间共同的知识，甚至可以共同申请专利的形式来获得保护，但难免存在利益分配机制不健全等问题，这会产生权利纠纷影响进一步合作的发展。虽然 2008 年第三次修订的《中华人民共和国专利法》第八条和第十五条有相关规定：两个以上单位或者个人合作完成的发明创造、一个单位或者个人接受其他单位或者个人委托所完成的发明创造，除另有协议的以外，申请专利的权利属于完成或者共同完成的单位或者个人；申请被批准后，申请的单位或者个人为专利权人，专利申请权或者专利权的共有人对权利的行使有约定的，从其约定；没有约定的，共有人可以单独实施或者以普通许可方式许可他人实施该专利；许可他人实施该专利的，收取的使用费应当在共有人之间分配等；但对收益权的分割却没有进一步的规定和说明。而在现实生活中，有些企业联盟合作创新的参与者通常不限于两家企业，若参与合作研发的企业有多家、研发人员又系团队，在此情况下，有关问题更加复杂。❶

在合作研发中，为避免权利纠纷，企业联盟及其成员企业之间事先应有相关的协议约定。即使没有相关的协议约定，应强调知识共享和知识创新精神，协商解决好相关的纠纷。如果权利纠纷影响了企业联盟关系，高层次的知识共享将不可能发生，这势必进一步影响到合作双方的利益。

9.3　知识共享型企业联盟的共生稳定性分析❷

企业联盟在获取和创造知识方面，具有学习方式灵活、效率高等优势，是企业之间进行合作创新与提升整体竞争力的一种最重要的制度安排。但是，由于受各种因素的影响，企业联盟中存在合作风险和不稳定的情况。大量的实践调查研究发现，企业联盟不稳定或者瓦解的比例高达 70%❸。企业联盟稳定性的研究因而成为学术界关注的重要问题，许多学者曾运用交易费用理论、网络理论、社会学理论与博弈论等工具展开研究。如在应用博弈论的相关研究中，大多将联盟体的建立看作是一个重复博弈的过程，认为成员企业在多次重复博弈中会产生合作意愿，长期联盟合约能够产生合作效应，而短

❶　孙敏洁. 合作研发中的专利共有新探［J］. 兰州学刊，2011（8）：107 – 113.

❷　易菲，龙朝阳. 知识联盟的共性隐定性分析［J］. 情报理论与实践，2011（2）：13 – 16.

❸　DACIN M. T. , HITT M. A. , LEVITAS E. Selecting partners for successful international aliances: examination of U. S. and Korean firms［J］. Journal of World Business, 1997（1）：3 – 16.

期联盟合约则会产生竞争效应，导致机会主义行为和联盟的不稳定。事实上，企业联盟作为一个群体行为的结果，实质上是一个利益共生体，它的建立不仅仅是一个重复博弈的过程，更是一个博弈演进的过程。基于利益共生的视角，可以发现企业联盟在知识共享基础上进行的合作创新，能提高知识共享层次，促进企业联盟内各成员企业间关系的发展，增加企业联盟的共生稳定性。

9.3.1　共生稳定性基础与效应

共生的概念最早由德国生物学家德贝里（Anton de Bary）于 1879 年提出，它是指在生物群落中，两物种相互有利的共居关系，彼此之间有直接的物质交流，相互依赖与获利。如犀牛和牛鹭共生的故事就很有启发性：犀牛是一种独居动物，它有庞大的身躯及暴躁的脾气，是一种很不好惹的危险动物；牛鹭则能与它朝夕相处，通过啄食犀牛皮肤内藏着的寄生虫，既能填饱肚子，又能清洁犀牛的身躯，使之免于病患；犀牛由于头脑迟钝，视觉差，当遇到敌害时，总是停在它身上的牛鹭最先惊觉，牛鹭的警报往往能使犀牛免受突然袭击。袁纯清在《共生理论——兼论小型经济》一书中将生物学的共生现象引申到人类社会的管理与发展领域，并认为其共生现象就是共生单元之间在一定共生环境中按某种共生模式形成的关系。这样，知识共享型企业联盟的共生现象就是成员企业在联盟环境中因知识共享而形成的。其组建的根本目的就是共享知识与知识创新所产生的收益。从知识共享型企业联盟的产生目的、合作伙伴的甄别确定、知识创新的过程以及创新收益等都涉及联盟各方的利益，成员企业自从组建联盟时起就构成一个共生组织，在知识共享过程中有着共同的利益和目标，并且息息相关。因此，知识共享型企业联盟可看作是一个利益共生体，各成员企业互相促进、互惠共生，可以获得更为广阔的生存发展空间。

1. 共生稳定性基础

企业联盟知识共享动因源于成员企业间的共同利益诉求、知识共享成本——收益的安排考虑等因素，但知识共享能否促进企业联盟的持续发展，还取决于成员企业间知识共享的目标实现情况、能否通过知识共享实现成员企业间的知识互补与竞争优势相长等因素。

企业联盟内的成员企业间之所以需要进行知识共享，是因为彼此的知识具有互补性。一般来说，成员企业间的相似性越少，其互补性应越强。在企业联盟内，任何成员企业都应该拥有与企业自身经营优势方面相关的专有知识，而这些是其他成员企业的知识体系中没有的，但又是其他成员企业在发展过程中所必需的知识。同时，任何成员企业的知识与其他成员企业的知识要具有共同的基础和知识结构，使彼此之间可以认识、理解和学习对方的知识，并有可能吸收相关知识以不断完善自身的知识体系。这样，在一定的企业联盟构架和知识共享协议的有效安排下，成员企业相互之间的知识体系应是相互影响相互作用的，这有利于减少其在知识管理方式和共享文化等方面的差异，甚至会形成企业联盟合作与知识共享的文化氛围等。

2. 共生稳定性效应

企业联盟这种利益共生体，其共生稳定性效应主要体现在三个方面：①协同竞争。在生物群落中，共生的有机体相互依赖和协调，能高效率地使用物质和能量，表现出较强的协同性，共生单元之间极少为争夺有限的资源进行竞争。知识共享型企业联盟体现为两个或多个企业间密切的协作关系，其目的是为了获取依靠单个企业的力量所无法获取的双边或多边相容的目标，因此联盟具有"协同"性。企业通过组建联盟可以促使企业间知识进行内部化转移，提高单个企业乃至整个联盟的竞争能力，在企业联盟内部各成员企业都有相互合作而共享知识的意愿和动因。但与一般共生体不同的是，联盟内的各成员企业间又具有"竞争"性。知识共享涉及知识主体的利益分配，成员利益的异向性决定了成员企业间又有相互排斥和知识保护的倾向以及机会主义动机，在自我效用最大化的驱动下，各成员企业难免采取投机行为，获取不对等或不公正的联盟利益，进而破坏联盟体的稳定性。在知识共享型企业联盟内，企业间合作的实质就是一个协同竞争、渐次博弈的过程。②适应性学习。所谓适应性学习，是指有限理性的动物逐步改良基因以适应环境的行为。这样的行为建立在以往的经验基础之上，通过多次的选择与反复使相关行为选择最优化。共生种群的适应性学习能使其更好地适应所生存的环境，同时又协调着它们之间的关系，促进群落的持续成长。对于联盟中的成员企业而言，虽然其理性程度高于动物，然而在现实中人类无法做到完全理性的决策。当社会经济环境和决策问题较复杂时，人的理性局限非常明显。成员企业的知识共享是一个多次合作的过程，上一次合作的成效决定了下一次合作的意向与策略，决定某一合作项目能否获得成功以及进一步的深化。

面对复杂多变的市场环境，以及企业协同竞争的复杂性，共享主体往往不能立刻寻找到最优的策略，而是在多次合作过程中通过对他人行为的模仿学习逐步调整策略，并不断地纠正错误，以更好地适应其所生存的环境，从而促进企业自身以及联盟的持续发展。换言之，知识共享型企业联盟稳定状态的形成过程，其实就是其成员企业适应性学习的动态演进过程。③知识聚合。一般物质资源会因为人类利用和消费而消耗掉其价值，或实现其价值的转移。知识资源不同于物质资源，它具有历时性共享和共时性共享相统一的特点，可以供不同的主体或同一主体长期使用与反复利用，也可以供不同主体同时利用；而且不会随着共享利用的范围变化而影响其价值，有时甚至会因为共享利用范围的扩大而实现知识增值。这对于企业联盟而言，不同企业的知识在成员企业间共享，突破了各成员企业自身的知识利用限制，扩大了知识的传播范围，使知识资源在更大范围内得到有效配置，可使联盟产生 $1+1>2$ 的效果，实现知识共享的规模经济、范围经济和价值增值等。这样的知识共享不只是彼此知识的交换和共同利用，而是可能产生新知识的良性循环；当知识创新达到一定程度时，企业联盟的知识体系可实现从量变到质变的飞跃。

9.3.2　共生稳定性的模型建构与分析

在自然界中处于同一环境下两个或多个种群相互依存而共生的现象是很普遍的。生物学和生态学研究表明，自然界许多共生的生物种群在漫长的进化过程中逐渐完善了其功能，具备更好的环境适应性与稳定的结构。在这一自然选择过程中，增加物种进化适应度的动物行为才是共生稳定的。物竞天择、适者生存的进化法则有助于人们理解物种共生行为乃至人类社会联盟行为的本质。根据知识共享型企业联盟共生性的上述特点，进化博弈理论在研究联盟行为上有着良好的适用性。下面我们建立某一联盟内的成员企业知识共享的进化博弈模型来探讨其稳定性，以把握其共生的本质、运行模式和稳定性条件等。

1. 模型建构

为了便于分析，我们在构造模型时不考虑贴现，并假设行为主体的风险偏好是中性的。依照上文的分析，模型基于下述三条基本假设：①利己主义（Egoist）。企业联盟中的成员企业是自利的，由于竞争性，成员企业在做出知识共享决策时首先会考虑自身利益，以追求自身利益的最大化为前提。②相互依存（Interdependence）。成员企业作为联盟体的共生单元，在考虑自身利益的同时，必须考虑其他合作伙伴的反应，将合作伙伴的反应方式纳入最优行动策略之内。③适应性学习（Adaptive learning）。成员企业的行为是有限理性的，它们根据过去的经验和博弈结果来指导当前的行为并做出判断，在不断重复的博弈中学习与成长。

西蒙尼·伯纳德（Bernard Simonin）指出企业联盟内的各成员企业知识共享是一种对称的和均衡的交互过程[1]。模型中我们不妨忽略各成员企业的核心竞争力与知识倍增能力的差异，联盟中的成员企业是同质的，由此构成一个成员企业知识共享的对称结构的博弈。如果成员企业凭借自身知识来自我创新获得收益 R_0，各方共享知识能够得到知识的倍增价值为 $ER - R_0$，则 ER 是合作所带来的预期收益。由于成员企业间知识共享与技术合作存在一定的风险，我们将其表示为 $ER = \sum PiRi$。这样成员企业间的合作需要投入成本 C，若一方不合作则获得自我创新的收益 R_0 和对方合作的知识外泄收益 F。此时采取合作行动的另一方虽有成本损失，但由于表露了自己是合作者的类型，因此能获得更好的发展机会 D。发展机会 D 取决于企业对共享收益的预期，通常有 $D = d * ER$（$0 \leq D < C$）。其中的机会主义行为会使合作方发生成本损失，若企业联盟存在利益补偿机制，则给予一定比例的补偿 B，$B = b * C$（$0 \leq b < 1$），b 的值反映了企业联盟整体对成员企业的权益保障力度。企业联盟内各方的收益矩阵可用表 9 – 1 来表示。

表 9 – 1　企业联盟内各成员企业的博弈矩阵

	共享	不共享
共享	$ER - C$, $ER - C$	$B + D + R_0 - C$, $R_0 + F$
不共享	$R_0 + F$, $B + D + R_0 - C$	R_0,　　　　　　R_0

一般来说，企业联盟主要面临着两种不确定性：未来变化的不确定性和各成员企业对未来变化反应的不确定性。上述模型假设能较好地反映这两种不确定性：合作收益的不确定性与成员企业反应的不确定性。企业联盟中的各成员企业为了谋求自身利益最大化，面对这两种不确定性带来的潜在利益冲突，不得不考虑知识交流的风险和代价。此外，我们在模型中考虑了合作

[1]　BERNARD SIMONIN. Ambiguity and the process of knowledge transfer in strategic alliances [J]. Strategic Management Journal, 1999 (7)：595 – 623.

行为的声誉机制（引入合作行为的发展机会 D）。联盟中成员企业的知识共享是一个多次重复的动态演进的博弈过程，必须强调历史的重要性和博弈的路径依赖性。成员企业在合作共享过程中必须考虑过去的合作情况和诚信记录，寻找有良好诚信记录和声誉的主体合作，同时也会对实行欺诈的相应企业主体产生某种排斥心理。在这种情况下，成员企业的合作行为具有正的外部效应，会在企业联盟内建立一种声誉机制，这在一定程度上为企业赢得了合作与竞争优势。

2. 模型分析

首先考虑没有利益补偿机制的情况。这时 $B = 0$，而 $D + R_0 - C < R_0$，由此可知，若企业联盟内的某一方不共享，由于其他合作方将付出一定的共享成本，合作的收益不抵自我创新，因此（不共享，不共享）将是博弈的纳什均衡。

在一定的企业联盟内，成员企业间知识共享的主要动机是获取伙伴的互补性资源，以期取得知识共享的倍增价值 $ER - R_0$。由于企业知识共享过程是一个多次沟通的重复博弈，一旦合作中的某一方发现对方的背信行为，就不会再进行合作。因此，一般来说，不合作方采取搭便车行为获得的知识外泄收益 $F < ER - R_0$。给定 F 的值，在没有利益补偿机制的情况下，双方能否走向合作共赢的局面取决于共享成本 C。如果 $C > ER - R_0 - F$，则不管对方采取何种行动，共享的收益总是低于不共享，（不共享，不共享）将成为博弈唯一的纳什均衡。在这种情况下，企业联盟必然走向解体。

相反地，若 $C < ER - R_0 - F$，则（共享，共享）成为模型的另一个纳什均衡。上述 $C + F$ 即为企业选择合作策略的潜在损失。由此说明，如果企业选择共享的潜在损失小于知识共享的倍增价值，"共享"就是可以考虑的策略。这时由于模型存在两个纯策略纳什均衡，它同时还存在一个混合策略纳什均衡，企业联盟中的各方都以一定的概率决定是否共享自身的知识。在这种情况下，企业联盟是不稳定的。

如果企业联盟能针对合作各方的利益损失给予一定的补偿 B，若 $B + D < C$，则情况仍同上。如果知识共享的成本足够小，预期收益足够大，使得 $B + D > C$，在这种情况下，当 F 满足 $F < ER - R_0 - C$ 时，实施共享是各成员企业的占优策略，各成员企业能够达到（共享，共享）的相应均衡，由此形成了一个稳定的企业联盟。

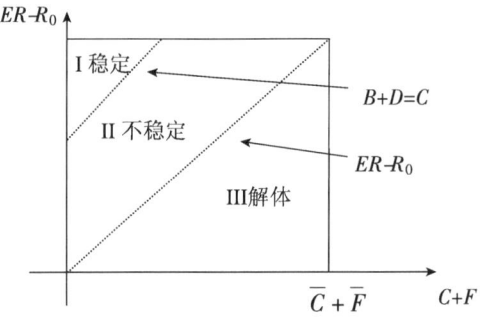

图 9 - 1   企业联盟的共生稳定性条件

从上述分析可以看出，除了利益补偿机制产生的差异外，企业联盟内的共享知识成本、知识外泄风险与倍增价值是决定企业联盟稳定性的关键因素。给定 R_0、d 和 b，若实施共享的潜在损失上限为 $\overline{C} + \overline{F}$，上述结果可用图 9 - 1 中三个不同的区域表示。

其中区域 I 说明在有限的知识外泄风险下，知识共享的成本足够小，而企业联盟内的各成员企业对知识共享收益有良好的预期，企业联盟能够达到相互共享的稳定均衡。而区域 III 则相反，共享成本高、知识外泄风险大而预期的共享增值低，知识共享缺乏吸引力，没有成员企业会共享自身的知识。在区域 II 的情况下，相互共享能够使成员企业获得较好的合作收益，但却存在其他成员企业失信的机会主义行为风险，这时成员企业只有在观望中行动，相机抉择。这种情况更具代表性。进行企业联盟稳定性研究的目的就是要找出影响企业主体合作行为的因素，实施相应的对策，促使观望者加入合作者的行列。区域 I 和区域 III 的博弈结构较为简单，下面我们讨论区域 II 的情形。

由于企业联盟内的各成员企业是在相互交流中学习的，在多次沟通中实现合作目标，区域 II 的情况更能体现企业联盟共生进化的本质。设 x 为初始状态选择共享行为的企业比例，考虑博弈进化过程的复制动态方程：

$$F(x) = \frac{dx}{dt} = x(1 - x)[x(ER - C - R_0 - F) + (1 - x)(B + D - C)]$$

求出方程的三个稳定状态点，分为：

$x_1 = 0$，$x_2 = 1$，$x_3 = (C - B - D) / (ER - R_0 - F - B - D)$。不难验证，$F'(0) < 0$，$F'(1) < 0$，$F'(x_3) > 0$。因此 $x_1 = 0$，$x_2 = 0$ 是博弈的进化稳定策略（ESS），$x_3 = (C - B - D) / (ER - R_0 - F - B - D)$ 不是博弈的进

化稳定策略。于是在进化过程中联盟能够达到稳定状态（共享，共享）的可能性为：$p^* = 1 - (C - B - D)(ER - R_0 - F - B - D)$，即：

$$p^* = (ER - R_0 - F - C)/(ER - R_0 - F - B - D) \cdots\cdots\cdots\cdots(1)$$

考察（1）式，我们可以得出影响知识共享型企业联盟稳定性的几个关键要素：

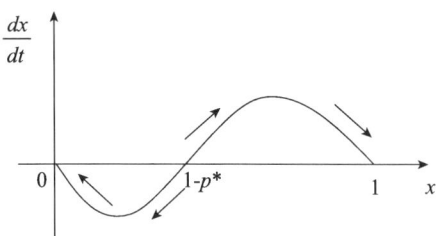

图 9 – 2　企业联盟不稳定状态的演变过程

第一，若企业联盟中初始选择共享策略的企业比例 $x > 1 - p^*$，则该企业联盟能达到稳定合作的纳什均衡。其演变过程可用博弈的复制动态相位图表示（见图 9 – 2）。由此可见，各成员企业的知识共享意愿直接决定企业联盟的稳定状态与共赢效果。

第二，除了知识共享意愿外，还有一些其他因素影响企业联盟的稳定状态，从而能使博弈后达到合作均衡的概率 P^* 不断增加。就（1）式对其各变量求导，易见有：$dp^*/d(ER) > 0$，$dp^*/d(ER - R_0) > 0$，$dp^*/dD > 0$，$dp^*/dB > 0$，$dp^*/dF < 0$，$dp^* dC < 0$。因此，企业联盟内的各成员企业实施知识共享的预期收益或倍增价值越大、权益保障力度越大、共享成本与知识外泄风险越小，企业联盟越能达到合作共赢的稳定状态。

上述各要素不是孤立作用，而是相互联系。各成员企业能否产生共享意愿并付诸积极的共享行动，取决于它对实施共享产生的利弊权衡，即对知识共享风险与收益之间的权衡。共享收益取决于成员企业间资源的互补性、成员企业的组织学习能力及其对共享成本的控制，共享风险则来源于共享收益的不确定性与伙伴采取机会主义行为所产生的知识外泄损失。由于企业联盟内的各成员企业是独立的经济实体，成员企业间总存在利益的异向性，相比知识共享的收益不确定性风险，成员企业协同上的关系风险更为突出和关键。良好的权益保障与信任环境无疑成为促进企业联盟内各成员企业关系良性发展的决定性因素，这也是促成企业联盟共生稳定性的决定性因素。

9.3.3 结论与可行性建议

上述分析表明，由于企业联盟内各成员企业存在利益的异向性，在一个信息不完全的合作环境中，企业联盟体内总会存在投机风险，进而危及到企业联盟的稳定性。但知识共享型企业联盟作为一个利益共生体，同样由于利益的驱动，在一定条件下，联盟内的成员企业能够从合作中相互学习、增进信任，在渐次博弈过程中趋于合作共赢的稳定状态。其中的关键是需要一个良好的权益保障环境与信任结构。

权益是企业联盟内部的支配权利和收益，企业联盟的特殊关系是建立在由一系列契约界定的权益分配的基础上的。权益的公平性无疑需要契约和制度来保障。企业联盟内的各成员企业间的信任则不仅需要以契约和制度为基础，更需要成员企业具有共同的价值理念与文化认同。因此，要使各成员企业积极参与知识共享并取得良好成效，一方面需要合理设计企业联盟合作的战略架构，确立和利用正式的程序和组织规则去监控和激励诚信行为，保护各成员企业的正当权益；另一方面，需要依赖于价值、文化和目标的内化去鼓励成员企业增进合作，立足于建立一个良好的联盟伙伴关系，寻求一个知识共享与保护的合理平衡。具体措施如下：①合理安排企业联盟的合作战略架构。合作战略架构是联盟内各成员企业知识资源状况和控制权在各成员企业间的战略配置结构。它将各成员企业联结在一起，决定着企业联盟组织的生命力及其知识共享的成效。合理安排企业联盟战略架构的目的就是要建立起公平公正的权益保障环境，避免成员企业之间的潜在竞争，减少企业联盟内的不稳定因素。首先，需要科学设计企业联盟的组织形式与治理结构。当企业联盟内的伙伴关系风险高于内部绩效风险时，应采用股权型联盟。其次，需要一个完备的契约，这能够在成员企业间的知识共享过程中起到基础性保障作用。在企业联盟建立之初应明确联盟知识共享的宗旨和目的，对知识交换和利用制定明确的条款，规范成员企业的行为。划定各成员企业的权利与义务，明确各自承担的责任和风险，明确界定合作过程中产生的知识产权成果的权利归属，有效地降低成员企业间的关系风险。最后，要做好企业联盟的利益分配、组织协调与投机行为防范措施，可视情况采取单向或双向质押的方法，提高成员企业退出企业联盟的成本，防止机会主义行为的发生。②建立良好的联盟伙伴关系。要采取有效措施提高联盟伙伴的信任水平，这是消除歧见、提高知识共享效率的有效途径。首先，企业联盟协议的明确化是增强彼此信任关系的有效方式，信誉档案与信用评级机制的建立有助于建立成员企业自身的合作信用，促进成员企业之间产生信任机制，自觉参与知识共享活动。其次，要塑造企业联盟文化，促进各成员企业文化的融合，这有助于提高联盟伙伴的信任水平。如建立一个重视知识、强调创新的相互信任、相互学习的企业联盟文化，可以缩小成员企业的认知差异，减少关系风险的同时降低共享成本。具体实施上，可以进行跨文化培训，鼓励非正式接触，促使企业联盟内的各成员企业相互提高行为和决策的透明度，使各种文化在企业联盟中相互渗透与交融，形成融汇一体的企业联盟文化。最后，要加强沟通，培育共同愿景。信任关系的建立需要有效的沟通，需要形成良性互动。企业联盟应建立多样化的知识共享流程和次级合作网络平台，拓展成员企业的思想交流领域及沟通机会，以增进相互了解和信任。③寻求知识共享与保护之间的合理平衡。企业联盟中的知识共享并不是将各成员企业的所有知识进行共享，而是根据各成员组建企业联盟时的约定或企业联盟运行过程中的需要来确定共享知识的范围。企业联盟中的成员企业总是在"努力学习"和"尽力保护"之间保持平衡，一旦失去平衡，企业联盟的稳定性就会受到破坏，甚至导致企业联盟瓦解。因此，企业联盟成员在确定合作边界时必须非常谨慎，既要确保自己在企业联盟中能接触到所需要的知识，又要避免核心知识的过量外流。一方面要遵守约定，诚信协作，提升自身的学习能力，加快知识整合和知识创新的速度，提高自身知识共享的效率。另一方面，需要加强对本企业契约外关键资源的保护，仔细确定信息与知识的共享范围，合理控制知识流动，设立风险防范措施，避免自身核心知识的流失，寻求知识共享与保护之间的合理平衡。

结　语

　　本书研究过程中主要取得以下几个方面的成果：①较系统地分析基于企业联盟知识共享的基础理论问题。从知识共享的可行性和必要性两个方面分析基于企业联盟的知识共享动因。相对于单一企业内的知识共享，分析了基于企业联盟的知识共享特点，提出企业联盟内生型为主的知识共享目标和外生型为主的知识共享目标，围绕着知识共享目标，分析联盟内成员企业间的知识共享过程，企业联盟整体与外界环境之间的知识共享过程等。②较全面地分析基于企业联盟知识共享的影响因素，特别是在系统论的视角下，运用因素关联法等，分析影响企业联盟知识共享的知识共享主体、知识共享客体、企业联盟内部环境、企业联盟外界环境四个方面的影响因素及其交互特征。③较完整地构建基于企业联盟的知识共享模式与策略等。这是本课题研究的重点。在以共享主体为主要分类标准的前提下，从共享意愿、共享机制、共享层次、共享范围、共享客体等方面进行共享模式的分析。从企业联盟知识库建设与共享、企业联盟隐性知识挖掘与共享、企业联盟知识共享网络构建与演化、企业联盟知识地图的构建与应用等方面分析共享策略。④在系统论的视角下，分析基于企业联盟的知识共享冲突及保障问题。企业联盟的知识共享冲突主要发生在联盟内的不同利益主体之间，主要表现为联盟内不同成员企业之间的利益冲突，在分析企业联盟体内的知识共享冲突及其协调基础上，又分析企业联盟与外界环境之间的知识共享冲突及其协调问题。为了减少甚至尽量避免知识共享冲突，需要相应的共享保障，并从相应的制度保障、组织结构保障、文化保障、服务保障等方面分析企业联盟知识共享可持续进行的保障。⑤分析知识共享对成员企业及其联盟整体的影响，研究知识共享型企业联盟的发展，指出在知识共享的过程中，企业的知识能力会得到相应的发展；企业联盟会在知识共享的基础上进行合作创新，提高知识共享层次；企业联盟内各成员企业间的关系因为知识共享的深入发展也会越来越紧密，并呈现出一定的共生稳定性。

本书研究内容特色主要体现在：①力图克服过去只注重单一企业内部知识共享这一研究思路的不足，而是基于企业联盟的视角，以提升企业联盟整体的知识能力和竞争力为切入点，从企业知识共享需求出发，以基于企业联盟的知识共享目标为主线，在理论和实践相结合的基础上，研究企业联盟内外部知识共享的相关理论与实践发展问题。②探求图书情报界与企业界在知识共享问题上的联系与区别。图书情报界有关知识共享问题的研究主要以一定的信息资源为基础，更侧重于显性知识共享研究，本研究既立足于非营利性的图书情报机构间的合作与显性知识共享服务问题；又结合企业知识管理与共享的特点，企业界除了共享利用显性知识外，更需求与重视隐性知识的共享利用。③以企业联盟为切入点，首次分析单一企业知识共享与企业联盟知识共享的联系与区别，并提出基于联盟的知识共享既包括联盟内部成员企业间的知识共享，又包括企业联盟与外界环境当中的某些共享主体进行的知识共享，表现为基于联盟整体需求的知识共享和基于联盟整体供应的知识共享。在此基础上提出企业联盟内生型为主的知识共享目标和外生型为主的知识共享目标，其中两种知识共享目标是相互影响的，甚至在一定条件下会发生相应的转化，最终都要较好地提升企业联盟内部的知识共享能力。并以共享目标为主线，从共享过程、影响因素、共享模式、共享策略、共享冲突、共享保障等方面进行了系统研究。④基于企业联盟这一组织形式，提出在竞争与合作的共同作用下除了需要促进成员企业间的知识共享外，还需要促进企业联盟与外界环境进行知识共享，从而通过知识共享实现成员企业、企业联盟、社会共赢的问题，分析知识共享过程中的冲突表现、原因及协调对策，并从企业联盟及其知识共享的持续发展角度，系统分析基于企业联盟的知识共享保障问题。⑤指出基于企业联盟的知识共享要形成从低层次到高层次知识共享的良性循环，从基于企业联盟的知识共享需求出发，提出知识共享的最终目的是要促进知识创新，这才能保持企业联盟的共生稳定性。

在研究的过程中，我们力图借鉴已有的研究成果，发现新的研究思路。但由于研究团队学识水平和研究条件的限制，本书的有些研究范围还须进一步扩展与提升，如对于知识共享制度等还只局限于一般性的分析，还缺少实际应用的检验，还不能为企业及政府决策等提供支持。这也是今后需要继续努力的方向。有些研究内容，特别是共享策略问题等，还有待结合企业联盟内外部的知识共享实践进一步完善和充实。尤其要加强更多研究方法的应用，如在知识共享效率的研究过程中，我们设计问卷并征询有关专家的意见，进行了小范围的调查，但由于企业联盟知识共享效益包括了经济效益和社会效益，难以用具体的财务指标进行衡量，有些还涉及了企业的商业秘密等，问卷及实地调查难以很好地继续开展。因此，本书的研究内容还需不断完善和拓展，有些理论观点还不是很成熟，如对知识共享模式、共享保障的提法和分析等还有待各位专家及同仁的赐教和匡正。

参考文献

（一）中文参考文献

[1] 中华人民共和国国家标准．知识管理　第 1 部分：框架（GB/T23703.01—2009）［S］．北京：中国标准出版社，2009.

[2] 中华人民共和国国家标准．知识管理　第 2 部分：术语（GB/T23703.02—2010）［S］．北京：中国标准出版社，2011.

[3] 中华人民共和国国家标准．知识管理　第 3 部分：组织文化（GB/T23703.03—2010）［S］．北京：中国标准出版社，2011.

[4] 中华人民共和国国家标准．知识管理　第 4 部分：知识活动（GB/T23703.04—2010）［S］．北京：中国标准出版社，2011.

[5] 中华人民共和国国家标准．知识管理　第 5 部分：实施指南（GB/T23703.05—2010）［S］．北京：中国标准出版社，2011.

[6] 全国人民代表大会常务委员会．中华人民共和国专利法（2008 年修订）［Z］.

[7] 周九常等．图书馆知识转移与共享［M］．北京：知识产权出版社，2010.

[8] 史占中．企业战略联盟［M］．上海：上海财经大学出版社，2001.

[9] 包国宪．虚拟企业与战略联盟案例点评［M］．北京：中国人民大学出版社，2007.

[10] 陈菲琼．企业联盟的实现方式研究［M］．北京：经济管理出版社，2008.

[11] 银路．技术创新管理［M］．北京：机械工业出版社，2004.

[12] 袁纯清．共生理论——兼论小型经济［M］．北京：经济科学出版社，1998.

[13] 夏敬华，金昕．知识管理［M］．北京：机械工业出版社，2003.

［14］梁启华．基于心理契约的企业默会知识管理［M］．北京：经济管理出版社，2008．

［15］胡平波．网络组织合作创新中知识共享及协调机制［M］．北京：中国经济出版社，2009．

［16］付彦．知识共享型组织结构［M］．北京：经济管理出版社，2008．

［17］马亚男．知识联盟组织间技术知识共享的风险控制［M］．北京：中国经济出版社，2008．

［18］生延超．技术联盟创新系统理论与实证研究［M］．北京：经济科学出版社，2010．

［19］陈佳琪．技术联盟创新论——中外汽车工业联盟创新的理论与实践［M］．北京：经济科学出版社，2007．

［20］刘彦龙．中国企业战略联盟报告［M］．北京：中国经济出版社，2008．

［21］任志安．企业知识共享网络理论及其治理研究［M］．北京：中国社会科学出版社，2008．

［22］傅正华，等．我国技术转移的理论与实践［M］．北京：中国经济出版社，2007．

［23］黄贤涛，等．专利：战略　管理　诉讼［M］．北京：法律出版社，2008．

［24］李玉剑．专利联盟：战略联盟研究的新领域［M］．上海：复旦大学出版社，2006．

［25］李建蓉．专利文献与信息［M］．北京：知识产权出版社，2006．

［26］徐洁磐，等．知识库系统导论［M］．北京：科学出版社，2000．

［27］何振．电子政务信息资源的共建与共享研究［M］．北京：中国社会科学出版社，2009．

［28］黄杰．信息管理集成论［M］．北京：经济管理出版，2006．

［29］程焕文，潘燕桃．信息资源共享［M］．北京：高等教育出版社，2004．

［30］《环球企业家》杂志社．共享——跨国公司与中国企业未来十年的领先之道［M］．北京：中信出版社，2005．

［31］肖沪卫．专利地图方法与应用［M］．上海：上海交通大学出版

社，2011.

［32］胡昌平，等．面向用户的信息资源整合与服务［M］．武汉：武汉大学出版社，2007.

［33］王伟军．企业信息资源集成管理［M］．武汉：华中师范大学出版社，2008.

［34］霍国庆，等．企业信息资源集成管理战略理论与案例［M］．北京：清华大学出版社，2004.

［35］周永红．以用户为中心的信息集成服务［M］．湘潭：湘潭大学出版社，2010.

［36］迈克尔·波兰尼．个人知识——迈向后现代哲学［M］．许泽民，译．贵阳：贵州人民出版社，2000.

［37］南希·狄克逊．共有知识：企业知识共享的方法与案例［M］．王书贵，沈群红，译．北京：人民邮电出版社，2002.

［38］迈克尔·波特．竞争论：全面升级版［M］．刘宁等，译．北京：中信出版社，2009.

［39］卡尔潘．全球企业战略联盟：模式与案例［M］．吴刚等，译．北京：冶金工业出版社，2003.

［40］竹内弘高，野中郁次郎．知识创造的螺旋［M］．李萌，译．北京：知识产权出版社，2006.

［41］野中郁次郎，竹内弘高．创造知识的企业——日美企业持续创新的动力［M］．李萌，译．北京：知识产权出版社，2006.

［42］PREECE, J. 等．交互设计：超越人机交互［M］．刘晓晖等，译．北京：电子工业出版社，2003.

［43］彼得．F. 德鲁克．新型组织的出现［M］//知识管理（《哈佛商业评论》精粹译丛）．杨开峰等，译．北京：中国人民大学出版社，2004.

［44］金海，等．一种基于维基百科构建概念型知识地图的方法［P］：中国，201210006157. 2012 － 07 － 25.

［45］吴娜．基于专利联盟的企业间知识共享研究．硕士学位论文［D］．湘潭：湘潭大学，2012.

［46］王宏峥．中国高校机构知识库建设现状及对策研究［D］．硕士学位论文．湘潭：湘潭大学，2012.

［47］谢岱．高校图书馆信息咨询知识库研究［D］．硕士学位论文．湘潭：湘潭大学，2013．

［48］汪丁丁．知识沿时间和空间的互补性以及相关的经济学［J］．经济研究，1997（6）：70－77．

［49］蔡新霞．社会网络视角下的联盟企业知识转移分析［J］．齐齐哈尔大学学报（哲学社会科学版），2010（6）：36－39．

［50］张晓燕，李元旭．论内在激励对隐性知识转移的优势作用［J］．研究与发展管理，2007（1）：28－33．

［51］曹建东，等．组织内隐性知识传播的影响因素以及量化研究［J］．情报杂志，2007（8）：69－72．

［52］刘建清．战略联盟：资源学说的解释［J］．中国软科学，2002（5）：48－53．

［53］林慧岳，粟林芳．论知识分享［J］．自然辩证法研究，2002（8）：43－46，55．

［54］刘芹，陈继祥．粘滞知识形成的影响因素及对策研究［J］．情报科学，2007（5）：776－779．

［55］张晓燕，李元旭．论内在激励对隐性知识转移的优势作用［J］．研究与发展管理，2007，19（1）：28－33．

［56］韩庆峰，刘立民．影响隐性知识显性化的成本因素分析［J］．情报杂志，2004（1）：23－25．

［57］唐建生，和金生．组织学习与个人学习的知识发酵模型研究［J］．科学管理研究，2005（1）：86－88．

［58］王林军．论知识型企业的隐性知识管理策略［J］．经济视角，2010（1）：43－45．

［59］孙阳阳，王守宁．企业隐性知识共享的障碍及对策研究［J］．情报科学，2009（9）：1339－1343．

［60］周和荣，等．组织内非正式隐性知识转移机理研究［J］．科研管理，2008（9）：70－77．

［61］周芬，许纪校．管理咨询公司隐性知识管理研究［J］．华东经济管理，2008（5）：84－86．

［62］陈志军，许松．试论企业的隐性知识共享［J］．生产力研究，2007

（22）：128 - 130.

［63］李德琼．试论隐性知识的内涵、特征与管理［J］．情报探索，2008（4）：35 - 37.

［64］张生太，等．组织内部隐性知识传播模型研究［J］．科研管理，2004，25（4）：28 - 32.

［65］原欣伟，等．基于正式结构与非正式网络的企业内部知识共享优化方法［J］．管理学报，2012（8）：1196 - 1202.

［66］徐海峰．企业联盟迎接成本挑战［J］．技术与创新管理，2012（6）：660 - 663.

［67］李摇健，金占明．战略联盟内部企业竞合关系研究［J］．科学学与科学技术管理，2008（6）：129 - 134.

［68］杨伟，等．学习型联盟企业间和谐状态、竞合导向以及联盟知识获取关系研究［J］．情报杂志，2010（10）：134 - 137.

［69］李国津．跨国公司的战略联盟及其对我国企业国际化经营的启示［J］．南开学报，1994（6）：31 - 36.

［70］王良，等．转型业务流程外包中企业间竞合关系类型、知识共享与创新绩效关系研究［J］．科技进步与对策，2013（2）：1 - 7.

［71］谢永平，等．组织间信任、网络结构和知识存量对网络创新绩效的影响分析［J］．科技进步对策，2011（24）：172 176.

［72］王海花，等．开放式创新模式下组织间知识共享影响因素的实证研究［J］．科学学与科学技术管理，2013（6）：83 - 90.

［73］任旭，刘延平．对企业战略联盟内控制权的探讨［J］．中国国情国力，2009（1）：15 - 17.

［74］周城雄．隐性知识与显性知识的概念辨析［J］．情报理论与实践，2004（2）：127 - 129.

［75］王娟茹．隐性知识共享模型与机制研究［J］．科学学与科学技术管理，2004（10）：65 - 67.

［76］谭纯．我国手机阅读平台阅读内容调查分析与对策研究［J］．出版发行研究，2011（11）：59 - 62.

［77］姜文．从信息传递的视角看企业间知识共享过程的运行机理［J］．科技管理研究，2012（18）：151 - 154.

［78］汤建影，黄瑞华．研发联盟企业间知识共享的影响因素分析［J］．科技管理研究，2005（6）：63 – 66.

［79］金潇明，陆小成．知识经济视角下的产业集群螺旋型知识共享模型研究［J］．湘潭大学学报（哲学社会科学版），2010（2）：76 – 79.

［80］任声策，宣国良．专利联盟中的组织学习与技术能力提升——以NOKIA 为例［J］．科学学与科学技术管理，2006（9）：96 – 102.

［81］宁军明．知识溢出的机理分析［J］．科技与经济，2008（3）：22 – 24.

［82］王炳成，李洪伟．丰田生产模式的实现基础研究——供应商集群的视角［J］．技术经济与管理研究，2009（6）：120 – 124.

［83］张玉蓉，张旭梅．供应链中核心企业与供应商知识共享的分析与启示［J］．科学管理研究，2006（2）：117 – 120.

［84］范黎波．企业知识共享网络的创建和管理［J］．当代财经，2003（5）：70 – 73.

［85］罗仲伟，冯健．企业网络创新中的知识共享机制——丰田汽车的案例［J］．经济管理，2007（16）：66 – 71.

［86］龙静．产业集群知识转化的网络机制——丰田案例的分析与启示［J］．生产力研究，2008（17）：109 – 111.

［87］张玉来．产业政策与企业创新——日本汽车产业成功的启示［J］．南昌航空大学学报，2008（2）：25 – 32.

［88］叶璐，等．国外知识共享影响因素研究述评［J］．情报杂志，2010（7）：79 – 82.

［89］陈效林，施建军．联盟中知识获取与保护：联盟经验的作用［J］．现代管理科学，2010（2）：3 – 5.

［90］王珊珊，等．国外研发联盟研究述评［J］．科技进步与对策．2010，27（17）：153 – 156.

［91］蔺丰奇．技术联盟中技术合作效果的影响因素及对策研究［J］．科技管理研究，2007（8）：211 – 214.

［92］何瑞卿，等．基于知识外溢的合作研发知识产权风险及其影响因素分析［J］．科研管理，2007（4）：88 – 94.

［93］李卫东，刘洪．知识共享还是知识留存——企业研发人员管理激励

的新问题及其破解 [J]. 现代管理科学, 2008 (12): 6 – 8.

[94] 魏玮. 中小企业技术转移的公共服务措施研究——基于欧盟 IRC 计划 [J]. 电子知识产权, 2008 (10): 37 – 40.

[95] 王开明, 万君康. 论知识的转移与扩散 [J]. 外国经济与管理, 2000 (10): 2 – 7.

[96] 金辉, 等. 知识共享的激励机制分析——基于知识的可呈现度与知识共享形式 [J]. 大连海事大学学报 (社会科学版). 2010, 9 (6): 32 – 34.

[97] 阮思宇. 专利强制许可的正当性 [J]. 科技与法律, 2011 (2): 30 – 36.

[98] 肖夏. 环保专利共享法律制度研究 [J]. 时代法学, 2011 (2): 65 – 72.

[99] 芮明杰, 邓少军. 产业网络环境下企业跨组织知识整合的内在机理 [J]. 当代财经, 2009 (1): 69 – 75.

[100] 易菲, 龙朝阳. 联盟组织间知识共享效率的主体因素分析 [J]. 图书情报工作, 2010 (22): 98 – 101.

[101] 易菲, 龙朝阳. 联盟组织间知识共享的客体障碍因素分析 [J]. 图书馆论坛, 2010 (5): 76 – 78.

[102] 易菲, 龙朝阳, 周永红. 系统论视角下联盟组织间知识共享效率的影响因素与对策 [J]. 图书馆, 2011 (3): 28 – 30.

[103] 张睿, 等. 技术联盟组织间知识转移动因与类型研究 [J]. 情报杂志, 2010 (1): 143 – 146.

[104] 陈燕, 毛昊. 生物医药行业专利合作研发现状及政策建议 [J]. 中国科技投资, 2008 (2): 27 – 29.

[105] 李鸿波, 万希. 通过实践社团实现组织知识共享 [J]. 科技管理研究, 2006 (4): 176 – 178.

[106] 陈欣. 专利联盟研究综述 [J]. 科技进步与对策, 2006 (4): 176 – 177.

[107] 陈欣. 国外企业利用专利联盟运作技术标准的实践及其启示 [J]. 科研管理, 2007, 28 (4): 23 – 29.

[108] 余翔, 詹爱岚. 基于专利开放的 IBM 专利战略研究 [J]. 科学学与科学技术管理, 2006 (10): 81 – 84.

［109］郝振省等．中国版权相关产业的经济贡献研究［J］．出版发行研究，2010（6）：5－11．

［110］肖冬梅．版权的争取、让渡与公众信息权利保障［J］．中国图书馆学报，2006（4）：91－94．

［111］吕斌．视频网站再试版权合作［J］．法人，2009（4）：44－46．

［112］王建仁，等．基于业务流程生命周期的流程知识分类及管理［J］．情报杂志，2006（2）：72－74．

［113］贾福新．战略联盟演进中知识共享模式研究——以出版业为例［J］．物流技术，2009，28（5）：22－24．

［114］周晓宁，李永健．CKM 中客户知识的获取研究［J］．现代管理科学，2006（12）：11－13．

［115］周朴雄，周勇士．KCRM 系统中的客户知识资源体系构建［J］．图书情报知识，2004（5）：85－87．

［116］刘瑞旗．以商标为纽带实施企业扩张战略——恒源祥对战略联盟与跨国经营的新探索［J］．中华商标，1998（1）：18－19．

［117］张俊玲．机构知识库建设中存在的问题及对策［J］．湖湘论坛，2007（3）：60－61．

［118］张昌荣．明星企业的知识管理［J］．企业改革与管理，2008（10）：24－25．

［119］高刚毅．GIS 互操作研究［J］．计算机应用研究，2005（2）：90－92，95．

［120］郭强，施琴芬．企业隐性知识显性化的外部机理和技术模式［J］．自然辩证法研究，2004（4）：69－72．

［121］陈业华，等．产业集群隐性知识显性化研究［J］．科学学与科学技术管理，2010（7）：92－97．

［122］余光胜，等．知识属性、情境依赖、与默会知识共享条件研究［J］．研究与发展管理，2006（6）：23－29．

［123］倪蕙文．知识的非正式交流与灰色文献系统［J］．情报资料工作，2004（5）：23－25．

［124］文庭孝，等．知识网络及其测度研究［J］．图书馆，2009（1）：1－6．

［125］王众托. 无处不在的网络社会中的知识网络 ［J］. 信息系统学报，2007（1）：1 - 7.

［126］王文爽，韩正彪. 企业竞争情报人际网络关系模型的构建及应用 ［J］. 情报资料工作，2012（5）：30 - 35.

［127］樊治平，等. 知识协同的发展及研究展望 ［J］. 科学学与科学技术管理，2007（11）：85 - 91.

［128］马费成，都金星. 概念地图在知识表示和知识评价中的应用 （I）——概念地图的基本内涵 ［J］. 中国图书馆学报，2006（3）：5 - 9.

［129］吴才唤. 知识地图研究进展：从显性知识地图到隐性知识地图 ［J］. 图书情报知识，2012（6）：94 - 100.

［130］陈立娜. 知识管理中企业知识地图的绘制 ［J］. 图书情报工作，2003（8）：58 - 60，71.

［131］司莉，陈欢欢. 国内外知识地图研究进展 ［J］. 图书馆杂志，2008（8）：13 - 17.

［132］殷媛媛. 专利地图主要种类及表现形式 ［J］. 竞争情报，2009（秋季刊）：45 - 57.

［133］蒋国瑞，李阳. 我国汽车制造业知识地图的构建 ［J］. 商业时代，2007（1）：88 - 89.

［134］乐庆玲. V 型知识地图在企业知识管理中的应用研究 ［J］. 情报理论与实践，2007（5）：638 - 641.

［135］王曰芬，等. 情报研究中知识地图的应用探索 ［J］. 图书情报工作，2006（12）：83 - 87.

［136］秦铁辉，汪琼. 试论专家型隐性知识地图的构建 ［J］. 国家图书馆学刊，2007（2）：58 - 62.

［137］肖国华，等. 专利地图设计制作及影响因素分析 ［J］. 情报理论与实践，2007（3）：372 - 377.

［138］王珊珊，田金信. 基于专利地图的 R&D 联盟专利战略制定方法研究 ［J］. 科学学研究，2010（6）：846 - 852.

［139］宿慧爽，等. 企业研发合作伙伴选择综述：基于影响因素的视角 ［J］. 现代管理科学，2013（6）：48 - 50.

［140］吴鹏，苏新宁. 面向政府决策的知识挖掘 ［J］. 情报杂志，2006

（9）：45 – 47.

[141] 姜劲，等. 战略联盟的冲突问题研究 [J]. 数学的实践与认识，2007（6）：54 – 58.

[142] 文庭孝，陈能华. 信息资源共享及其社会协调机制研究 [J]. 中国图书馆学报，2007（3）：78 – 81.

[143] 李颖，等. 联盟合作中知识共享风险及防范策略研究 [J]. 图书情报工作，2010（4）：117 – 120.

[144] 任声策，陆铭，等. 专利联盟与创新之关系的实证分析 [J]. 研究与发展管理，2010（2）：48 – 53.

[145] 李鑫. 企业间人力资源共享的形成与发展趋势初探 [J]. 现代财经，2010（12）：57 – 61.

[146] 赵志泉. 战略联盟的存在机理及其生命周期管理 [J]. 技术经济与管理研究，2012（7）：80 – 83.

[147] 阮平南，李红. 基于生命周期理论的战略联盟演化分析 [J]. 武汉理工大学学报，2010（10）：180 – 183.

[148] 马亚男，朱爱辉. 知识联盟组织间知识共享不足风险的识别与衡量研究 [J]. 科技进步与对策，2008（5）：161 – 165.

[149] 周永红，等. OCLC 数字化信息服务发展经验分析 [J]. 情报杂志，2008，27（1）：136 – 138，141.

[150] 乔慧存. 企业联盟中的收购风险及对象选择 [J]. 世界经济与政治. 1996（6）：32 – 33.

[151] 张喜征，潘永强. 知识联盟中知识共享的开放水平研究 [J]. 财经问题研究，2010（1）：46 – 51.

[152] 王蔷. 战略联盟内部的相互信任及其建立机制 [J]. 南开管理评论，2000（3）：13 – 17.

[153] 邓胜利，张敏. 用户体验——信息服务研究的新视角 [J]. 图书与情报，2008（4）：18 – 23.

[154] 王传清. 基于战略联盟知识获取的企业核心竞争力建设——以日产汽车公司为例 [J]. 图书情报工作，2007（7）：14 – 17.

[155] 熊德勇，和金生. SECI 过程与知识发酵模型 [J]. 研究与发展管理，2004（2）：14 – 18.

［156］万伦来，束学康. 知识联盟与技术创新：以中国 3G 技术联盟中心为例［J］. 中国科技论坛，2004（4）：36 - 39.

［157］刘高勇，汪会玲. Web2.0 环境下信息服务的变革［J］. 图书情报工作，2009（7）：39 - 42.

［158］孙敏洁. 合作研发中的专利共有新探［J］. 兰州学刊，2011（8）：107 - 113.

［159］胡延平，刘晓敏. 知识联盟中知识共享的博弈分析［J］. 科技进步与对策，2009（7）：143 - 144.

［160］龚毅，谢恩. 中外企业战略联盟知识转移效果的实证分析［J］. 科学学研究，2005（4）：500 - 505.

［161］易菲，龙朝阳. 知识联盟的共性隐定性分析［J］. 情报理论与实践，2011（2）：13 - 16.

［162］刘笑妍. 我国企业战略联盟中存在的问题及对策研究［J］. 河北企业，2010（1）：47 - 48.

（二）外文参考文献

［163］NONAKA, L., TAKEUCHI, H. The knowledge creating company：how Japanese companies create the dynamics of innovation［M］. New York：Oxford University Press. 1995.

［164］T. H. DAVENPORT, L. PRUSAK. Working knowledge［M］. Boston：Harvard Business School Press, 1998.

［165］NANCY M D. Common knowledge：how companies thrive on sharing what they know［M］.［S. L］：Harvard Un iversity Press, 2000.

［166］CARLA O'DELL, CINDY HUBERT. The new edge in knowledge：how knowledge management is changing the way we do business［M］. Wiley, 2011.

［167］R COWAN, N JONARD, J B ZIMMERMANN. Evolving networks of inventors［J］. Journal of Evolutionary Economics, 2006（1）：155 - 174.

［168］CARL SHAPIRO. Navigating the patent thicket：cross licenses, patent pools, and standard - setting［J］. Innovation Policy and the Economy, 2001（1）：119 - 151.

［169］HAMEL CX. Competition for competence and interpartner learning within international alliances [J]. Strategic Management Journal, 1991 (12): 83 – 103.

[170] LEE, D. J., AHN, J. H. Rewarding knowledge sharing under measurement inaccuracy [J]. Knowledge Management Research & Practice, 2005 (3): 229 – 243.

[171] BABCOCK, P. Shedding light on knowledge management [J]. HR Magazine, 2004 (5): 46 – 50.

[172] PEDROSO M. C, et al. Knowledge and information flows in supply chains: a study on pharmaceutical companies [J]. International Journal of Production Economics, 2009 (1): 122.

[173] MINHAEVA D B. HRM Practices affecting extrinsic and intrinsic motivation of knowledge receivers and their effect on intraMNC knowledge transfer [J]. International Business Review, 2008 (17): 703 – 713.

[174] NARULA. R, J. HAGEDOORN. Innovation through strategic alliances: moving towards international partnerships and contractual agreements [J]. Technovation, 1999 (19): 283 – 294.

[175] K. L. CROCKER. Transaction cost determinants of unfair contractual arrangements [J]. American Economic Revies, 1991 (3): 356 – 362.

[176] PARKHE A. Strategic alliance structing: A game theoretic and transaction cost examination of interfirm cooperation [J]. Acadey of Management Journal, 1993 (36): 794 – 829.

[177] DAS T K, TENG B S. Instabilities of strategic alliance: An internal tensings perspective [J]. Organization Science, 2000 (11): 77 – 101.

[178] C K PRAHALAD, GARY HAMEL. The core competence of the corporation [J]. Harvard Business Review, 1990 (5): 79 – 91.

[179] CLAIRE R. MCLINERNEY. Mastering organizational knowledge flow: how to make knowledge sharing work [J]. Managing Knowledge Networks, 2010 (11): 2372 – 2374.

[180] NIELS – INGVAR BOER. Relational models for knowledge sharing behavior [J]. European Management Journal, 2011 (2): 85 – 97.

[181] HITT M A, DACIN M T. Partner selection in emerging and developed market contexts: Resource – baced and organizational learning perspectives [J].

Acadey of Management Journal, 2000 (43): 449 – 467.

[182] KEITH D. BROUTHERS, et, al. Strategic alliances: choose your partners [J]. Long Range Planning, 1995 (3): 18 – 25.

[183] RANJAY GULATI, et, al. Strategic networks [J]. Strategic Management Journal, 2000 (21): 203 – 215.

[184] DODGSON, MARK. Organizational learning: A review of some literatures [J]. Organization Studies, 1993 (3): 375 – 394.

[185] HSU I C. Enhancing employee tendencies to share knowledgease Studies of Nine Companies in Taiwan [J]. International Journal of Information Management, 2006 (4): 326 – 338.

[186] LUO Y. A coopetition perspective of global competition [J]. Journal of World Business, 2007 (2): 129 – 144.

[187] TSANG, E. A preliminary typology of learning in international strategic alliances [J]. Journal of World Business, 1999 (3): 211 – 229.

[188] BECERRA, LUNNAN, HUEMER. Trustworthiness, risk and the transfer of tacit and explicit knowledge between alliance partners [J]. Journal of Management Studies, 2008 (45): 691 – 713.

[189] DAS T K, TENG B S. Managing risk in strategic allians [J]. The Academy of Management Executive, 1999 (4): 50 – 62.

[190] PHANI TEJ ADIDAM, et al. Cross – cultural competitive intelligence strategies [J]. Marketing Intelligence & Planning, 2009 (5): 666 – 680.

[191] B. O' HAGAN, MILFORD B. GREEN. Tacit knowledge transfer via interlocking directorates: A comparison of Canana and The United states [J]. Geografiska Annaler, 2002 (1): 49 – 63.

[192] VOLKER MAHNKE. The economics of knowledge sharing: production and organization cost considerations [J]. California Management Revies, 1998 (11): 22 – 49.

[193] HANSEN M. T. The search – transfer problem: The role of weak ties in sharing knowledge across organization subunits [J]. Administrative Science Quarterly, 1999 (1): 82 – 111.

[194] CONNELLY C E, KELLOWAY E K. Predictors of employees' percep-

tions of knowledge sharing cultures [J]. Leadership & Organization Development Journal, 2009 (6): 294 –301.

[195] B. NOOTE. BOOM, V. A. GILSING. Density and strength of ties in innovation networks: a competence and governance view [J]. Ecis, 2004 (1): 1 – 44.

[196] KE W, WEI K K. Factors affecting trading partners' knowledge sharing: using the lens of transaction cost economics and socio – political theories [J]. Electronic Commerce Research and Applications, 2007 (3): 297 –308.

[197] CANNICEA M V, CHEN R, DANIELS J D. Managing international technology transfer risk: A case analysis in US high – technology firms in Asia [J]. Journal of High Technology Management Research, 2003 (2): 171 – 187.

[198] DAVID G B., RICHARD G., PETER P. Inter – firm sharing of process knowledge: exploring knowledge markets [J]. Knowledge and Process Management, 2002 (1): 12 –22.

[199] NONAKA I. Objectivit y and subjectivity in knowledge management: A Review of 20 top articles [J]. Knowledge and Process Management, 2006 (2): 73 –82.

[200] SHENG WANG, RAYMOND A. NOE. Knowledge sharing: A review and directions for future research [J]. Human Resource Management Review, 2010 (2): 115 –131.

[201] WALDEN A. Intellectual property rights and cannibalization in information technology outsourcing contracts [J]. MIs Quartery, 2005 (4): 699 –720.

[202] ANKLAM P. Knowledge management: the collaboration thread [J]. Bulletin of the American Society for Information Science and Technology, 2002 (6): 8 –11.

[203] VAIL III, EDMOND F. Knowledge mapping: getting started with knowledgemanagement [J]. Information Systems Management, 1999 (4): 1 –8.

[204] DUFFY J. Knowledge exchange at GlaxoWellcome [J]. The InformationManagement Journal, 2000 (3): 64 –67.

[205] DAS KUMAR. Interpartner harmony in strategic alliances: managing commitment and forbearance [J]. International Journal of Strategic Business Alli-

ances, 2009 (19): 24 – 52.

[206] FRANCESCO CILIBERTI. et, al. Codes to coordinate supply chains: SMEs' experiences with SA8000 [J]. Supply Chain Management: An International Journal, 2009 (2): 117 – 127.

[207] DANIEL ARIAS ARANDA, OSCAR BUSTINZA – SANCHEZ. Entrepreneurial attitude and conflict management through business simulations [J]. Industrial Management & Data Systems, 2009 (8): 1101 – 1117.

[208] FRITSEH, MIEHAEL, LUKAS, et al. Who cooperates on R&D [J]. Researeh Poliey, 2001 (13): 297 – 31.

[209] PRESCOTT C. ENSIGN. Innovation in the multinational firm with globally dispersed R&D: Technological knowledge utilization and accumulation [J]. Journal of High Technology Management Research, 1999 (2): 203 – 222.

[210] KEVIN ZHENG ZHOU, CAROLINE BINGXIN LI. How knowledge affects radical innovation: Knowledge base, market knowledge acquisition, and internal knowledge sharing [J]. Strategic Management Journal, 2012 (9): 1090 – 1102.

[211] DACIN M. T., HITT M. A., LEVITAS E. Selecting partners for successful international aliances: examination of U. S. and Korean firms [J]. Journal of World Business, 1997 (1): 3 – 16.

[212] BERNARD SIMONIN. Ambiguity and the process of knowledge transfer in strategic alliances [J]. Strategic Management Journal, 1999 (7): 595 – 623.

[213] BARNEY J B. Is the resource – based view a useful perspective for strategic management? [J]. The Academy of Management Review, 2001 (1): 41 – 56.

[214] J. SCOTT HOLSTE, DAIL FIELDS. Trust and tacit knowledge sharing and use [J]. Journal of Knowledge Management, 2010 (1): 128 – 140.

[215] B. O' HAGAN, MILFORD B. GREEN. Tacit knowledge transfer via interlocking directorates: A comparison of Canana and The United states [J]. Geografiska Annaler, 2002 (1): 49 – 63.

[216] STEPHANIE P. THOMAS, et al. An Experimental Test of Negotiation Strategy Effects on Knowledge Sharing Intentions in Buyer – Supplier Relationships [J]. Journal of Supply Chain Management, 2013 (2): 96 – 113.

[217] LUO. X. W, DENG. L N. Do birds of a feather flock higher? the

effects of partner similarity on innovation in strategic alliances in knowledge – intensive industries [J]. Journal of Management Studies, 2009 (6): 1005 – 1030.

[218] PAMELA JOHNS, et al. Competitive intelligence in service marketing – A new approach with practical application [J]. Marketing Intelligence & Planning, 2010 (5): 551 – 570.

（三）经常访问的网站

[219] AMT 咨询网. http: //www. amt. com. cn/

[220] 畅想网. http: //km. amteam. org/

[221] 中知网. http: //www. chinakm. com/

[222] 中国知识管理中心. http: //www. kmcenter. org/

[223] 国家知识产权网站. http: //www. sipo. gov. cn/

[224] International Council on Knowledge Management. http: //www. ickm. net/

[225] International Society for Knowledge Organization. http: //www. isko. org/

后 记

　　本人在多年的学习、教学和研究过程中，一直关注着信息资源共享与服务问题，但主要局限于非营利性的图书情报机构间的合作与资源共享服务；为了拓展信息资源共享与服务问题的研究，探求图书情报界与企业界相关问题的联系与区别，我们选择了企业联盟为切入点。在学习相关研究成果时，我们发现，图书情报界有关信息资源共享与服务主要以一定的信息资源为基础，更侧重于显性知识共享与服务研究，而企业界除了共享利用显性知识外，还非常需求与重视隐性知识的共享利用。因此，由于研究兴趣的影响和坚持，笔者选择了"基于企业联盟的知识共享研究"为题进行国家社科基金项目的申报，2008年，在一些学界专家的支持下，本课题得以立项，项目编号为（08CTQ007）。在国家社科研究基金的支持下，我们正式开始了对此问题的集中探讨和合作研究，这也是本书得以完成和出版的主要缘由。

　　本书是合作研究的成果。其中周永红负责总体研究框架的设计、大纲的拟定、统稿、整理、校对、修改工作，并主要负责第1、2、3、4、5、6、7、8、9章当中相关内容的撰写。湘潭大学的易菲和龙朝阳负责第4.1、4.2、4.3、9.3当中相关内容的撰写；中南大学的文庭孝负责第6.3.1、6.4.1当中相关内容的撰写；广东工业大学的刘高勇和暨南大学的汪会玲负责8.4.3当中相关内容的撰写。

　　在课题的立项和研究过程中，我们得到了许多专家的帮助和指导。要感谢国家社科基金评议组的专家，给我们提供了这个研究机会。感谢湘潭大学的肖冬梅教授协助组织课题开题与研讨会，指导进行企业专利知识的检索与分析等。同时，在课题的开题和研讨过程中，北京大学秦铁辉教授、湘潭大学何振教授、邹凯教授、龙朝阳教授等都提出了宝贵意见，在此一并表示深深的感谢。要感谢湘潭大学公共管理学院院长颜佳华教授、书记成志刚教授对我工作的支持和对课题研究的关心。感谢湘潭大学知识产权学院和广州奥凯信息咨询公司提供的有关专利信息检索分析及应用方面的培训。

特别要感谢两位恩师湘潭大学陈能华教授和武汉大学胡昌平教授的教诲与激励。每当我想松懈甚至放弃的时候，恩师的教诲与叮嘱总会在耳边响起，激励着我不断地奋进。

在课题的研究过程中，家人特别是爱人一直以来对我的理解、支持、鼓励与关爱，更是难以言谢。很多时候都想趁放假回老家多陪陪老人，可由于某些任务总不得不改变或取消计划。特别是儿子从顽皮儿童到懵懂少年的成长变化，从小学到中学的学习变化，我对他很多地方都关心不够；儿子也逐渐明白幼儿时的疑问：妈妈为什么不喜欢陪我玩游戏，却喜欢玩电脑？

感谢研究生吴娜、王宏峥、谢岱、吴振寰、宫春梅等所做的资料搜集、调查与案例分析、文字校对等工作。

在本书的写作过程中，参阅了大量国内外有关企业联盟、知识管理、知识共享、知识转移、知识扩散等方面的研究文献，借鉴与吸收了国内外相关专家学者的一些研究成果，对此，书稿中已尽最大努力进行了标注，并特借此机会对本研究过程中所参成果的作者表示崇高的敬意和真挚的感谢。

周永红

2014 年 5 月